郁离子(上)

[明]刘基 著　杨四平 译

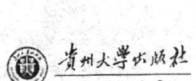

图书在版编目（CIP）数据

郁离子：全本全译：全二册 /（明）刘基著；杨四平译. —贵阳：贵州大学出版社，2021.10
ISBN 978-7-5691-0486-8

Ⅰ.①郁… Ⅱ.①刘…②杨… Ⅲ.①政治思想–史料–中国–明代②笔记–中国–明代–选集③《郁离子》–译文 Ⅳ.①D092.48

中国版本图书馆 CIP 数据核字（2021）第 221003 号

YU LI ZI

郁离子

| 作　　者 | 刘　基 |
| 译　　者 | 杨四平 |

| 出 版 人 | 闵　军 |
| 责任编辑 | 葛静萍 |

出版发行：贵州大学出版社有限责任公司
　　　　　地址：贵州市花溪区贵州大学北校区出版大楼
　　　　　邮编：550025

| 印　　刷：三河市天润建兴印刷有限公司 |
| 开　　本：880mm×1230mm　1/32 |
| 印　　张：13.25 |
| 字　　数：180千字 |
| 版　　次：2021年12月第1版 |
| 印　　次：2024年 2 月第5次印刷 |

| 书　　号：ISBN 978-7-5691-0486-8 |
| 定　　价：98.00元（全二册） |

版权所有，侵权必究
本书若出现印装质量问题，请与出版社联系调换

目录

千里马第一

千里马	3
忧时	5
规执政	8
良桐	10
巫鬼	11
乱几	12
养枭	14
献马	15
燕王好乌	16
八骏	17
蜀贾	20
贿赂失人心	22
请舶得苇筏	24
喻治	26
噪虎	28
抟沙	30
虞卿谏赏盗	32

论智	34

鲁般第二

鲁般	37
九尾狐	39
东都旱	41
萤与烛	42
德胜	43
德胜续篇	45
象虎	46
蟾蜍与蚵蚾	48
豺智	50

玄豹第三

玄豹	53
蚁垤	55
贿亡	56
惜鹬智	57

西郭子侨	58	祛蔽	98
救虎	59	宋王偃	100
采药	61	越王	102
梓与棘	65	即且	104
蛰父不仕	67	术使	106
化铁之术	68	祥不妄集	108
石羊先生	70	规姬献	110
		豢龙	111

灵丘丈人第四

灵丘丈人	77	蛇雾	113
刑赦	79	采山得菌	115
贾人	81		

枸橼第六

好禽谏	83	枸橼	119
五丁怒	85	淳于髡入赵	121
晋灵公好狗	87	泗滨美石	122
官舟	89	子余知人	124
云梦田	90	不韦不智	126
弥子瑕	91	冯妇之死	128
		燕文公求马	130

瞽聩第五

		士茇谏用虞臣	132
自瞽自聩	95	养鸟兽	134
自讳自矜	96	蛩蛩驱虚	136

致人之道	137		**天地之盗第八**	
韩垣干齐王	138		天地之盗	177
噬狗	140		治圃	179
郄恶奔秦	141		芈叔被黜	180
乌蜂	142		养民之道	182
议使中行说	144		民怨在腹	184
论相	146		韩非子为政	186
捕鼠	148		力与智	188
使贪	149			
去蠹	151		**省敌第九**	
			省敌	191
蝘蜓第七			辞祸有道	192
蝘蜓	155		秦恶楚善齐	194
德量	157		九头鸟	196
瞽瓣失笑	159		晋平公作琴	197
淳于髡论燕叛	161		无支祈与河伯斗	198
造物无心	163		常羊学射	200
秦医	164		一其心	201
不为不情之事	166		造舟者操舟	202
荀卿论三祥	167		诚则明	203
齐伐燕	169		屠龙子与都黎奕	204
任己者术穷	171			
论史	173			

千里马第一

近现代 徐悲鸿 双马图

千里马

郁离子之马孳,得骁骁焉。人曰:"是千里马也,必致诸内厩。"郁离子悦,从之。至京师,天子使太仆阅方贡,曰:"马则良矣,然非冀产也。"置之于外牧。

南宫子朝谓郁离子曰:"熏华之山,实维帝之明都,爰有绀羽之鹊,菢而弗朋,惟天下之鸟,惟凤为能,屡其形。于是道凤之道,志凤之志,思以凤之鸣鸣天下。爽鸠见而谓之曰:'子亦知夫木主之与土偶乎?上古圣人以木主事神,后世乃易以土偶。非先王之念虑不周于今之人也,苟求诸心诚,不以貌肖。而今反之矣,今子又以古反之,弗鸣则已,鸣必有戾。'卒鸣之。咬然而成音,拂梧桐之枝,入于青云,激空穴而殷岩岘,松杉柏枫,莫不振柯而和之;横体竖目之听之者,亦莫不蠢蠢焉,熙熙焉。鸷闻而大惕,畏其挺己也,使鹦逸之于王母之使,曰:'是鹊而奇其音,不祥。'使鸤日逐之,进幽昌焉。鹊委羽于海滨,鹓鹅遇而射之,中胠几死——今天下之不内,吾子之不为幽昌而为鹊也,我知之矣。"

[译文]

郁离子的马生下来一匹骏马。人们说:"这是一匹千里马,必须送到皇家马厩。"郁离子心中高兴,便这么做了。到了京城,皇帝让太仆先行检验再进贡,太仆说:"马虽然不错,但并非冀北所产。"于是把它放到了外厩饲养。

有一位叫南宫子朝的朋友对郁离子说:"熹华之山原是维帝的都城,有一种长着绀色羽毛的鹊鸟,孵出的雏鸟跟任何鸟都不一样。它认为在天下所有的鸟中,只有凤凰与它形似,于是把凤凰的德行,当作自己的德行,想要发出凤鸣来惊动天下。爽鸠听了对它说:'你知道那用木偶和泥偶做的神主吗?上古的圣人们用木偶做神像侍奉神,后世人才改用泥偶,这并不是先王的考虑不如今人周到,只是要求内心的虔诚,而不是神像的形貌是否相似。可如今却正相反。现在你又重新倡导古人的做法,不鸣叫还好,一鸣叫,必定招致罪名。'最后,绀羽鹊还是鸣叫了。叫声响亮、动听,拂过梧桐的枝条,穿入云霄,激荡了洞穴,震动了山岩。松、杉、柏、枫等良木,枝条无不被震动而起,同绀羽鹊的叫声共鸣。各种鸟兽听到它的叫声,无不流露出蠢态,惊慌失措。黄鹫闻声而戒惧,它害怕被其夺取自己的地位,便派鹦鸟向西王母的使者进谗言:'这绀羽鹊的叫声奇异,不吉祥。'西王母的使臣派人每天去驱逐绀羽鹊,将它一直赶到遥远的天空。后来,羽毛脱落的绀羽鹊被逐到海边,鹧鹈遇见了并用箭射它,射中了它的脖颈,绀羽鹊几乎要死去。如今天下容不下你的马,正是因为它不是'幽昌鸟',而是'绀羽之鹊'。我认清它了。"

忧时

郁离子忧，须麋进曰："道之不行，命也。夫子何忧乎？"郁离子曰："非为是也。吾忧夫航沧溟者之无舵工也。夫沧溟，波涛之所积也，风雨之所出也，鲸鲵蛟鼍于是乎集。夫其负锋铤而含铓锷者，孰不有所俟？今弗虑也，旦夕有动，予将安所适乎？"

须麋曰："昔者太冥主不周，河泄于其岫，且汹。老童过而惴之，谓太冥曰：'山且汹。'太冥怒，以为妖言。老童退，又以语其臣。其臣亦怒曰：'山岂有汹乎！有天地则有吾山，天地汹，山乃汹耳。'欲兵之，老童愕而走。无几，康回过焉，弗肃，又弗防也。康回怒，以头触其山，山之骨皆水裂，土陨于渊，沮焉。太冥逃，客死于昆仑之墟，其臣皆亡厥家。今吾子之忧，老童也。其若之何？"

戚之次且谓郁离子曰："子何为其垂垂也与？子非有愿欲于今之人也，何为其然也？"郁离子仰天叹曰："小子焉知予哉？"戚之次且曰："昔周之娅冶子早丧其父，政属于家僮，沸用贿，于是家日迫。将改父之旧，其父之老不可，僮群诟而出之。其母禁之。僮曰：'老人不知死而弗自靖也。'夫以其父之老与其母之言且不听也，而况于疏远之人乎？忧之何补？只自痗也。"郁离子曰："吾闻天之将雨也，穴蚁知之；野之将霜也，草虫知之。知之于将萌，而避之于未至，故或徙焉，或蛰焉，不虚其知也。今天下无可徙之地、可蛰之土矣，是为人而不如虫也。诗不云乎：'匪鹑匪鸢，翰飞戾天。匪鳣匪鲔，潜逃于渊。'言其无所往也。吾何为而不忧哉？"戚之次且曰："昔者孔子以天纵之圣，而不得行其道，颠沛穷厄，无所不至，然亦无往而不自得，不为无益之忧，以毁其性也。是故君子之生于世也，为其所可为，不为其所不可为而已。若夫吉凶祸福，天实司之，吾何为而自孽哉？"

[译文]

郁离子担忧心虑，须麋进言说："不施行大道，都是命数。您为何忧虑呢？"郁离子说："并不是为了这个。我担忧航行在大海上的船没有舵手。大海是波涛汹涌、风雨出没的地方，如鲸鱼、鲵鱼、蛟龙、鼍龙一般的巨兽都在这里聚集。海中巨兽张牙舞爪暗含锋芒，难道不正要伺机加害渡海者吗？现在不考虑，它也早晚有所行动，我到哪里会安全呢？"

须麋说："从前太冥统治不周山，河水流淌到了山穴里，导致山穴将要裂开、塌陷。颛顼之子老童经过这里，惊恐万分，对太冥说：'山就要裂开塌陷了。'太冥听后生气了，认为他是胡说八道。老童离开了，又把这话告诉了太冥的大臣，大臣也生气地说：'山岂会开裂呢？有天地的时候就有我们这座山，只有天地开裂塌陷了，不周山才会开裂塌陷呢。'意图攻打老童，老童受惊逃走了。不久，康回经过不周山，太冥对他没有恭敬地引进，也没有防范。康回生气了，用头撞了不周山，导致山崩地裂，泥土坠落于水潭，不周山变成了水泽。太冥逃跑了，客死在昆仑山的废墟中，他的大臣都失去了家室。现在你正如当年的老童般担忧，又能怎样？"

戚地的次且对郁离子说："你为何忧心忡忡？你对今人并没有什么期待啊，这是为什么呢？"郁离子仰天长叹："你怎么会懂我呢？"次且说："从前周朝的娅冶子早年丧父，治家之权落入僮仆手中，用度铺张，于是家里越来越穷困。娅冶子要改掉父亲旧日的习气，父辈们不赞成，家僮们一起诟骂他把他赶走。娅冶子的母亲禁止这么做。家僮说：'你这老人家不知死活还多管闲事。'连父辈及母亲的言语尚且不听，更何况疏远的人呢？忧虑怎么补救呢？只能导致忧思成疾。"郁离子说："我听说天要下雨，洞里的蚂蚁会知道；野外要下霜，草里的虫子会知道。在事情即将萌发时知晓，然后在尚未发生的时候躲避，所以有的虫子迁徙了，有的蛰伏起来了，这是不假的。如今天下没有可以迁徙的地方，没有可以蛰伏的土地，所以说做人还不如虫子。《诗经》里说：'不是禽鸟，不能高飞上天；不是鱼类，不能潜到深水中去。'是说无处可去，我又怎能不忧虑呢？"次且说："从前上天使孔子成为圣人，但是他的学说没有被施行时，颠沛流离，贫穷困厄，没有到不了的地方，自然也无往而不自得，不做徒然的忧虑，以免毁掉心性。所以君子生在这个世界上，要做有价值的事，不做没有价值的事。至于吉凶祸福，有上天做主，我何必跟自己过不去呢？"

规执政

郁离子谓执政曰："今之用人也，徒以具数与？抑亦以为良而倚以图治与？"执政者曰："亦取其良而用之耳。"郁离子曰："若是，则相国之政与相国之言不相似矣。"执政者曰："何谓也？"郁离子曰："仆闻农夫之为田也，不以羊负轭；贾子之治车也，不以豕骖服，知其不可以集事，恐为其所败也。是故三代之取士也，必学而后入官，必试之事而能，然后用之。不问其系族，惟其贤，不鄙其侧陋。今风纪之司，耳目所寄，非常之选也。仪服云乎哉？言语云乎哉？乃不公天下之贤，而悉取诸世胄、昵近之都那竖为之，是爱国家不如农夫之田、贾子之车也。"执政者许其言而必忤之。

[译文]

郁离子对执政者说："如今录用人才，仅用来凑数呢，还是认为他贤良而依靠他意图治国呢？"执政者说："我是要选取那些贤良者而任用的。"郁离子说："若是这样，那么相国的做法和相国的说法却是不同了。"执政者说："为什么这样说呢？"郁离子说："我听说，农民耕田，不用羊背负轭；商人赶车，不用猪担任骖服。因为知道它们不可能成事，恐怕被它们坏了事啊。所以夏、商、周三代取士的办法是必须先学习，而后才可做官，必须用处理政务考核他，如他能够胜任，然后才录用他。不管他的世系家族如何，只看他是否贤良，不轻视那些出身卑微的人。如今担任法度纲纪职务的人,寄托着一个国家如同耳朵、眼睛那样重要的使命,并非寻常的选拔,能只看仪表服饰吗?只看言谈举止吗?不能公平对待天下的贤才,而全部录用那些世家贵族的后代及与自己关系亲近的子弟,这样的爱国家还不如农民爱耕田、商人爱车。"执政者虽然口头上同意他的话,但内心却抵触他。

良桐

工之侨得良桐焉,斫而为琴,弦而鼓之,金声而玉应。自以为天下之美也。献之太常。使国工视之,曰:"弗古。"还之。工之侨以归,谋诸漆工,作断纹焉;又谋诸篆工,作古窾焉,匣而埋诸土。期年出之,抱以适市。贵人过而见之,易之以百金,献诸朝。乐官传视,皆曰:"希世之珍也。"

工之侨闻之叹曰:"悲哉世也!岂独一琴哉?莫不然矣!而不早图之,其与亡矣。"遂去,入于宕冥之山,不知其所终。

[译文]

工之侨得到一块上好的桐木,雕刻成一张琴,配上琴弦弹拨音乐,琴声有如金钟之声,其回声有如玉磬之声。他自以为这是天下最好的琴,便把琴献给主管礼乐的官府。乐官让国内最有名的乐师考察它,乐师说:"这琴不古老。"便把琴退还了。工之侨把琴带回家,到油漆匠那里商量对策,让他在琴上漆上断续的花纹;又跟刻工商量,让他雕刻上古代文字;装在匣子里并埋在泥土中。过了一年挖出来,抱着它到集市上。有个大官路过看到了琴,用很多钱买了它,把它献到朝廷上。乐官传递着观赏它,都说:"这琴真是稀世珍宝啊。"

工之侨听到了,感叹道:"多么悲哀的世道啊!难道仅仅是一张琴吗?世上的事情没有一个不是这样的,我如果不早做准备,就要与这社会一起灭亡了。"于是他离去了,进入了宕冥附近的山,人们都不知道他最终去向何处。

巫鬼

王孙濡谓郁离子曰:"子知荆巫之鬼乎？荆人尚鬼而崇祠,巫与鬼争神,则隐而卧其偶。鬼弗知其谁为之也,乃蠱于其乡。乡之老往祠,见其偶之卧,醮而起焉。鬼见以为是卧我者也,欧之,踣而死。今天下之卧,弗可起矣,而不避焉,无益,只取尤耳。"

[译文]

王孙濡对郁离子说:"你知道楚国巫师与鬼的事吗？楚人信奉鬼神,并崇尚祭祀。巫师与鬼争夺神位,于是暗地里把鬼的泥塑像推倒在地。鬼不知道是谁这么做的,就在那一带乡里作乱祸民。乡里有位老人去祭祀,看见鬼的泥塑像倒了,就举行祷神祭礼,然后扶起了鬼像。鬼看见了,认为是他就是推倒自己的泥塑像的那个人,就殴打他,把他扑倒杀死了。如今的天下,就像鬼的泥塑像那样卧倒在地,不能把它扶起来了,若不避开它,不会有好处,只会招致过错啊！"

乱几

郁离子曰："一指之寒弗燠，则及于其手足；一手足之寒弗燠，则周于其四体。气脉之相贯也，忽于微而至大。故疾病之中人也，始于一腠理之不知，或知而忽之也，遂至于不可救以死，不亦悲夫？天下之大，亡一邑不足以为损，是人之常言也。一邑之病不救，以及一州，由一州以及一郡，及其甚也，然后倾天下之力以救之，无及于病，而天下之筋骨疏矣。是故天下，一身也。一身之肌肉、腠理、血脉之所至，举不可遗也。必不得已而去，则爪甲而已矣。穷荒绝徼，圣人以爪甲视之，虽无所不爱，而损之可也。非若手足指之不可遗，而视其受病以及于身也。故治天下者，惟能知其孰为身，孰为爪甲，孰为手足指，而不逆施之，则庶几乎弗悖矣。"

[译文]

郁离子说："一根手指感到寒冷，如果不温暖它的话，就会影响到手脚；一只手或脚感到寒冷，如果不温暖它的话，那么就影响到四肢。人体的气脉互相贯通，忽视了微小的部位，就会产生大的问题。所以疾病侵入人体，开始时在皮肤纹理上时没有知觉，或者有知觉却忽视了它，于是就发展到不可挽救的地步，乃至死亡，这不是很可悲吗？天下如此之大，丢失一个县，不算是损失，这是人们经常说的话。一个县之弊病不挽救，就会影响到一州，由一州就会影响到一郡，以至于发展得更严重，然后用尽天下的力量来挽救它,也无济于事,可是天下的筋骨已经散了。所以说,天下如同一个人的身体,全身的肌肉纹理,凡是血脉能到达的地方,都是不可缺少的,必不得已时非要除去的也只是几片指甲而已。圣人把穷荒僻壤的边界视作人身体上的指甲,虽然觉得每片土地都珍贵,但舍弃它还是可以的,并非像手、脚、指头那样不可缺少,而且要看它发病的情况以及对全身的影响。所以治国者只要知道什么是全身,什么是指甲,什么是手、脚、指头,并且不颠倒轻重,也许可以不违背治国之理了。"

养枭

楚太子以梧桐之实养枭,而冀其凤鸣焉。春申君曰:"是枭也,生而殊性,不可易也,食何与焉!"朱英闻之,谓春申君曰:"君知枭之不可以食易其性而为凤矣,而君之门下,无非狗偷鼠窃亡赖之人也,而君宠荣之。食之以玉食,荐之以珠履,将望之以国士之报。以臣观之,亦何异乎以梧桐之实养枭,而冀其凤鸣也?"春申君不寤,卒为李园所杀,而门下之士无一人能报者。

[译文]

楚国太子用梧桐的种子喂养猫头鹰,希望它能发出凤鸣。春申君说:"这种猫头鹰,天生习性特殊,不可能改变啊,与吃食有什么关系呢?"朱英听了这话,对春申君说:"你既然知道猫头鹰是不可能用食物改变它的特性而成为凤凰的,可在你的门下,没有一个不是偷鸡摸狗的无赖之徒,而你却宠爱、器重他们,把精美的食物给他们吃,把镶有珠饰的鞋子给他们穿,希望他们成为一国中最优秀的人才来报答你。以我看,这样与用梧桐种子喂养猫头鹰并希望它发出凤凰之鸣的做法有何不同呢?"春申君不能醒悟,最后被李园杀死,而他门下之客,果然没有一个能替他报仇的人。

献 马

　　周厉王使芮伯帅师伐戎，得良马焉，将以献于王。芮季曰："不如捐之。王欲无厌，而多信人之言。今以师归而献马焉，王之左右必以子获为不止一马，而皆求于子。子无以应之，则将嚣于王，王必信之。是贾祸也。"弗听，卒献之。荣夷公果使有求焉，弗得，遂潛诸王曰："伯也隐。"王怒，逐芮伯。

　　君子谓芮伯亦有罪焉尔——知王之渎货而启之，芮伯之罪也。

[译文]

　　周厉王派芮伯出师讨伐西戎，芮伯从西戎那里得到了一匹好马，想把它献给周厉王。芮季说："不如放弃这个念头。大王的贪欲是得不到满足的，而且又容易听信别人的谗言。现在你带领军队归来就献马给他，大王的亲信必定认为你不止得到一匹好马，就会向你索求。你没有东西用以应对，他们就会在大王面前说你的坏话，大王必定会相信他们。这是招引祸患啊。"芮伯不听劝告，最终把马献给了周厉王。荣夷公果然派人索求，没有得到，于是向大王诬陷芮伯说："芮伯隐瞒了缴获的东西。"周厉王大怒，于是驱逐芮伯。

　　君子都说芮伯也有过错，他既然知道大王对财货贪得无厌，却去诱发他的贪欲，这就是芮伯的过错。

燕王好乌

燕王好乌，庭有木，皆巢乌，人无敢触之者，为其能知吉凶而司祸福也。故凡国有事，惟乌鸣之听。乌得宠而矜，客至则群呀之，百鸟皆不敢集也。于是大夫、国人咸事乌。乌攫腐以食，腥于庭，王厌之，左右曰："先王之所好也。"一夕，有鸱止焉，乌群睨而附之，如其类。鸱人，呼于宫，王使射之。鸱死，乌乃呀而啄之。人皆丑之。

[译文]

燕王喜爱乌鸦，庭院的树上都是乌鸦的巢穴，没有敢触动它们的人。人们认为它们能测知吉凶和掌管祸福，所以凡是国家大事，只听乌鸦的鸣叫声来判断。乌鸦得宠而自傲，客人到来就群起呀叫，百鸟都不敢在这里聚集。于是从大夫到百姓都饲养乌鸦。乌鸦抢夺着腥臭的烂肉在庭院里吃，后来继位的燕王十分厌恶它们，左右侍臣便告诫说："这是先王所喜爱的啊。"一天傍晚，有一只猫头鹰停在这里，乌鸦成群地斜视着它、靠近它，如同对待自己的同类。猫头鹰飞进宫廷高声鸣叫，燕王让人射它。猫头鹰死了，乌鸦就"呀""呀"地叫着啄食它。人们都觉得乌鸦太丑恶了。

八骏

穆天子得八骏,以造王母。归而伐徐偃王,灭之。乃立天闲、内、外之厩。八骏居天闲,食粟日石;其次乘居内厩,食粟日八斗;又次居外厩,食粟日六斗;其不企是选者,为散马,散马日食粟五斗;又下者为民马,弗齿于官牧。以造父为司马,故天下之马无遗良,而上下其食者,莫不甘心焉。

穆王崩,造父卒,八骏死,马之良驽莫能差,然后以产区焉。故冀之北土纯色者为上乘,居天闲,以驾王之乘舆;其厖为中乘,居内厩,以备乘舆之阙,戎事用之;冀及济河以北居外厩,诸侯及王之公卿大夫及使于四方者用之;江淮以南为散马,以递传、服百役,大事弗任也。其士食亦视马高下,如造父之旧。

及夷王之季年,盗起。内厩之马当服戎事,则皆饱而骄,闻钲鼓而辟易,望旆而走。乃参以外厩。二厩之士不相能。内厩曰:"我乘舆之骖服也。"外厩曰:"尔食多而用寡,其奚以先我?"争而闻于王。王及大臣皆右内厩。既而与盗遇,外厩先,盗北;内厩又先,上以为功。于是外厩之士马俱懈。盗乘而攻之,内厩先奔,外厩视而弗救,亦奔。马之高足骧首者尽没。王大惧,乃命出天闲之马。天闲之马实素习吉行,乃言于王,而召散马。散马之士曰:"戎事尚力,食充则力强。今食之倍者且不克荷,吾侪力少而恒劳,惧弗肩也。"王内省而惭,慰而遣之,且命与天闲同其食。而廪粟不继,虚名而已。于是四马之足交于野,望粟而取,农不得植,其老赢皆殍,而其壮皆逸入于盗,马如之。

王无马，不能师，天下萧然。

[译文]

　　周穆王得到了八匹骏马，驾着它们去造访西王母。回来的途中讨伐徐偃王，灭掉了他。于是就修建了三种马厩，即天闲厩、内厩、外厩。八匹骏马居住在天闲厩里，每天用一石粟喂它们；次等马在内厩，每天吃八斗粟；再次一等的马在外厩，每天吃六斗粟；剩余的不如以上等级的官马，就是散马，散马每天只吃五斗粟；最次的马是民马，不在官马的饲养之列。周穆王让懂马的造父当主管马政的司马，所以天下的马没有一匹被遗落在民间，从上到下各种等级的养马人，没有不甘心情愿的。

　　周穆王驾崩了，造父死了，八匹骏马也死了，马的优劣不能被差别对待了，只能靠产地来加以区分。所以冀北纯色的马为上等马，养在天闲厩，用来驾驶皇帝的车轿；毛色杂乱的马为中等马，在内厩，为驾车补缺及战时所用；冀及济河以北的马在外厩，供王公大臣、使者大夫出行使用；江淮以南的马为散马，用来传送书信、运输，不能胜任大事。养马人的待遇，根据所养马的等级，按照造父的旧例，分为四级。

　　到了周夷王的末年，匪徒四起。内厩的马应当服役上战场，但它们都吃得很饱又很傲慢，听到作战的鼓声就吓得节节败退，看到旌旗就逃跑了。于是周夷王命令外厩的马也参加战斗。可是两个马厩的养马人意见不合，内厩的养马人说："我的马是驾车的马。"外厩的养马人说："你的马吃得多干活少，凭什么要让我们先去冲锋陷阵？"两方的纷争被周夷王知道了。周夷王和左右大臣都袒护内厩。后来遇到了强盗，外厩的马一马当先，强盗败了；之后内厩的马又冲了出去，天子就认为内厩有功。于是，外厩的养马人都感到心灰意冷。强盗趁机攻打，内厩的马先跑了，外厩的养马人看到了没有救援，也跑了。那些高头大马全军覆没了。周夷王非常害怕，就命令天闲厩的马出战。天闲厩的马实际上习惯在安宁中为天子拉车，养马人就告诉了大王，于是大王开始召集散马。喂养散马的人说："打仗需要力气，吃饱了才有力气。现在吃得很多的马都不能担此重任，我们这些马力气小又总是劳顿，恐怕更不能胜任。"周夷王反省后很惭愧，安慰了养马人，随后派遣散马出征，并下令它们将和天闲厩的马吃同吃食。但是仓库的粮饷供应不上，这只是一个虚假的应承。于是天闲厩、内厩、外厩、散马四种马车在野外乱跑，见到庄稼就抢夺，农民无法耕种，年老瘦弱的都饿死了，而强壮的都逃窜加入了强盗，马匹也跟着走了。

周夷王没有了马，无法行军打仗了，周朝的天下满目萧然。

蜀贾

蜀贾三人皆卖药于市。其一人专取良，计入以为出，不虚价，亦不过取赢。一人良不良皆取焉，其价之贱贵，惟买者之欲，而随以其良不良应之。一人不取良，惟其多卖，则贱其价，请益，则益之不较。于是争趋之，其门之限月一易，岁余而大富。其兼取者趋稍缓，再期亦富。其专取良者，肆日中如宵，旦食而昏不足。

郁离子见而叹曰："今之为士者亦若是夫！昔楚鄙三县之尹三：其一廉而不获于上官，其去也，无以僦舟，人皆笑以为痴；其一择可而取之，人不尤其取，而称其能贤；其一无所不取，以交于上官，子吏卒而宾富民，则不待三年，举而任诸纲纪之司，虽百姓亦称其善。不亦怪哉！"

[译文]

蜀地有三个商人，都在市里卖药。其中一个专门收购上等药材，计算着收入和支出相当，不虚报价格，也不求过多的盈利。另一个商人不论好药、坏药都收购，根据买者的意愿、价格的高低卖给他们优质药材或劣等药材。第三个商人不收购好药，只要多卖，降低药的价格，从不跟顾客锱铢必较，于是人们都争着去买他的药，他家店铺的门槛，一个月就得更换一次，过了一年，他就十分富有了。两者都卖的商人，买药的顾客稍少些，过了两年也富了起来。而那个专卖好药的商人的店里，中午如同夜晚一样安静,赚的钱只够吃饱早饭,连当天的晚饭都吃不饱。

郁离子听了此事,叹息了一声说:"如今做官的人,也同这样啊!从前楚国边远的三县,有三个县官,其中一个,为官清廉,却不受上级喜欢,他离任时,连一只船都租赁不起,人们都讥笑他是痴傻之人。另一个抓住一切时机去获取钱财,人们却不怨恨他的索取反而称赞他贤能。还有一个无所不取,并用此来结交上司,把吏卒当作子女来娇宠,把富豪当作贵宾来奉敬,不到三年,他就被推举去了负责考核官吏的中央机构就职,即使平民百姓也称赞他好,这不也是很奇怪的事吗?"

贿赂失人心

北郭氏之老卒,僮仆争政。室坏不修,且压。乃召工谋之。请粟,曰:"未闲,女姑自食。"役人告饥,莅事者弗白而求贿,弗与,卒不白。于是众工皆惫恚,执斧凿而坐。会天大雨霖,步廊之柱折,两庑既圮,次及于其堂,乃用其人之言,出粟具饔饩(yōng xì)以集工,曰:"惟所欲而与,弗靳。"工人至,视其室不可支,则皆辞。其一曰:"向也吾饥,请粟而弗得。今吾饱矣。"其二曰:"子之饔餲矣,弗可食矣。"其三曰:"子之室腐矣,吾无所用其力矣。"则相率而逝,室遂不葺以圮。

郁离子曰:"北郭氏之先以信义得人力,致富甲天下。至其后世,一室不保,何其忽也!家政不修,权归下隶,贿赂公行,以失人心,非不幸矣。"

[译文]

北郭氏渐渐老去,家里的僮仆争权夺利,房屋损坏也不修理,眼看就要塌陷了,这才找工匠们来商量修缮的事。工匠们请求发点粮食,主事的人回复说:"没有多余的粮食,你们姑且自备粮食吧。"后来干活的人说自己饿了,但是负责人没有汇报,反而求取贿赂,工匠们没有送礼,负责人就没有汇报,于是工匠们都疲惫不堪、怨愤不已,拿着工具坐着。正赶上天下大雨,走廊的柱子断了,两边的小屋子也要倒塌了,眼看就会危及其他的屋子,主事人这才听了工匠的话,发放粮米,备下饭菜召集工匠,说:"请你们立刻去修房子,要什么就说,我们绝不吝啬。"工匠们来到后,看到屋子已经不能维修,都推辞。有一个人说:"从前我饿,请您拿出粮食您没给。我现在已经饱了。"另一个人说:"您的肉菜都变质发臭了,不能吃了。"第三个人说:"你的房屋坏掉了,我们无能为力。"然后相继离开了,房子最后没有修缮,于是塌毁了。

郁离子说:"北郭氏的先祖凭借信义受到百姓的拥护,以至于富甲天下。到了他们的后代,却连一间房子都保护不了,相差有多么远呀!家政不好好管理,权力归了下人,公然施行贿赂,以致失去了人心,这是咎由自取啊。"

请舶得苇筏

阏逢敦牂之岁，戎事大举。有荐瓠里子宓于外阃者曰："瓠里先生实知兵，可将也。"聘至，瓠里子过郁离子，辞，且请言焉。郁离子仰天叹曰："嗟乎悲哉！是举也忠矣，而独不为先生计哉？"瓠里子曰："何谓也？"郁离子曰："昔者秦始皇帝东巡，使徐市入海求三神蓬莱之山。请舶，弗予，予之苇筏。辞曰：'弗任。'秦皇帝使谒者让之曰：'人言先生之有道也，寡人听之。而必求舶也，则不惟人皆可往也，寡人亦能往矣，而焉事先生为哉？'徐市无以应，退而私具舟，载其童男女三千人，宅海岛而国焉。秦皇帝留连海滨，待徐市不至，不得三神山而归，殂于沙丘。今之用事者，皆肉食。吾恐先生之请舶而得苇筏也。"既而果不用瓠里子。

[译文]

甲午之年，战事大起。有人举荐居住在城门外的瓠里子宓，说："瓠里先生确实懂得兵法，可以委任他做将领。"聘书到了，瓠里子宓去向郁离子辞行告别，并且向他请教。郁离子仰天长叹说："唉，可悲啊！这个举荐的人是忠义之人啊，但为什么唯独不替先生考虑一下呢？"瓠里先生问道："为什么这样说呢？"郁离子说："从前秦始皇东巡，派徐市入海去寻找蓬莱、方丈、瀛海三座神山。徐市请求拨给航海大船，秦始皇不给，却给了他苇做的小筏。徐市推辞说：'我不能胜任。'秦始皇派拜见的人责备他说：

'人们说先生有办法，我听说了，而你却一定要求乘船舶，这样不是是个人都可以去了吗？我也能去了，怎么还用得着你呢？'徐巿无言以对，退出后就私下筹备船，载上三千个童男童女，居住在海岛还建立了国家。秦始皇在海滨流连，等待徐巿却始终没等到，那三座神山也没找到，途中死在沙丘。如今主事的都是肉食者，我担心先生就像当年徐巿请求要船舶而得到苇筏一样啊！"过了不久，主事者果然没有重用瓠里子宓。

喻治

郁离子曰:"治天下者,其犹医乎!医切脉以知证,审证以为方。证有阴阳虚实,脉有浮沉细大,而方有汗下、补泻、针灼、汤齐之法,参、苓、姜、桂、麻黄、芒硝之药,随其人之病而施焉。当则生,不当则死矣。是故知证知脉而不善为方,非医也,虽有扁鹊之识,徒哓哓而无用。不知证不知脉,道听涂说以为方,而语人曰:'我能医。'是贼天下者也。故治乱,证也;纪纲,脉也;道德、政刑,方与法也;人才,药也。夏之政尚忠,殷承其敝,而救之以质。殷之政尚质,周承其敝,而救之以文。秦用酷刑苛法,以箝天下,天下苦之;而汉承之以宽大,守之以宁壹。其方与证对,其用药也无舛,天下之病有不瘳者,鲜矣。"

[译文]

郁离子说:"治理天下的人就像医生一样。医生诊脉就能知道病症,审视病症就能开药方。病症有阴、阳、虚、实,脉状有浮、沉、细、大,而有汗下、补泻、针灼、汤剂的疗法,有参、苓、姜、桂、麻黄、芒硝之类的药物,随病人的病情而对症下药。用药得当能救活,用药不当就治死了。所以说只知病症和脉状,但不善于开药方,不是真正的医生,即使有扁鹊的学识,但只会乱嚷乱叫,无益于病人。不知道病症,不懂得脉状,道听途说乱开药方,并且向人们吹嘘说'我是了不起的医者',这是个残害天下人的家伙啊。所以说治理乱世就像是治病,法制就像是诊脉,道德、政刑就像药方和疗法,人才就像是良药。夏朝的治国崇尚忠义,殷商承接衰世采取补救的方法,用诚信补救。秦朝采用酷刑、严苛的律法来约束天下,百姓深受其苦,汉朝接替了秦代,一改前朝的酷刑苛法而与民休养生息,用相对宽松的方法去管理国家。它的药方和病症相符,用的药物也无差错,这样,天下那些不能治愈的病就少了。"

郁离子（上）

噪虎

郁离子以言忤于时，为用事者所恶，欲杀之。大臣有荐其贤者，恶之者畏其用，扬言毁诸庭。庭立者多和之。或问和之者曰："若识其人乎？"曰："弗识，而皆闻之矣。"或以告郁离子，郁离子笑曰："女几之山，乾鹊所巢。有虎出于朴薮，鹊集而噪之。鸲鹆（qú yù）闻之，亦集而噪。鹎（bēi）鶋见而问之曰：'虎，行地者也，其如子何哉而噪之也？'鹊曰：'是啸而生风，吾畏其颠吾巢，故噪而去之。'问于鸲鹆，鸲鹆无以对。鹎鶋笑曰：'鹊之巢木末也，畏风，故忌虎。尔穴居者也，何以噪为！'"

[译文]

郁离子因言语触犯了社会的忌讳，被当权的人所憎恶而想要杀了他。大臣中有人举荐郁离子贤能，憎恶他的人害怕他被重用，便在朝廷中传播诋毁他的话，满朝的大臣大多附和这人。有人问那些附和的人说："你们认识那人吗？"回答说："不认识，而都是听人说的。"有人把这些话告诉了郁离子，郁离子笑着说："女几之山，是喜鹊筑巢的地方，有老虎从丛生的小树中出没，喜鹊群集而叽叽喳喳。八哥听见叫声，也应声附和，群集而乱叫。鹎鶋见了就问喜鹊说：'老虎是在地上行走的，它和你们有什么干系，要乱叫呢？'喜鹊说：'因为它呼啸能生风，我担心它颠毁了我的巢穴，所以乱叫让它离去。'又问八哥，八哥无言对答。鹎鶋笑了笑说：'喜鹊在树梢上筑巢，害怕风吹,所以惧怕老虎,而你们居住在洞穴里,为什么也跟着乱叫?'"

清　朱耷　水墨图

抟沙

郁离子曰:"民犹沙也,有天下者,惟能抟而聚之耳。尧舜之民,犹以漆抟沙,无时而解。故尧崩,百姓如丧考妣,三载,四海遏密八音,非威驱而令肃之也。三代之民,犹以胶抟沙,虽有时而融,不释然离也。故以子孙传数百年,必有无道之君而后衰,又继而得贤焉,则复兴。必有大无道如桀与纣,而人有贤圣诸侯如商汤、周武王者间之,而后亡。其无道未如桀、纣者不亡;无道如桀、纣,而无贤圣诸侯适丁其时而间之者,亦不亡。霸世之民,犹以水抟沙。其合也,若不可开,犹水之冰。然一旦消释,则涣然离矣。其下者,以力聚之,犹以手抟沙,拳则合,放则散。不求其聚之之道,而以责于民,曰:'是顽而好叛。'呜呼!何其不思之甚也!"

[译文]

郁离子说:"老百姓就像散沙一样,只有能占有天下的人才能把他们聚集在一起。尧、舜时的百姓,就像是用漆抟和起来的沙子,任何时候都分解不开。所以尧死后,老百姓如同失去了父母一样悲痛,三年中,举国为尧舜之死停止奏乐,并非以威力驱使,也不是用政令强制,百姓这样做都是自愿的。三代的老百姓,就像用胶调和揉成的沙子,虽然有时会因为胶的融化而散开,但百姓并不会散成盘沙。所以子孙传了数百年,必定有无道的君王出现而后衰亡,又接着得到贤明的君王复兴国家。必定有十分无道的君王如桀、纣出现，而又有贤圣诸侯如商汤、周武王出现，间隔一段时间然后衰亡。那些无道的国家没有一个不是像桀、纣统治那样衰亡；如果无道的君王如同桀、纣一样，并且没有贤圣诸侯恰好在那时候间隔出现，也没有不衰亡的。武力统治的百姓，就像用水抟起来的沙子，合在一起好似不可分开，犹如水结成了冰，一旦溶化，就消散分离了。最后一次等的君王用暴力聚拢他们，就像用手攥沙子一样，攥紧拳就合在一起，放开手就散了。君王不寻求聚拢他们的方法，反而指责百姓说：'是百姓性情顽劣容易叛离。'唉，那是多么不善于动脑思考啊！"

虞卿谏赏盗

平原君患盗,诛之不能禁。或曰:"更赏之,足则戢矣。"虞卿曰:"不可,先王立赏罚,以劝惩善恶。衰世之政也,虽微,犹足以激其趋。故赏禁僭,罚禁滥,县衡以称之,犹惧其不平也,而况敢逆施之乎?夫民之轻禁以逞欲,如水之决,必有所自,求而塞之,斯可矣。今此之不塞,而力遏其流,至于不能制,乃不省其阙,而欲矫以逆先王之法度,是犹欲止水而去其防也,其庸有瘳乎?夫民,有欲而无厌者也,节以制之,犹或逾焉。盗而获赏,利莫大矣,利之所在,民必趋焉。趋而禁之,是贰政也;趋而不禁,人尽盗矣。是鼓乱也,不臧孰甚焉。"

平原君豁然而寤,起,再拜受教。尽散其私财,以济贫乏,申明旧章,而重购以赏获盗者。于是赵盗皆走之燕,道不拾遗,虞卿之教也。

[译文]

平原君为造反的事困扰,即使采用诛杀手段也不能彻底禁绝。有人说:"改为奖赏他们,得到满足后,他们自然就不造反了。"虞卿说:"不可以,先王建立赏罚制度是为了劝善惩恶。衰落世道的政令,即使微弱但也足以激励百姓向善。所以奖赏能禁止僭越的行为,惩罚能禁止泛滥的恶行,悬着秤杆来称量它,还怕它不公平,又怎么敢倒行逆施呢?对于那些百姓,轻视禁令、制度以放任私欲,如同河水的决堤,必定有决口的地方,找到决口而堵塞它，这就行了。如今不堵住它，却用力阻挡流水，以至于不能制止，就是因为不反思自己的过失，却还想用违背先王法度的做法来矫正，这就如同要阻止水患，却去掉了防患措施一样，那怎么能治好水患呢？那些有欲望又贪得无厌的人，制定法度并制止他，或许有点用。作乱而又获赏，没有比这更大的好处了，有好处的地方，百姓必定奔赴那里。人们都奔赴那里，而再禁止，这是国家政令自相矛盾啊。人们都奔赴当强盗谋高利而不禁止，人们就都纷纷作乱了。这是鼓动人们作乱，还有什么比这种情况更坏的呢？"

平原君突然醒悟，起身再拜虞卿并接受指教，散尽他的个人财产，用来救济贫穷的人，申明旧时的法制，并用重金奖赏那些捕获作乱的人。于是赵国的盗贼全跑到燕国去了，赵国街上路不拾遗，这是虞卿指教的结果啊。

论智

州之庸问于郁离子曰:"云,山出也,而山以之灵;烟,火出也,而火以之畜。不亦异哉?"郁离子曰:"善哉问!夫人之用智者,亦犹是也。夫智,人出也。善用之,犹山之出云也;不善用之,犹火之出烟也。韩非囚秦,晁错死汉,烟出火也。"

[译文]

州之庸向郁离子问道:"云,出自山中,山却因为云而显得富有灵性;烟,出自火,火焰却因为浓烟而显得暗淡无光,这不是很奇异吗?"郁离子说:"问得好啊!那些使用有才智的人,也就如此。那些聪明才智都是人想出来的,善于使用它,就像山里出现的云;不善于使用它,就像火中出现的烟。韩非子被秦国囚禁,晁错被汉王朝杀害,这就是从火中出现的烟啊。"

魯般第二

近现代 徐悲鸿 晚秋喜鹊图

鲁般

郁离子之市,见坏宅而哭之恸。或曰:"是犹可葺与?"

郁离子曰:"有鲁般、王尔则可也,而今亡矣,夫谁与谋?吾闻宅坏而栋不挠者,可葺。今其栋与梁皆朽且折矣,举之则覆,不可触已。不如姑仍之,则甍桷之未解者犹有所附,以待能者。苟振而摧之,将归咎于葺者,弗可当也。况葺宅必新其材,间其蠹腐,其外完而中溃者悉屏之。不束椽以为楹,不斫柱以为椽。其取材也,惟其良,不问其所产。枫、柟、松、栝、杉、槠、柞、檀,无所不收。大者为栋为梁,小者为杙为桷,曲者为枅,直者为楹,长者为榱,短者为棁,非空中而液身者,无所不用。今医闾之大木竭矣,规矩无恒,工失其度,斧锯刀凿,不知所裁,桂樟柟栌,剪为樵薪。虽有鲁般、王尔不能轻施其巧,而况于无之乎!吾何为而不悲也!"

[译文]

郁离子在集市上,看见一座房屋坏了,悲伤痛哭。有人说:"这还可以修整吗?"

郁离子回答说:"如果有鲁般、王尔那样的能工巧匠就可以修了,但如今他们都死了,谁还能修呢?我听说房屋坏了但栋梁不弯曲的还可以修复,如今栋梁都快要朽断了,一动它就会倾塌,不可以触动,不如姑且让它保持原状,那样屋脊上的方木椽子未开的地方还有所依附,以此等待有本事的工匠。如果振动并摧毁了它，将归罪于修缮者，他们承担不起啊！况且修理房屋必须更新材料，隔离那些被虫蛀腐的部分，那些外表完好而内里溃坏的应全部废除，不能把椽子当成柱子用，也不能把柱子当椽子用。选取材料，只要品质上佳，不要询问是哪里出产的。枫木、楠木、松木、槠木、柞木、檀木，没有不收的，大的材料做栋梁，小的材料做小木桩、斗拱，弯的做柱上的横木，直的做楹柱，长的做屋椽，短的做梁上短柱，只要不是空心并浸了水的，都是可以用的。如今修造大门的大木头没了，方正无常，工匠失去了他的尺度，斧、锯、刀、凿，都不知怎么裁截木料，把桂木、樟木、楠木、栌木等上好木料，裁成烧火的木材，即使有鲁般、王尔这样的能工巧匠，也难以施展他们的技巧，而何况又没有他们呢？我怎能不感到悲伤呢？"

九尾狐

青丘之山，九尾之狐居焉。将作妖，求髑髅而戴之，以拜北斗，而侥福于上帝。遂往造共工之台，以临九丘。九丘十薮之狐毕集，登羽山而人舞焉。有老狈见而谓之曰："若之所戴者，死人之髑髅也。人死，肉腐而为泥，枯骨存焉，是为髑髅。髑髅之无知，与瓦砾无异，而其腥秽，瓦砾之所不有，不可戴也。吾闻鬼神好馨香而悦明德，腥臊秽恶，不可闻也，而况敢以渎上帝？帝怒不可犯也。弗悔，若必受烈祸。"

行未几，阏伯之墟猎人邀而伐之，攒弩以射其戴髑髅者。九尾之狐死，聚群狐而焚之，沮三百仞，三年而臭乃熄。

[译文]

青丘山上，九尾狐居住于此。它要作乱，便找到骷髅戴在头上，拜北斗星祈求保佑，向天帝求福。之后去拜共工台，从高处看九州大地。天下所有的狐狸全聚集起来，并登上羽山而学人跳舞。有一只老狈见了就对九尾狐说："你所戴的是死人的头骨。人死后肉体腐烂成泥，枯骨还存在，这就是骷髅。人的头骨没有知觉，和瓦砾没什么不同，但它腥臭污秽，是瓦砾所没有的，不能戴啊。我听说鬼神喜好清香并喜欢美德，腥臊污秽的气味臭不可闻，你怎么敢用这个亵渎天帝。天帝的威严不可冒犯，你若不改悔，必定会遭受严重的灾祸。"

九尾狐还没有走到阏伯之墟，猎人就截击并捕杀它们，拉开弓就射那只戴死人头骨的九尾狐。九尾狐死了,人们把成群的狐狸聚集起来焚烧,膏油渗透到三百仞深处,三年后臭味才消失。

清　朱耷　水墨图

东都旱

汉愍帝之季年,东都大旱,野草皆焦,昆明之池竭。洛巫谓其父老曰:"南山之湫有灵物,可起也。"父老曰:"是蛟也,弗可用也。虽得雨,必有后忧。"众曰:"今旱极矣,人如坐炉炭,朝不谋夕,其暇计后忧乎?"乃召洛巫,与如湫,祷而起之。酒未毕三奠,蛟蜿蜒出,有风随之,飔飔然,山谷皆殷。有顷,雷雨大至,木尽拔。弥三日不止,伊、洛、瀍、涧皆溢,东都大困,始悔不用其父老之言。

[译文]

东汉愍帝末年,东都洛阳大旱,野草全部枯焦了,京城附近的池水干涸了。洛河神巫对父老乡亲说:"南山的水潭有一种灵物,可以起用它来降雨。"有父老说:"这是能发洪水的蛟龙,不可以用它啊,起用它虽然能得到雨,但必定有后顾之忧。"众人说:"如今干旱极了,人们就像坐在炉炭火上,朝不保夕,哪里还有工夫考虑后患呢?"于是就召集洛河神巫一起到水潭边,祷告并起用它。祭酒还未过三遍,蛟龙蜿蜒而出,有风随它而来,飔飔作响,山谷震动。一会儿,雷雨大作,树木全被拔起,整整三天还不停止,伊河、洛河、瀍水、涧水全都泛滥,东都洛阳遭到大水围困,人们这才后悔当初没有采纳父老的话。

萤与烛

郁离子曰:"萤之为明,微微也,昏夜得之,可以照物。取而置诸烛下,则黝然亡矣。烛亦明矣哉,而不能不晦于月也。太阳出矣,月之明又安在哉?故狗制狐,豹制狗,虎制豹,狻猊制虎。魏、吴、晋、宋、齐、梁、陈、隋之君,惟其不当汉祖之时也,使其在汉祖之时,不敢与布越伍,而况能南面哉?是故汤武不作,而后有桓文;桓文不作,而后有秦。秦之王,适逢六国之皆庸君,故有贤人弗能用,而秦之间得行。呜呼,岂秦之能哉!"

[译文]

郁离子说:"萤火虫的光很微弱,在黑夜得到它,可以照明,捉它放在烛光下,就黝然无光了。烛光也算是明亮的了吧,但却比月光黯淡。太阳出来了,月亮的明亮又在哪里?所以狗能制服狐狸,豹能制服狗,虎能制服豹,狮子能制服虎。魏国、吴国、晋朝、宋朝、齐朝、梁朝、陈朝、隋朝的国君,只因为他们不是处在汉高祖的时代,倘使他们处在汉高祖的时候,只能屈居于英布、彭越之下,难以与之平起平坐,又怎么能南面称王呢?所以商汤、周武王不能振起,而后就有齐桓公;晋文公等不能振起,而后又有秦王朝;秦王正碰上六国的国君都是平庸之辈,有贤能之士不能好好任用,利用这个空子才得以实现霸业,一统天下。这难道是秦国有能耐吗?"

鲁般第二

德胜

或问胜天下之道，曰："在德。""何以胜德？"曰："大德胜小德，小德胜无德。大德胜大力，小德敌大力。力生敌，德生力。力生于德，天下无敌。故力者，胜一时者也；德，愈久而愈胜者也。夫力，非吾力也，人各力其力也。惟大德为能得群力，是故德不可穷而力可困。"人言五伯之假仁义也，或曰："是何足道哉！"郁离子曰："是非仁人之言也。五伯之时，天下之乱极矣，称诸侯之德无以加焉，虽假而愈于不能，故圣人有取也。故曰:诚胜假，假胜无。天下之至诚，吾不得见矣。得见假之者，亦可矣。"

[译文]

有人问取胜于天下的方法，郁离子回答说："在于仁义道德。"那人又问怎样在仁义道德方面取胜呢？郁离子回答说："大的品德胜过小的品德，小的品德胜过没有品德。大的品德胜过强大的武力，小的品德也能抵挡强大的武力。力量产生对抗的能力，品德产生力量。当威力在品德中产生的时候，则天下无敌。所以拥有武力，只能得胜一时，拥有品德，时间越长取胜的机会就越多。所谓力量，并不是我个人的力量，而是每个人都施展各自的力量。只有大的品德才能得到众人之力，所以说品德所产生的力量是无穷无尽的，而缺乏仁义道德的力量是会衰竭的。"有人说春秋五霸就是凭借仁义的，有人就说："这有什么值得说的呢！"郁离子说:"这不是仁人说的。春秋五霸之时,天下大乱,称道诸侯之仁义道德没有比这个时候更多的了,虽然圣人们也知道这些诸侯都是假借仁义,但至少胜过那些对仁义提都不会提的人。所以圣人是有所选择的。所以说:真诚胜过虚假,虚假胜过没有。天下的至诚,我是没看到。能够见到虚假的,也就可以了。"

德胜续篇

郁离子曰:甚矣,仁义之莫强于天下也。五伯假之,而犹足以维天下,而获天下之显名,而况于出之以忠、行之以信者哉!今人谈仁义以口,间取其一二无拂于其欲者,时行焉,将以贾誉也。及其弗获,则举仁义以为迂而舍之,至于死弗寤。哀哉!

[译文]

郁离子说:"严重啊,仁义不能在天下取胜。五霸行的是假仁义,还能维持天下,并获得天下的显赫之名,而何况是从忠义出发、用信义行动的呢?现在的人们只是口头上谈论仁义,对不妨碍私欲的事就选取一两点暂时实行,将以此来沽名钓誉啊。到他无所获时,就把仁义当作迂腐而舍弃,一直到死时也不省悟。可悲啊!"

象虎

齐愍王既取燕灭宋，遂伐赵侵魏，南恶楚，西绝秦交，示威诸侯，以求为帝。

平原君问于鲁仲连曰："齐其成乎？"鲁仲连笑曰："成哉？臣窃悲其为象虎也！"平原君曰："何谓也？"鲁仲连曰："臣闻楚人有患狐者，多方以捕之，弗获。或教之曰：'虎，山兽之雄也，天下之兽见之，咸詟而亡其神，伏而俟命。'乃使作象虎，取虎皮蒙之，出于庸下，狐入遇焉，啼而踣。他日，豕暴于其田，乃使伏象虎，而使其子以戈掎诸衢。田者呼，豕逸于莽，遇象虎而反奔衢，获焉。楚人大喜，以象虎为可以皆服天下之兽矣。于是野有如马，被象虎以趋之。人或止之曰：'是驳也，真虎且不能当，往且败。'弗听。马雷响而前，攫而噬之，颅磔而死——今齐实象虎，而燕与宋，狐与豕也。弗戒，诸侯其无驳乎？"

明年，望诸君以诸侯之师入齐，愍王为淖齿所杀。

[译文]

齐湣王夺取燕国灭掉了宋国以后，又讨伐赵国侵犯魏国，向南视楚国为敌，向西同秦国绝交，向各诸侯国示威，用以求得称霸。

平原君向鲁仲连问道："齐国那样做能成功吗？"鲁仲连笑着说："成功？我私下悲叹它是一只假老虎啊。"平原君问道："为什么这样说？"鲁仲连说："我听说楚国有个遭受了狐狸祸患的人，用了很多种方法捕捉它，没能捕获。有人指教他说：'老虎是山里野兽之雄者。天下的野兽见到它，都吓得失魂落魄的，趴着等候处置。'这人就让人装扮成假虎，用老虎皮蒙在他身上，从窗下出现，狐狸碰见了，惨叫一声就跌倒了。随后又有野猪在他的田地里践踏，他就用假虎降伏它。并让他的儿子用刀戈堵在街道上。田野的人一呼喊，猪就逃往森林，遇见假虎就又返身逃到街道上，在那里被捕获了。楚人很高兴，认为用假虎就可以制服天下所有的野兽了。于是有一天，旷野里有个似马非马的动物，他披着老虎皮迎上前去。有人制止他道："这是駮啊，真的老虎尚且不能抵挡，你前往要失败的。'他不听。那像马一样的怪兽发出雷吼而向前冲去，怪兽抓住了他，张口就咬，他的头被咬破了，立刻死掉了。如今的齐国其实就是只假虎，而燕国、宋国就像那狐狸和野猪，如果不戒备，诸侯各国中难道就没有像駮一样的强手吗？"

第二年，望诸君乐毅统领诸侯军队攻进齐国，齐湣王被楚国人淖齿杀死。

蟾蜍与蚵蚾

蟾蜍游于泱瀼之泽，蚵蚾（kē bǒ）以其族见。喜其类己也，欲与俱入月，使鼀（qù）䵷呼之。问曰："彼何食？"曰："彼宅于月中，身栖桂树之阴，餐泰和之淳精，吸风露之华滋，他无所食也。"蚵蚾曰："若是，则予不能从矣。予处泱瀼之中，一日而三饱。予焉能从彼单栖于沆瀣，枵其胃肠而吸饮风露乎？"问其食，不对。鼀䵷复命，使返而窥之。则方据溷（hùn）而食其蛆，歠粪汁而饮之，满腹然后出，朒朒然。鼀䵷返曰："彼之食，溷蛆与粪汁也。一日不可无也，而焉能从子！"蟾蜍蹙额而哈曰："呜呼！予何罪乎，而生与此物类也！"

[译文]

蟾蜍到微波流动的沼泽中游玩，蚵蛟率领它的同族前去拜见。蟾蜍很欢喜它和自己长得相似，便要和它一块到月宫去。蟾蜍派鼀䵷去邀请它。蚵蚾问道："蟾蜍在月宫吃的是什么东西？"鼀䵷回答说："它住在月宫中，栖身在树荫下，吃的是阴阳淳精之气，吸的是风露中华美的汁液，其他的就不吃了。"蚵蚾说："如果是这样，那么我就不能跟它去了。我生活在水流动的地方，一日三餐都吃得饱饱的，我怎么能随它单调地栖息在空旷清冷的月宫，使肠胃空虚而光吸风饮露呢？"鼀䵷问它吃的是什么，它不回答。鼀䵷又接受蟾蜍的命令，返回暗中观察，见它正站在茅坑里吃蛆虫，喝着稀粪，吃饱了肚子然后爬出来，肥肥胖胖的样子。鸱鵂返回去对蟾蜍说:"它吃的食物是茅坑里的蛆虫和稀粪,一天也不可缺少,而它岂能随你而去?"蟾蜍蹙额而讥笑说:"唉!我犯了什么罪过,竟让我和这种东西长得一样啊!"

豺智

郁离子曰:"豺之智其出于庶兽者乎?呜呼!岂独兽哉?人之无知也,亦不如之矣!故豺之力,非虎敌也,而独见焉则避,及其朋之来也,则相与掎角之。尽虎之力得一豺焉,未暇顾其后也,而掎之者至矣。虎虽猛,其奚以当之!长平之役,以四十万之众,投戈甲而受死,惟其智之不如豺而已。"

[译文]

郁离子说:"豺的智慧高于一般野兽了吧?唉,岂止是野兽,那些无知的人,也不如它啊!本来一只豺的力量不是老虎的敌手,豺独自遇见老虎就逃避开,等到它的同类到来,就共同夹击老虎。老虎用尽全力也只能对付一只豺,没有空暇顾及它的背后,而夹击它的豺群来了,老虎虽然凶猛,可它又怎么能抵挡过一群豺呢?长平之战,赵国凭四十万的军队抵抗秦军,最终却投戈弃甲,被秦军消灭,这是由于他们的智慧不如秦军像豺一样罢了。"

玄豹第三

清　石涛　十六罗汉图卷（局部）

玄豹

石羊先生谓郁离子曰:"呜呼!世有欲盖而彰、欲抑而扬、欲撝其明而播其声者,不亦异乎!"

郁离子喟然叹曰:"子不见夫南山之玄豹乎?其始也,黔黔耳,人莫之知也。雾雨七日不下食,以泽其毛而成其文。文成矣,而复欲隐,何其蛊也!是故县黎之玉,处顽石之中,而潜于幽谷之底,其寿可以与天地俱也。无故而舒其光,使人瞷而骇之,于是乎椎凿而扃(shǎng)镐发矣。桂树之轮囷诘樛,与拷枥奚异?而斧斤寻之,不惮阻远者,何也?以其香之达也。故曰:欲人之不见,莫若聊其明;欲人之不知,莫若暗其声。是故鹦鹉萦于能言,蜩蟁(mǐn)获于善鸣。樗以恶而免割,瓠以苦而不烹。何其翳子之烨烨而返子之冥冥乎!"

石羊先生怅然久之,曰:"惜乎,予闻之晚也!"

[译文]

石羊先生对郁离子说:"呜呼!这个世界上有本想掩盖事实结果反而更加显露、有本来要压制反而更宣扬、本想要隐藏贤明结果反而声名更加远播的人,不是很值得奇怪吗?"

郁离子叹息道:"你没看到过南山的黑豹吗?一开始,黑乎乎的,没有人能轻易发现它。它在雾雨中七天不吃东西,以此来润泽自己的皮毛形成花纹。花纹形成后,它就又隐藏了自己,多么奇妙啊!所以县黎玉在顽石中,潜藏在山中谷底,它的寿命可以与天地一样。无故让自己的光芒外泄，人看到后觉得惊骇，就会有人拿着锤凿工具开采它并把用箱子装走。桂树树干弯曲，不合绳墨，与栲树、枥树有什么区别呢？为什么有人拿着斧子寻找它，还不怕路途遥远？就因为桂树香味浓烈。所以说：想要人看不见，就要遮盖它的明亮；想要人不知道，就让它的声音变哑。因此鹦鹉因能说话被拘执，知了因善于鸣叫而被抓获。臭椿因臃肿而免遭砍伐，瓠瓜因味苦而免遭烹饪。何不让自己掩盖光芒，回归于幽暗之中呢！"

　　石羊先生怅然若失，说："可惜啊，我听到这个道理太晚了！"

蚁垤

南山之隈有大木，群蚁萃焉，穿其中而积土其外。于是木朽，而蚁日蕃。则分处其南北之柯，蚁之垤瘗如也。一日，野火至，其处南者走而北，处北者走而南，不能走者，渐而迁于火所未至。已而，俱爇无遗者。

[译文]

南山的弯曲之处有一棵大树，有一群蚂蚁聚集在这里，穿空树心在外面堆积成土堆。于是树渐渐腐朽而蚂蚁越来越多，分别居住在它的南北枝杈里。蚂蚁窝的小土堆密密麻麻。一天，野火烧到这里。住在南边的跑到北边，住在北边的跑到南边，不能跑的就爬到火还没烧到的地方，最后整棵树全部烧了，没有一只蚂蚁幸存。

贿亡

东南之美,有荆山之麝脐焉,荆人有逐麝者,麝急,则抉其脐,投诸莽。逐者趋焉,麝因得以逸。令尹子文闻之曰:"是兽也,而人有弗如之者。以贿亡其身,以及其家,何其智之不如麝耶!"

[译文]

东南有名贵的特产,其中包含荆山出产的麝脐。荆人有专门追捕麝的,麝一遇见他们就慌忙逃走,有时甚至剔出它的脐来扔到草丛中去。追捕它的人为了得到麝脐就赶紧到草丛中去寻找,麝因而得以逃命。令尹子文听说这事后说:"这种兽啊,有的人都不如它呢。贪财货而丧命,甚至连累全家,为什么他们的智慧还不如麝呢?"

惜鹳智

子游为武城宰,郭门之垤有鹳,迁其巢于墓门之表。墓门之老以告曰:"鹳,知天将雨之鸟也,而骤迁其巢,邑其大水乎?"子游曰:"诺。"命邑人悉具舟以俟。居数日,水果大至,郭门之垤没而雨不止。水且及于墓门之表,鹳之巢翘翘然,徘徊长唳,莫知其所处也。子游曰:"悲哉!是亦有知矣,惜乎其未远也!"

[译文]

子游是武城的长官,城门外的小土山上有鹳鸟,鹳鸟把它们的窝迁移到墓门的石碑上来。看管墓门的老人把这个情况报告子游:"鹳是能预知天将下雨的一种鸟,如今突然迁移它们的巢穴,莫非我们这个小城将要发大水了?"子游答说:"是的。"他命令城民全都准备好船只备灾。过了几天、洪水果然来了,那外城门的小土堆已被淹没而大雨仍然没有停止。大水将要淹到墓门的石碑了,鹳的新巢摇摇欲坠,鹳飞来飞去地长叫,不知道哪儿有他们的住处。子游感叹道:"可悲呵,这鸟也算是有智慧的了,可惜它们的眼光太浅了!"

西郭子侨

西郭子侨与公孙诡随、涉虚俱为微行,昏夜逾其邻人之垣。邻人恶之,坎其往来之涂而置溷焉。一夕又往,子侨先堕于溷,弗言,而招诡随,诡随从之,堕。欲呼,子侨掩其口曰:"勿言。"俄而,涉虚至,亦堕。子侨乃言曰:"我欲其无相哑也。"

君子谓西郭子侨非人也,己则不慎,自取污辱,而包藏祸心,以陷其友,其不仁甚矣。

[译文]

西郭子侨和公孙诡随、涉虚三人都乔装暗中出行,半夜爬过邻居家的矮墙,邻人非常讨厌他们,就在他们往来经过的路上挖了个粪坑。一天晚上,他们又经过那里,子侨先掉进了粪坑,他没说话,却招呼诡随过来,诡随也掉下去了,想要呼喊,子侨掩住他的口说:"别说话。"一会儿,涉虚来了,也掉下去了。子侨才说:"我这么做是想让你们别笑话我。"

君子认为,西郭子侨不是人,自己不谨慎,弄了一身脏,却心里藏着坏主意,要陷害自己的朋友,太不道德了!

玄豹第三

救虎

仓筤之山，溪水合流，入于江。有道士筑于其上，以事佛，甚谨。一夕，山水大出，漂室庐，塞溪而下，人骑木乘屋、号呼求救者声相连也。道士具大舟，躬蓑笠，立水浒，督善水者绳以俟。人至即投木索引之，所存活甚众。平旦，有兽身没波涛中，而浮其首，左右盼，若求救者。道士曰："是亦有生，必速救之。"舟者应言，往以木接。上之，乃虎也。始则蒙蒙然，坐而舐其毛。比及岸，则瞠目眄道士，跃而攫之仆地。舟人奔救，道士得不死，而重伤焉。

郁离子曰："哀哉！是亦道士之过也。知其非人而救之，非道士之过乎？虽然，孔子曰：'观过斯知仁矣。'道士有焉！"

[译文]

仓筤山上有许多溪水汇合流入大江。有个道士在山上建了一座庙宇供奉神佛，很是虔诚。一天晚上，山水暴发，冲走了房屋，被洪水冲毁的房子顺流而下，几乎塞满了水面。人们骑在树上、爬在屋顶上，喊叫救命声连成一片。道士备下一只大船，身上穿着蓑衣，头上戴着斗笠，站在水边，督促水性好的船夫拿着绳子等着。人被冲到了这里，立即投掷绳子拉上他们来，救活的人非常多。天刚亮的时候，有一只野兽，身子沉没在波涛中，而头在水面上浮着，左右环顾，像是在求救。道士说："这也是一条生命，一定要赶快救它。"船上的人听了他的话前往，用木头把它接上来，原来是一只老虎。刚上来时，老虎迷迷糊糊的样子，坐在船上舔它身上的毛，等到上了岸，就瞪眼看着道士，跳起来扑向道士，道士倒在了地上。船上的人跑来救助，道士才没有死，但也受了重伤。

郁离子说："悲哀啊，这也是道士的过错啊。知道它不是人还救了他，难道不是道士的过错吗？孔子说：'仔细考察某人所犯的错误，就可以知道他是不是仁者。'但是这位道士既有错，又是仁者。"

采药

豢龙先生采药于山，有老父坐石上，揖之不起。豢龙先生拱而立。顷之，老父仰而嘘、俯而凝，其神玉如也。颔而笑曰："子欲采药乎？余亦采药者也。今子虽采药而未知药也，知药莫若我。"豢龙先生跪曰："愿受教。"

老父曰："坐，吾语子。中黄之山有药焉，龙鳞而凤葩，玉质而金英，宵纳月彩，晨晞日精，宅厚坤以为家，澡沆瀣之流荣，其味不苦不酸，其性不热不寒，淡如也，淳如也，其名曰芝。得而服之，寿考以康，百病不生，皞皞（hào）熙熙，跻于泰宁，而五百年一遇之。太行之山有草焉，丹荑而紫蕤，根如伏龙，叶如翠翘，葱葱萋萋，蔚茂以齐，其名曰参。得而服之，老者少，少者寿，病者已，尪者起，而三百年一遇之。南条之山有草焉，性温而和，味芳以辛，馥馥芬芬，香气袭人，其名曰术。得而服之，养精益神，救死扶生，去疾除根，瘴疠莫干，寝兴以安，而百年一遇之。峋嵝之山有木焉，碧干而琼枝，绿叶菁菁，上拂穹青，下临曾崖，霜雪洒之而不凝，赤日过之而不炎。其馨菲菲，其味如饴，鬼魅畏之，避不敢窥，其名曰桂。煮而服之，可以祛百邪，消毒淫，扶阳抑阴，敛真归元。岷山之阴有草焉，叶如翠眊，根如团金，味如人胆，禀性酷烈，不能容物，名曰黄良，煮而服之，推去百恶，破症解结，无秽不涤，烦疴毒热，一扫无迹，如司寇之殛（jí）残贼。之二物也，有病乃服，无病者不服也。故有弗用，用必中。阴谷有草，状如黄精，背阳而生，入口口裂，着肉肉溃，名曰钩吻；云梦之隰（xí）有草，其状如葵，叶露滴人，流为疮痍，刻骨绝筋，名曰断肠之草。之二草者，但有杀人之能，而无愈疾之功，吾子其慎择之哉！无求美弗得，而为形似者所误。"

豢龙先生愀然而悲，顾求老人，已不知其所之矣。

[译文]

豢龙先生上山采药，有一位老人坐在石头上，他向老人作揖行礼，老人没有起身，豢龙先生拱手站着。过了一会儿，老人仰头慢慢地呼气，低头凝神沉思，风采有如美玉般晶莹，老人点点头笑着说："你打算采药吗？我也是采药的人。你现在虽然在采药，但是你并不熟知药性，要说熟知药性，你可不如我。"豢龙先生跪下说："愿意接受您的教导。"

老人说："你坐下，我来告诉你。中黄山上有一种药，表皮像龙鳞一样，花朵像凤羽一样；肉质如玉，花色如金；晚上采纳月华，黎明沐浴阳光；它以肥沃的土地为家，沐浴在夜里的露水里。它的味道不苦不酸，它的药性不热不寒，像淡水一样，又淳厚得很。它的名字就叫灵芝。得到灵芝服下去，使你健康长寿，不会生病，使你心情舒畅、和乐，达到平安的境地，可是五百年才能遇到它一次。太行山上有一种草，红色的芽苞，紫色的花蕊，它的根就像一条伏在地上的龙，它的叶如同鸟的尾巴。它长得浓密繁茂，排列得整整齐齐。它的名字叫参。服用参后，年老的人可以变得年轻，年轻人可以长寿，病患能够痊愈，弯腰驼背的人能够变得笔直挺拔。可是这种参三百年才遇到一次。南条山上有一种草，它的药性温和，闻起来芳香又有些辛辣，气味浓烈，它的名字叫白术。如果服用了白术，可以养精蓄神，起死回生，治好疾病并去除病根，所有瘟疫类的邪病都无法进入身体，还能帮助睡眠，心神安定。但是这种白术一百年才能遇到一次。岣嵝山上有一种树，绿色树干，树枝像玉一样，树叶青葱，向上高耸入云，向下临近着悬崖。霜雪洒落在它身上它不凝冻，骄阳晒着它它也不发热。它香气馥郁，味道如同饴糖。鬼怪惧怕它，躲避起来不敢偷看它一眼。它的名字叫桂树。煎煮之后服用，可以驱除各种邪病，可以消除脓疮毒水，提升阳气抑制阴气，聚拢真性恢复元气。岷山的北坡上有一种草，叶子像绿眼睛，根像一团金子，味道如同苦胆。它的药性很强烈，不能与别的药物相容。它的名字叫黄良。煎煮之后服下去，可以赶走各种邪恶，破解各种疑难杂症，清除郁结病症，没有什么污秽是它不能洗除的，烦症旧疴百毒热病，一扫而光，就像主管刑狱的官处决凶残的盗贼一样。桂树和黄良这两种药物，有病就服用，没有病的人就不用。所以可存储备用，一用它治病就能治好。背阴的谷里有一种草，形状像黄精，背着太阳生长，吃进嘴里，嘴就裂；沾着肉，肉就溃烂。它的名字叫钩吻。云梦泽的低湿地上长着一种草，它的形状像葵，叶子上的液体滴在人身上，流到哪儿，哪儿就生疮，能断骨绝筋。它的名字叫断肠草。钩吻和断肠草，只有死人的性能，没有治病的功效。先生你要慎重地选择啊！不要寻求良药没有得到，却被外形相似的毒草所迷惑。"

豢龙先生愀然悲怆，四面寻找老人，已经不知道他到哪儿去了。

清　朱耷　芭蕉竹石图（局部）

梓与棘

梓谓棘曰:"尔何为乎?修修而不扬,横横而无所容?幽樛于灌莽之中,翳朽箨而不见太阳,不已瘠乎?吾干竦穹崖,梢拂九阳,根入九阴,日月过而留其晖,风雨会而流其滋。鹓雏翠鸾,朝夕和鸣。暖霭晴岚,山蒸泽烘,结为祥云,五色备象,八音成声,绚为文章,抱日浮光。蔚兮若濯锦出蜀江,粲兮若春葩曜都房。是以匠石见而爱之,期以为明堂之栋梁。"

言既,棘倚风而啸,振条而吟曰:"美矣哉!吾闻之,冶容色者侮之招,丽服饰者盗之招,多才能者忌之招。今子之美,冠群超伦,名彰于时。泰运未开,构厦无人。吾忧子之不得为明堂之栋梁,而剪为黄肠,与腐肉同归于冥冥之乡,虽欲见太阳,其可得乎?吾长不盈寻,大不逾指,扶疏屈律,不文不理,天不畀之以材,而赐之以刺,使人不敢樵,禽不敢萃。故虽无子之美,而亦无子之忧,则吾之所得多矣,吾又安所求哉!"

[译文]

梓树对荆棘说:"你为什么这样了?你不端正整齐,面貌不扬,叶子一落光秃秃,难看又没什么用,屈身于灌木草丛之中,被腐烂的竹笋壳所遮蔽,永远不见太阳,不感到忧伤吗?我的枝干高耸在山崖之上,树梢拂过太阳,根扎入地下,日月经过时我能留下它的光辉,风雨来时从我的身上流下清凉的雨水。凤凰和翠鸾无论早晚,相和鸣叫。暖云淡雾,受山川水泽的蒸泽,凝结成祥云，形成了五色美景，构成了和谐音乐，组成了绚丽的花纹，太阳就在身边浮动着灿烂的光芒，倒映着湖光，就像从蜀江中拿出刚刚洗涤过的蜀锦那样华美，就像春花在大花房里熠熠生辉那样绚丽。所以工匠们看到我就爱上了我，期望我能成为建造高楼大厦的栋梁。"

　　刚说完话，荆棘借着清风而呼啸，振了振了枝条，像吟诗一般地说："你的确是美极了！但我听说过修饰打扮面容的女人就会招来侮辱，衣服首饰华丽的人就会招来盗贼，有才能的人就会招来别人的忌妒。现在，你的美貌冠绝所有人，名声彰显于时代，但好的时运没有到，没有人要建造大厦，我担忧你不能成为大宫殿的栋梁，反而遭人砍伐并被制成葬具，和腐烂的骨肉一块儿去到那暗无天日的阴间地府，再想见太阳又怎么可能呢？我虽然长度不满八尺，大小不超过一根手指头，弯弯曲曲，枝条四伸，没有花纹条理，老天不曾给我什么材料，却赏赐给我一身的刺，使人不敢来打柴，使飞鸟不敢栖止。所以，我虽然没有你那样的美貌，但是也没有你那样的忧虑，那么我所得到的比你多多了，我又还有什么需求呢？"

蛰父不仕

宋王欲使熊蛰父为司马,熊蛰父辞。宋王谓杞离曰:"薄诸乎?吾将以为太宰。"杞离曰:"臣请试之。"

旦日,之熊蛰父氏,不遇。遇其仆于途,为道王之意。其仆曰:"小人不能知也。然尝闻之,南海之岛人食蛇,北游于中国,腊蛇以为粮。之齐,齐人馆之厚,客喜,侑主人以文虺之脩,主人吐舌而走。客弗喻,为其薄也,戒皂臣求王虺以致之。今王与大夫,无亦犹是与?"

杞离惭而退。

[译文]

宋王想让熊蛰父担任司马,熊蛰父推辞了。宋王对杞离说:"他是嫌官不够大吗?我打算让他当王室事务总管。"杞离说:"臣下请求去一试。"

第二天,杞离到熊蛰父家,没遇上他。在路上碰到他的仆人,就对他说了宋王的意思。他的仆人说:"我这个卑贱的人不清楚他是否会接受这个官职,但我曾经听说过,南海岛屿上的人吃蛇,一人往北游历中原,晒干蛇肉作为粮食。到了山东一带,山东人招待他很优厚,客人很高兴,馈赠主人以花斑毒蛇做的肉干,主人吓得吐着舌头跑了,客人不明白,认为是礼物太微薄了,告诫仆役搜求大毒蛇以献给主人。现在国王与大夫您不是跟他一样了吗?"

杞离听完,非常惭愧地回去了。

化铁之术

郁离子学道于藐乾罗子冥,授化铁为金之术。遂往入九折之山,得跃冶之钢而炼之。以左目取火于太阳,以右目取水于太阴,驱役雷风,收拾鬼神,以集于黄中。浑浑胚胚,如珠在胎;焜焜荧荧,如日将升,仙人皆仰之矣。

山鬼窥而栗焉,啸其徒,谋之曰:"有怪,女知之乎?若不早图而待其成,悔无及矣。"乃使獥与𤡎挠之,百端不能破。乃群号而诉诸帝曰:"天生物而赋之形与性,寿夭贵贱司命掌之,弗可移也,夫是谓之天常。今彼将以智夺之,以窃天权,弗可假也。"帝怒,命方伯宵鼓之以猰㹑(zhuó kuò)之鞴(bèi),铁跃弗可止,遂不能成金。

[译文]

郁离子向藐乾罗子冥学习化铁成金的法术,于是他走入九折山,采得了质地优良的钢来烧炼。用他的左眼从太阳里取来火,用右眼从月亮里取来水,驱使着雷和风,召集着鬼神,集合在黄中这个地方。那钢浑浑沌沌,像蚌中的珠子,光芒闪烁,如同旭日东升,仙人都仰慕他。

山鬼看到这情形,吓得直发抖,叫来同伙商议说:"有妖怪,你们知道吗?如果不早下手,等待他们炼成,后悔就来不及了!"于是派山魈和小鬼去破坏,千方百计地阻挠也不能破坏,就成群号叫着向天帝去告状:"老天创造万物,赋予他们形体和性格，物的寿命长短和身份的贵贱，由管命运的神来掌管，不可以改变，这就叫作天的常道。现在郁离子将要用智巧来夺走它，窃取老天的权利，你不可以给他。"天帝大怒，命令方伯用杂毛牛皮制作的风箱吹那钢，那钢铁融化不能止住，于是没能变成金子。

清　朱耷　水墨图

石羊先生

石羊先生谓郁离子曰:"子不知予之忧乎!"郁离子曰:"何为其不知也?"曰:"何以知之?"曰:

周人有好姣服者,有不足于其心,则忸怩而不置,必易而后慊。一日有所之,袂涅而弗知也。扬扬而趋,乐甚。其友半途而指之涅,则惋而嗟,摄而搔之。涅去而迹在,其心妯妯然,五步而六视,不成行而复。

郑子阳好其妻。其妻美而额靥,蔽之以翟,三年未之见。一夕而褫其翟,见焉,则怏然不乐,申旦而不寐。其妻虽以翟蔽之,终不好矣。故阴谷之木,生于嵌岩之下,终年不见日月之光而不怨者,不知天之有日月也。

梧丘之野人,种稻以为食,岁储旧而待新,新未尝,不敢竭其旧。旦日之亩,视其禾,皆颖而且栗。喜而归曰:"新可期矣!"则皆发其旧,与其人饱之。旧且尽而新未熟,不胜其觖望。与其子及妻更往而迭视,蹂其亩而禾愈青。是非禾之返青也,望之者切也。

荆人有走虎而捐其子者,以为虎已食之矣,弗求矣。人有见而告之曰:"尔子在,盍速求之?"弗信。从薪者以归,子之。他日,遇而争之,其子弗识矣。

赵王之太子病,召医缓。医缓至,曰:"病革矣,非万金之药弗可。"问之,曰:"是必得代之赭,荆之玉,崆峒之沙,禺同青蛉之空曾青,昆仑之紫白英,合浦之珠,蜀之犀,三韩之宝龟,医无闾之珣玗琪，合汞、铅而炼之。一年而和，二年而成，三年而金粟生，则取而埋诸土中，又三年而服之，斯可以起矣。"淳于公闻而笑之曰："诚哉所谓医缓矣！"

庄子之齐，见饿人而哀之。饿者从而求食。庄子曰："吾已不食七日矣。"饿者吁曰："吾见过我者多矣，莫我哀也，哀我者惟夫子。向使夫子不不食，其能哀我乎？"

豢龙先生谓石羊子曰："往予溯于江十日，而风恒从西来；及还而沿又十日，而风恒从东来。从者恚而泣。予唏之曰：'天有风主，为予汝乎？何为泣也？'"

[译文]

石羊先生对郁离子说："你不知道我的忧虑吧？"郁离子说"我为什么不知道呢？"石羊先生说："你凭什么知道呢？"郁离子如是说。

周朝有个好穿华美衣服的人，倘若衣服不称心，他就忸怩不放心，必须改换后才满意。一天，他要到某个地方去，衣袖沾上了黑泥却不知道，扬扬得意而去，高兴极了。他的朋友半路上看见了，指出他衣服上的污点，他就惋惜而连连叹气，扯起衣袖搔刮，试图除去黑泥，污点去掉了但斑迹还在，他的心里很不平衡，走五步就看六下，最后没有去成就回家了。

郑子阳喜爱他的妻子，他的妻子美貌但前额上有点浅窝，就用雉羽把浅窝遮起来，郑子阳三年都没有发现它。一天晚上，他拨开雉羽，看见了浅窝，就怏怏不乐，一夜睡不着。即使他的妻子再用雉羽把前额的凹陷遮起来，他也仍旧觉得不好看了。所以长在阴面山谷的树木，生长在险峻山岩的洞穴里，终年不见日月的光辉，却不抱怨的原因，是它不知道天上有日月。

梧邱的农夫，人人种稻谷作为粮食，每年储存旧的等待新的，新的没有收完就不敢吃光旧的。有一天早上，农夫到田里观察禾苗，看到苗都已经吐穗而且颗粒饱满，便高兴地回到家说："新稻谷有希望了！"于是家家都把旧稻谷全部取出，敞开肚子吃个饱。旧的快要吃完了，而新的还未成熟，他心里很不满意并抱怨起来，同他的老婆孩子每天来回往复地到田里去看，走在田埂上却看见那稻更加青绿。这并不是稻子返青，而是他盼望稻子成熟的心太急切了。

荆地有个人为了躲避老虎而丢弃了他的儿子，以为老虎已经把他的儿子吃了，就不去寻找了。有人看见了他的儿子告诉了他："你的儿子还在，何不快去找他？"他不信，砍柴的人把他儿子带了回来，把那孩子当作自己的儿子抚养。有一天，那个人遇见了儿子，就和砍柴的争了起来，但他的儿子并不认他。

赵王的太子生病了，召缓医生治疗，缓医生到了说："病重了，不是很贵重的药材治不了。"问他怎样的药能治病，他说："这必须得用代地的红土，荆地的玉石，崛嵝的沙子，禹同青蛉的空曾青，昆仑的紫白英，合浦的珍珠，蜀地的犀牛角，三韩的龟甲，医无闾的珣、玗、琪，合汞铅而冶炼它，一年就和，二年就成，三年就粟生，再把它埋在土中，再过三年服用它，这样病就可以治好了。"淳于公听了就笑着对他说："确实啊，你真是所谓的缓医生啊！"

庄子到齐国，看见饥饿的人就怜悯他，饥饿的人就跟着他要吃的。庄子说："我已经七天没有吃东西了。"饥饿的人叹息说："我看见从我面前走过的人多了，没有一个怜悯我的，怜悯我的只有夫子你。假使你不是七天没吃饭，又怎么能可怜我呢？"

玄豹第三

豨龙先生对石羊子说:"从前我曾经在江中逆流了十天,而风总是从西刮来,回来又沿江顺流了十天,而风又总是从东面刮来,跟从的人发怒而哭泣。我叹息说:'上天有管风的风神,难道是专门为你我设置的吗?为什么要哭呢?'"

近现代　齐白石　花卉草虫册

灵丘丈人第四

明　陈洪绶　杂画册之罗汉图（局部）

灵丘丈人

灵丘之丈人善养蜂，岁收蜜数百斛，蜡称之，于是其富比封君焉。丈人卒，其子继之。未期月，蜂有举族去者，弗恤也。岁余，去且半；又岁余，尽去，其家遂贫。

陶朱公之齐，过而问焉，曰："是何昔者之熇熇而今日之凉凉也？"其邻之叟对曰："以蜂。"请问其故，对曰："昔者丈人之养蜂也，园有庐，庐有守。刳木以为蜂之宫，不罅（xià）不庮（yóu）。其置也，疏密有行，新旧有次，坐有方，牖（yǒu）有乡。五五为伍，一人司之。视其生息，调其暄寒，巩其构架，时其墐发。蕃则从之析之，寡则与之裒（póu）之，不使有二王也。去其蛛蟊（máo）蚍蜉，弥其土蜂蝇豹。夏不烈日，冬不凝澌。飘风吹而不摇，淋雨沃而不溃。其取蜜也，分其赢而已矣，不竭其力也。于是故者安，新者息，丈人不出户而收其利。今其子则不然矣：园庐不葺，污秽不治，燥湿不调，启闭无节，居处螝㐳（nièwù），出入障碍，而蜂不乐其居矣。及其久也，蚀蟖罔其房而不知，蝼蚁钻其室而不禁，鹯鸠掠之于白日，狐狸窃之于昏夜，莫之察也，取蜜而已。又焉得不凉凉也哉！"

陶朱公曰："噫！二三子识之，为国有民者，可以鉴矣。"

[译文]

灵丘有位老者善于养蜜蜂，每年收获蜂蜜数百斛，所收的蜂蜡与蜂蜜一样多，于是他的家富有得堪比王侯。老人死了，他的儿子继承家业，不到一个月，蜜蜂一窝一窝地飞走了，他不顾惜。一年多以后，蜜蜂飞走将近一半，又过一年多，蜜蜂全部飞走，于是他的家里就穷了。

陶朱公来到齐国，路经他家问道："为什么从前家业那么兴盛而现在却那么萧条冷落呢？"

他隔壁的一位老人对他说："因为蜜蜂都飞走了。"陶朱公问他是什么原因，老人回答说："从前这家老先生养蜂，园里有草屋，屋里有人守护，把木头剖空当作蜂房，既没有缝隙，也没有烂木的臭味。那蜂房的安放也疏密成行，新旧有次序，窗户有一定的朝向，二十五箱为一排，一个人掌管着它们。注视它们的生息，调节蜂房里的冷暖，修筑结构木架，按时用泥土塞漏洞。蜜蜂繁殖多了就及时把蜂群分开，少了就聚集它们，不要使他们有两个蜂王。除掉那些蜘蛛、蚂蚁、土蜂，蜂巢夏天不受烈日暴晒，冬天没有凝滞的冰块，大风吹过不摇动，大雨浇灌不被浸。到收取蜂蜜时，分割出多余的就可以了，不能全部割光而使蜜蜂用光力气。因此，老蜂安宁，新蜂得到生息，老人不出家门就能得到它的好处。如今他的儿子就不是这样了，园屋不修整，污秽不清除，干湿不调理，开关无节制，居处不安定，出入有障碍，蜜蜂就不想在这里住了。等到时间久了，毛虫在蜂房里结网却不知道，蝼蛄、蚂蚁钻进蜂窝却不禁止，鹩鹈在白天抢吃蜜蜂，狐狸在夜晚盗窃它，也没人察觉，直到蜂蜜被取光，这样怎么能不冷清呢？"

陶朱公说："唉！你们几位知道这些，治理国家统治百姓的人可以以此作为借鉴。"

刑赦

郁离子曰："刑，威令也，其法至于杀，而生人之道存焉。赦，德令也，其意在乎生，而杀人之道存焉。《书》曰：'刑，期于无刑。'又曰：'眚灾肆赦，此先王之心也。'是故制刑，期于使民畏刑，有必行。民知犯之之必死也，则死者鲜矣。赦者所以矜蠢愚，宥过误，知罪不避而辄原焉，是启侥幸之心，而教人犯也；至于祸稔恶积，不得已而诛之，是以恩为阱也。然则赦令卒不可行与？曰：法有二，有古今之通禁，有一代之私禁。恶逆也，杀人伤人及盗之类也，而释勿治，是代之为贼也。一代之私禁，茶盐钱币之类也。民无以为生，而官不能恤，于是乎有犯。虽难以为常，原情而贷之可也。"

[译文]

郁离子说："刑法，是威严的法令，刑法的严酷可直至处死人命，而处死少数人使得多数人能得以更好地生存。赦免，是仁慈的法令，其目的是让人活命，但并没有放弃处死人命的刑罚。《尚书》里说：'有刑是希望达到无刑。'又说：'因过失造成灾害的予以赦免，这是先王的心愿啊。'所以制定刑律，是希望达到使百姓畏惧的目的，刑律有了，就必须实行，百姓知道违犯了它就必定处死，那样死的人就会少见了。赦令是用来怜悯那些愚蠢的人的，这是宽恕罪过的一种措施。知道犯罪却不去避免，而加以原谅，这是启发那些有侥幸心理的人并教唆犯罪啊，到了恶贯满盈，不得已而杀掉他，这是把恩赦变成陷阱啊。那么赦令最终就不能实行了吗？说法有二：第一，有通用的禁律，有特定的禁律。古今的通禁，是阻止作恶，如杀人、伤人及盗窃之类的，如果赦免其罪不加处治，这就是替他做盗贼啊。第二，是一朝一代的私禁。是指对私茶、私盐、私钱、私币等一类的犯罪，百姓无法维持生活，而官吏又不能体恤他们，于是有的人违犯禁令，虽然不符合国家常法，但考察其民情，是可以宽大处理的。"

贾人

　　济阴之贾人，渡河而亡其舟，栖于浮苴之上，号焉。有渔者以舟往救之。未至，贾人急号曰："我济上之巨室也，能救我，予尔百金。"渔者载而升诸陆，则予十金。渔者曰："向许百金而今予十金，无乃不可乎？"贾人勃然作色曰："若，渔者也，一日之获几何？而骤得十金，犹为不足乎？"渔者黯然而退。他日，贾人浮吕梁而下，舟薄于石，又覆，而渔者在焉。人曰："盍救诸？"渔者曰："是许金而不酬者也。"舣而观之，遂没。

　　郁离子曰："或称贾人重财而轻命。始吾不信，而今知有之矣。张子房谓汉王曰：'秦将，贾人子，可啖也。'抑所谓习与性成者与？此陶朱公之长子所以死其弟也。孟子曰：'故术不可不慎也。'信哉！"

[译文]

　　济阴的一个商人，渡河时丢了他的船，在漂着的枯草上栖身，呼救着。有个打鱼的人划船去救他，还没到，商人急忙喊道："我是济水边上的大户人家，你能救我的话，我给你一百金。"打鱼人载着他到了陆地上，商人只给了他十金，打鱼人说："刚才你答应给百金，现在却给十金，这不合适吧？"商人勃然大怒，变了脸说："你一个打鱼的，一天的收入能有多少？一下子得了十金，还觉得不够吗？"打鱼人沮丧地走了。另一天，商人乘船顺吕梁河往下游走，船碰在石头上又翻了，而打鱼人又在旁边。别人说:"为什么不去救他呢?"打鱼人说:"这是许诺给酬金而又没有实现的人啊。"打鱼人站着袖手旁观,于是商人淹死了。

郁离子说:"有的人说商人看重钱财而轻视生命,开始我不相信,如今才知道真有这样的事。当初刘邦攻打峣关的秦军时,张良对汉王说:'带兵的秦将是商人的儿子,可以利诱他。'或许这就是所谓人的习性决定了其行为吧,这就是陶朱公害死他弟弟的原因吧。孟子说:'所以说选择职业不可以不谨慎。'的确很有道理。"

好禽谏

卫懿公好禽。见抵牛而悦之，禄其牧人如中士。宁子谏曰："不可。牛之用在耕，不在抵。抵其牛，耕必废。耕，国之本也，其可废乎？臣闻之，君人者，不以欲妨民。"弗听。于是卫牛之抵者，贾十倍于耕牛。牧牛者皆释耕而教抵，农官弗能禁。

邶有马，生驹，不能走而善鸣。公又悦而纳诸厩。宁子曰："是妖也，君不瘳，国必亡。夫马，齐力者也；鸣，非其事也。邦君为天牧民，设官分职，以任其事。废事失职，厥有常刑。非事之事，君不举焉，杜其源也。妖之兴也，人实召之。自今以往，卫国必多不耕之夫、不织之妇矣。君必悔之。"又弗听。

明年，狄伐卫。卫侯将登车，而御失其辔。将战，士皆不能执弓矢。遂败于荥泽，灭懿公。

[译文]

卫懿公喜欢豢养鸟，看到了善斗的牛就很高兴，给那些放牛人的俸禄同一般官员一样多。宁子上谏说："不可以这样，牛的用途在耕田，不在斗争，那些牛都去打斗，耕地就必定荒废。农耕，是国家的根本，它怎么可以荒废呢？我听说，做官的不该因个人私欲妨碍百姓。"卫懿公不听。于是卫国好争斗的牛比耕牛的价格高十倍，放牛的人放弃了农耕而训练牛抵角，农官都不能禁止。

邶国有一种马，生的马驹不能跑却善于鸣叫。卫懿公又高兴地把它收纳在马厩里。宁子说:"这是妖怪啊,君王如果不省悟,国家必定灭亡。那马是用来比力气的,鸣叫并不是它该干的事。一国的君王是替天统治百姓的,设置官位,分定职责,以分担职责。废事失职的,有规定的刑罚。所以不应该做的事情,君王不应荐,为的是从根本上杜绝事情的发生。怪事的兴起,实在是人招致的,从今以后,卫国不耕田的男子和不织布的女子一定会多起来。君王一定会后悔的。"卫懿公还是不听。

第二年,狄人讨伐卫国,卫侯就要登上战车,而御马却丢失了缰绳,将要开战了,士兵都不能挽弓射箭,于是在荥泽被打败了,狄人消灭了卫懿公。

五丁怒

髳酏问于赤羽雕曰:"盗日杀而日多,何也?"赤羽雕曰:"未也。而今方多耳。"髳酏曰:"何若是甚也?"赤羽雕曰:"乘子之车,循子之轨,天下之生将尽为盗。"髳酏曰:"请闻之。"

赤羽雕曰:"昔者蚕蚔暴于岷嶓之间,蜀王使相回帅师伐之。畏弗进,作土门而壁焉。其士卒日食于民,民瘵弗堪。于是五丁凿山以出于江之源,擒蚕蚔,杀之。相回闻蚕蚔之死也,毁壁而出。取其尸以为功,曰:'我之徒兵实杀之。'五丁怒,杀相回。排天彭而壅之江,江水逆流,覆王宫。王升木而号,化为杜鹃。今天下之治盗者,皆相回也。民不甘喂肉于蚕蚔也,能无泄五丁之怒者乎?"

[译文]

髳酏问赤羽雕:"盗贼每天被杀却又日益增多,这是为什么呢?"赤羽雕说:"不是越杀越多,而是一天一天多起来的!"髳酏说:"为什么如此严重呢?"赤羽雕说:"乘上你的车,沿着你的车轨看,天下的众生,全是盗贼。"髳酏说:"请让我听听其中的说法。"

赤羽雕说:"从前蚕蚔在岷嶓两山之间作乱,蜀王派相回率领军队讨伐它,它害怕不敢进攻,便修土门并垒了墙壁。它的士兵每天向百姓索食,百姓陷于困顿,忍无可忍。于是五丁凿开山,在江的源头把水放出,擒拿了蚕蚔并杀了它。相回听说蚕蚔死了,破壁而出，取了蚕妭的尸体作为自己的战功，说：'我的步兵真正杀了它。'五丁大怒，杀死了相回，推倒了天彭山并堵塞了江水，江水倒流，淹没了蜀国王宫。蜀王爬到树上呼号，变成了杜鹃鸟。如今天下治盗贼的人，都像相回一样啊，百姓不甘心向蚕妭喂自己的肉啊，能不发泄出像五丁那样的怒气吗？"

晋灵公好狗

晋灵公好狗，筑狗圈于曲沃，衣之绣。嬖人屠岸贾因公之好也，则夸狗以悦公，公益尚狗。一夕，狐入于绛宫，惊襄夫人。襄夫人怒。公使狗搏狐，弗胜。屠岸贾命虞人取他狐以献，曰："狗实获狐。"公大喜，食狗以大夫之俎，下令国人曰："有犯吾狗者，刖之。"于是国人皆畏狗。狗入市，取羊豕以食，饱则曳以归屠岸贾氏，屠岸贾大获。大夫有欲言事者，不因屠岸贾，则狗群噬之。赵宣子将谏，狗逆而拒诸门，弗克入。他日，狗入，并食公羊，屠岸贾欺曰："赵盾之狗也。"公怒，使杀赵盾。国人救之，宣子出奔秦。赵穿因众怒，攻屠岸贾，杀之，遂弑灵公于桃园。狗散走国中，国人悉擒而烹之。

君子曰："甚矣！屠岸贾之为小人也。诪狗以蛊君，卒亡其身，以及其君，宠安足恃哉！人之言曰：'蠹虫食木，木尽则虫死。'其如晋灵公之狗矣！"

[译文]

晋灵公喜爱养狗，在曲沃修筑了狗圈，给狗穿上绣花衣。颇受晋灵公宠爱的屠岸贾因为看晋灵公喜欢狗，就夸狗来取悦晋灵公，晋灵公更加崇尚狗了。一天夜晚，狐狸进了绛宫，惊动了襄夫人，襄夫人非常生气，灵公让狗去同狐狸搏斗，没取胜。屠岸贾命令虞人把别的狐狸拿来献给灵公，说："狗真的捕获到了狐狸。"晋灵公高兴极了，把给大夫们吃的肉食拿来喂狗，下令对国人说:"如有谁惹怒了我的狗,就砍掉他的脚。"于是国人都害怕狗。狗进入市集抢羊、猪吃,吃饱了就把其余的肉拖着回来,送到屠岸贾的家里,屠岸贾因此大大获利。大夫们若在讨论某事,不顺着屠岸贾说,那么狗就一起咬他。赵宣子将要进谏,狗阻止他并把他拒之门外,让他不能进入。过了几天,狗闯进御苑吃了晋灵公的羊,屠岸贾撒谎说:"是赵盾的狗偷吃的。"晋灵公大怒,派人杀赵盾,国人救了他,宣子逃往秦国。赵穿趁大家怨恨、指责屠岸贾,便杀了他,接着又在桃园杀了晋灵公。晋灵公的狗在国内四处逃散,国人把它们全部捕获并烹制了。

君子说:"太过分了,屠岸贾真是小人啊,借夸狗来蛊惑国君,最终丧命并祸及君王,凭这样的荣宠怎么可靠呢!常言道:'害虫食木,木尽则虫死。'那就如同晋灵公的狗的下场一样。"

官舟

瓠里子自吴归粤,相国使人送之,曰:"使自择官舟以渡。"送者未至,于是舟泊于浒者以千数,瓠里子欲择之而不能识。送者至,问之曰:"舟若是多也,恶乎择?"对曰:"甚易也,但视其敝蓬、折橹而破帆者,即官舟也。"从而得之。

瓠里子仰天叹曰:"今之治政,其亦以民为'官民'与?则爱之者鲜矣,宜其敝也!"

[译文]

瓠里子从吴国返回粤地,相国要派人送他,说:"使者会自己选择官府的船过河。"送的人还未到,此时停泊在水中的船有上千只,瓠里子想选择一只却不能识别。送行的人到了,瓠里子问他说:"船这么多,怎么选择呢?"那人回答说:"很容易,只要看到那破篷断橹而又挂着旧帆的,就是官船。"瓠里子按他说的找到了官船。瓠里子仰天叹息说:"如今治理国政,难道也把老百姓当做'官民'对待吗?那么爱护老百姓的人就太少了,大概百姓不可避免地要陷于困顿之中。"

云梦田

楚王好安陵君,安陵君用事。景睢邀江乙,使言于安陵君曰:"楚国多贫民,请以云梦之田贷之耕之食,无使失所。"安陵君言于王而许之。他日,见景子,问其入之数。景子曰:"无之。"安陵君愕曰:"吾以子为利于王而言焉,乃以与人而为恩乎?"景睢失色而退,语其人曰:"国危矣!志利而忘民,危之道也。"

[译文]

楚宣王很看好安陵君,安陵君当权,景睢请江乙去向安陵君进言:"楚国贫民多,请您让楚宣王把云梦一带的田地租借给他们耕种粮食,不要让老百姓失去安身的地方。"安陵君告诉楚宣王,楚宣王同意了他的请求。后来,安陵君见到了景睢,询问出租后所收的赋税数额,景睢说:"没有收入。"安陵君惊愕地说:"我以为你是为楚王谋取利益才帮你去进言的,没想到你竟把田送给百姓以达到施恩的目的。"景睢脸色苍白而退去,对别人说:"国家危险了!执政者只想追逐财利,而忘记了百姓的死活,这是一条危险的道路啊!"

弥子瑕

卫灵公怒弥子瑕,抶出之。瑕惧,三日不敢入朝。公谓祝鲍曰:"瑕也怼乎?"子鱼对曰:"无之。"公曰:"何谓无之?"子鱼曰:"君不观夫狗乎?夫狗,依人以食者也。主人怒而抶之,嗥而逝。及其欲食也,葸葸然复来,忘其抶矣。今瑕,君狗也。仰于君以食者也,一朝不得于君,则一日之食旷焉,其何敢怼乎?"公曰:"然哉!"

[译文]

卫灵公对弥子瑕发怒,挥鞭把弥子瑕赶出去。弥子瑕感到害怕,三天没敢上朝。卫灵公对祝鲍说:"子瑕会怨恨我吗?"祝鲍回答说:"不会的。"灵公说:"为什么不会?"祝鲍回答说:"您没有见过那狗吗?那狗是倚仗着主人喂养的,主人发怒并鞭打了它,它就嗥叫着逃走,等到它想吃东西了,就会胆怯地跑回来,忘了它先前被鞭打的事了。如今弥子瑕像是您养的狗一样,仰仗您的喂养,一天从您这得不到食物,就得饿一天肚子,他怎么敢怨恨您呢?"卫灵公说:"是这样啊。"

瞽瞆第五

近现代 齐白石 偷桃图

自瞽自聩

郁离子曰:"自瞽者,乐言己之长;自聩者,乐言人之短。乐言己之长者,不知己;乐言人之短者,不知人。不知己者,无所见;不知人者,无所闻。无见者,谓之瞽;无闻者,谓之聩。人有耳目,而见闻有所不及,恒思所以聪明之,犹惧其蔽塞也,而况于自瞽、自聩乎!瞽且聩,而以欺人曰:'予知且能。'然而不丧者,蔑之有也。"

[译文]

郁离子说:"自己把自己眼睛捂起来的人喜欢说自己的长处,自己把自己耳朵堵起来的人喜欢说他人的短处。喜欢说自己长处的人不能正确认识自己,喜欢说人家短处的人不能正确认识他人。不能正确认识自己的人什么也看不见,不能正确认识别人的人什么也听不到。看不见的人,可以说他是盲人;听不到的人,可以说他是聋人。人们都有眼睛和耳朵,但是所见所闻不广的话,还总是想着用什么方法才能使自己更加耳聪目明,仍然担心耳目闭塞了,更何况是自己把眼睛蒙上,把耳朵堵上呢?眼不明耳不灵却骗人说:'我聪明而且能干。'如此为人处世却不败亡,那是没有的事。"

自讳自矜

郁离子曰:"讳者,欺之媒乎?矜者,谄之宅乎?媒以招之,故舟必漏也,而后水入焉;土必湿也,而后苔生焉。奸人伺隙以图进其身,奚暇为人国家计哉?故因其矜也,然后昭然知其为谄与欺,而弗之拒也。由是而贯,贯而后宠生焉。宠生慕,慕生效。夫奸人之得志于人国家也,一且不能堪也,而况于慕效之相承乎?腐肉之致蝇,非特尽其肉而已也。蝇生蛆,而蛆复为蝇,蝇蛆相生而不穷,夫何以当之?是故君子修慝辨惑,如良医之治疾也,针其膏肓,绝其根源,然后邪淫不生。苟知谄与欺之能丧人心、亡人国也,屏其媒、坏其宅,奸者熄矣。"

[译文]

郁离子说:"避忌大概是导致欺骗的媒介吧?骄傲自满大概是谄谀的托身之所吧?心有避忌而招致欺骗,骄傲自满而喜人谄谀,奸邪能不随之而至吗?所以船必定先漏,然后水才能进入;土必定先湿,而后青苔才有长出。奸恶的人伺机钻空企图得到高升,哪有空闲替人君、国家考虑呢?所以利用对方的骄傲自满,施加以谄谀;利用对方的隐瞒,而投之以欺骗。时间一长,执政者知道他们是谄媚和欺骗,却不拒绝他们,由此形成习惯,这样的习惯造成了奸恶之人受宠,众人因为羡慕而萌生效仿之念。奸恶的人得到了器重,只一个奸人尚且已经让人不堪忍受了,何况随之而来的是众人的羡慕与效仿呢?腐肉招引苍蝇,不只是吃光腐肉而已，苍蝇还会生蛆虫，而蛆虫又变成苍蝇，苍蝇和蛆虫相继滋生而没有穷尽，用什么办法能阻挡得住它呢？所以君子清除邪恶，辨别妖惑，如同良医治病一样，针刺其要害部位，断绝它的根源，然后邪淫之事就不会再发生。如果知道谄媚和欺骗能丧失人心，灭亡国家，就应该阻断传播它的媒介，毁掉其存身之地，这样，奸恶的人就自灭了。"

祛蔽

瓠里子之艾,谓其大夫曰:"日君之左服病,兽人曰:'得生马之血以饮之,可起也。'君之圉人使求仆人之骖,仆难,未与也。"大夫曰:"杀马以活马,非人情也。夫何敢?"瓠里子曰:"仆亦窃有疑焉。虽然,亦既知君之心矣,愿因而有所请。仆闻有国者,必以农耕而兵战也。农与兵,孰非君之民哉?故兵不足,则农无以为卫;农不足,则兵无以为食。兵之与农,犹足与手,不可以独无也。今君之兵暴于农,而君不禁;农与兵有讼,则农必左,耕者困矣!是见手而不见足也。今君之圉人见君之不可无服,而不见仆之不可无骖也。昔者陈胡公之元妃大姬好舞,于是宛丘之人皆拔其桑而植柳。仆窃为君畏之。"

[译文]

瓠里子到了艾地,对那里的大夫说:"昔日国君的左服马病倒了,人们说喝了活马的血就可以治好。国君的养马人要派人杀我的骖马,我感到很为难,没有答应。"大夫说:"用杀马来救马,这不合乎人情,怎么能这样做呢?"瓠里子说:"我私下里也感到疑惑。即使我已经了解国君的心了,还是希望由这件事能够请教您一些相关的问题。我听说执掌国政的人必须依靠农耕和兵战,农夫和兵士哪个不是国君的百姓呢?兵力不足,农夫就没有安全保障;农耕不足,士兵就没有粮食吃了。士兵和农夫相比就像脚和手一样,一个都不可缺少。如今国君的士兵对农夫施暴行,国

瞽聩第五

君却不禁止，农夫和士兵发生争执，农夫必定失败，耕田的人困窘了，这是只见手而不见脚啊。现在国君的养马人，只知国君不可没有左服马，却不知我不可没有骖马。从前陈胡公的妃子太姬喜欢跳舞，于是宛丘一带的人们都拔了那里的桑树改种柳树，因此妨碍了农业，我内心真替国君害怕担忧。"

宋王偃

宋王偃恶楚威王，好言楚之非。且日视朝，必诋楚以为笑。且曰："楚之不能，若是甚矣！吾其得楚乎。"群臣和之，如出一口。于是行旅之自楚适宋者，必构楚短以为容。国人大夫传以达于朝，狃而扬，遂以楚为果不如宋。而先为其言者亦惑焉。于是谋伐楚。

大夫华犨谏曰："宋之非楚敌也，旧矣，犹犩牛之于鼢鼠也。使诚如王言，楚之力犹足以十宋。宋一楚十，十胜不足以直一败，其可以国试乎？"弗听。遂起兵，败楚师于颍上。王益逞。

华犨复谏曰："臣闻小之胜大也，幸其不吾虞也。幸不可常，胜不可恃，兵不可玩，敌不可侮。侮小人且不可，况大国乎？今楚惧矣，而王益盈。大惧小盈，祸其至矣。"王怒，华犨出奔齐。

明年，宋复伐楚，楚人伐败之，遂灭宋。

[译文]

宋王偃憎恶楚威王，喜欢说楚国的坏话，每日早朝临朝听政一定要诋毁楚国作为笑谈，并且说："楚国无能，竟到了这么严重的地步！我大概可以吞并楚国了吧。"群臣附和他，像是出自同一张嘴中，于是从楚国到宋国旅行的人，都要编造一套诋毁楚国的坏话作为容身的条件。国人大夫把这些编造的话传播到朝廷，反复宣扬，于是众人就以为楚国果真不如宋国，就连最先说那话的人也感到疑惑了。于是宋国谋划攻打楚国。

大夫华犨进谏说:"宋国早就打不过楚国了,两国的差别就像犨牛和盲鼠一样悬殊。倘使真像宋王说的那样,楚国的力量还足以能抵得上十个宋国,宋国和楚国力量之比是一比十,楚国有十个宋国的力量,宋国十胜不足以抵消一败,怎么可以拿整个国家的命运来做这个尝试呢?"宋王不听。接着就起兵,在颍水打败了楚国军队,宋王更加放肆了。

　　华犨又进谏说:"我听说弱小的国家战胜了强大的国家,侥幸的是对方没有防备我方。凭侥幸不可常胜,胜了也不可自恃,用兵不可当儿戏。敌人不可欺侮,欺侮小人尚且不可,更何况是大国呢?如今楚国警惕了,而大王你却更加自满了。大国警惕,小国自满,灾祸将要到来了!"宋王怒了,华犨逃奔到齐国。

　　第二年宋国又进攻楚国,楚国打败并灭掉了宋国。

越王

越王燕群臣,而言吴王夫差之亡也,以杀子胥故。群臣未应。

大夫子余起而言曰:"臣尝之东海矣。东海之若游于青渚,禺强会焉,介鳞之从者以班见。夔出,鳌延颈而笑。夔曰:'尔何笑?'鳌曰:'吾笑尔之跷跃,而忧尔之踣也。'夔曰:'我之跷跃,不犹尔之跛踦乎?且我之用一而尔用四,四犹不尔持也,而笑我乎?故跂之则蠃其肝,曳之则毁其腹,终日匍匐,所行几许?尔胡不自忧而忧我也!'今王杀大夫种而走范蠡,四方之士掉首不敢南顾,越无人矣。臣恐诸侯之笑王者在后也。"

王默然。

[译文]

越王宴请群臣,谈论起吴王夫差的灭亡是因为杀伍子胥的缘故。群臣没有响应。

这时大夫子余站起来说:"我曾经到过东海,东海海神若与北海海神禺强相会,水族动物按照等级,依次拜见,见到夔兽出来,海鳌伸着脖子笑。夔问它:'你笑什么?'海鳌说:'我笑你跷起一只脚跳,怕你跌倒。'夔说:'我一只脚跳跃还不如你跛脚爬吗?况且我用的是一只脚,而你用的是四只脚,四只脚还支撑不了你,为什么还笑我呢?你故意跷起一只脚,那么小腿就被累坏,要是拖着脚就要磨破肚皮,一天到晚只能爬行,所走的路程能有多远,你为什么不担心自己却担心起我来了呢?'

如今大王杀了文种大夫，又放跑了范蠡，四方的贤士也掉回头不敢向南看，越国无人可用！我担心诸侯笑大王的时候还在后头呢。"

越王听了默默不语。

即且

即且与蚤（è）遇于疃。蚤骞首而逝，即且追之，蹁旋焉绕之。蚤迷其所如，则呀以待。即且摄其首，身弧屈而矢发。入其肮，食其心，啮其脊，出其尻（kāo），蚤死不知也。

他日，行于煁，见蛞蝓，欲取之。蚿谓之曰："是小而毒，不可触也。"即且怒曰："甚矣，尔之欺予也！夫天下之至毒，莫如蛇；而蛇之毒者，又莫如蚤。蚤噬木则木瘱，啮人兽则人兽毙，其烈犹火也。而吾入其肮（āng），食其心，菹鲊（zū zhǎ）其腹肠，醉其血而饱其脊，三日而醒，融融然。夫何有于一寸之蜿蠕乎？"跂其足而凌之。蛞蝓舒舒焉，曲直其角，煦其沫以俟之。即且粘而颠，欲走，则足与须尽解解腮腮而卧，为蚁所食。

[译文]

蜈蚣和大眼蛇在田舍旁的空地上相遇。大眼蛇抬头看了看就逃走了，蜈蚣追着它，旋转绕圈，大眼蛇不知道该往哪个方向逃，就张着嘴等待敌手。蜈蚣上前抓住它的头，身子弯曲一下就像箭似的射出去，钻进了大眼蛇的喉咙，吃它的心，又啃它的肠，再从它的肛门钻出来，大眼蛇都不知道自己是怎么死的。

有一天，蜈蚣爬在炉灶上，看见蛞蝓，又想吃掉它，多足虫劝它说："这虫子虽小，但毒性很大，不可触动它。"蜈蚣怒道："太过分了！你欺骗我，天下没有像蛇那样毒的生物了，而蛇中最毒的就是大眼蛇。大眼蛇咬了树，树就枯萎了，咬了人和兽，人和兽就死，它毒性像烈火一样啊。然而我却能钻进它的喉咙，吃它的心，嚼烂其腹肠并当成肉酱一样地享用，饱饮它的血，并饱食它的肠脂，三天不吃东西仍精神振奋，对这一寸长的小蠕虫有什么可畏惧的呢？"说完就伸出它的足欺凌蛞蝓，蛞蝓舒展了身子，屈伸它的触角，吹出黏液而等待蜈蚣。蜈蚣一碰到就被黏液黏住脚跌倒了，想逃走，但脚和头须全裹满了粘液，僵硬地躺在那里，最后被蚂蚁吃掉了。

术使

楚有养狙以为生者,楚人谓之狙公。旦日必部分众狙于庭,使老狙率以之山中,求草木之实,赋什一以自奉。或不给,则加鞭棰焉。群狙皆畏苦之,弗敢违也。一日,有小狙谓众狙曰:"山之果,公所树与?"曰:"否也,天生也。"曰:"非公不得而取与?"曰:"否也,皆得而取也。"曰:"然则吾何假于彼而为之役乎?"言未既,众狙皆寤。其夕,相与伺狙公之寝,破栅毁柙,取其积,相携而入于林中,不复归。狙公卒馁而死。

郁离子曰:"世有以术使民而无道揆者,其如狙公乎?惟其昏而来觉也,一旦有开之,其术穷矣。"

[译文]

楚国有一个养猕猴谋生的人,楚国人称他"狙公"。每天早上,狙公都在庭院向众猕猴分配任务,派老猕猴领它们到山中采摘草木的果实,并要它们献出十分之一的收获供养自己,有的猕猴不给,狙公就用鞭子打它们。群猴都害怕吃他的苦头,不敢违抗。一天,有只小猴问众猴说:"山上的果实是狙公栽培的吗?"众猴说:"不是,是天然生长的。"小猴又问:"没有狙公我们就不能摘取吗?"众猴说:"不是,都能摘取。"小猴说:"既然如此,我们为什么要给他,还要被他奴役呢?"话未说完,众猴都省悟了。那天晚上,它们一起等狙公入睡后,冲破栅栏,毁坏笼子,取走那些积存的果实,一起逃入森林,不再返回。狙公因饥饿而死。

郁离子说:"人世间那些只靠权术统治百姓而不讲道义和法度的统治者,不就是和狙公一样吗?由于百姓还昏昧不觉醒,他们的那一套权术还有效,一旦有人开导百姓,统治者的那套就没有什么用了。"

清　朱耷　水墨图

祥不妄集

蒙人衣狻猊之皮以适圹,虎见之而走,谓虎为畏己也,返而矜,有大志。明日,服狐裘而往,复与虎遇。虎立而睨之,怒其不走也,叱之,为虎所食。

邾娄子泛于河,中流而溺,水涡煦而出之,得壶以济岸,以为天佑己也。归而不事鲁,又不事齐。鲁人伐而分其国,齐弗救。

君子曰:"无畏者,祸之本乎?惟有德可以受天祥。祥不妄集,圣人实有之。犹内省而惧,畏其不能胜也,而况敢自祥乎?非祥而以为祥,丧其心矣,其能免乎?"

[译文]

有一个蒙地人披上狮子皮便走到墓穴地里,老虎看见了他就逃去,他认为老虎是害怕自己了,自傲地回到家,胆子更大了。第二天,他又穿上狐狸皮衣到旷野去,又与一只老虎相遇,老虎停下来斜视着他,老虎不逃跑,他很生气,便呵斥老虎,结果被老虎吃掉了。

邾娄子在河上乘船,到了中间失足落水,水涡又把他旋出来,他捡到了一只葫芦而漂流上岸,他认为是上苍保佑了自己,归来以后,既不侍奉鲁国,又不侍奉齐国。后来鲁国讨伐并分占了他的国家,齐国也不肯去援救。

君子说:"无畏是灾祸的根源,只有具备功德才可以承受上

瞽瞍第五

天所赐的福。吉祥不会随便降临，只有圣人才配得到它，圣人都还经常反省担忧，害怕自己不能承受，何敢自以为上天赐福呢？不是上天赐福却自为上天赐福，失去理智，怎么能免遭灾祸呢？"

规姬献

郁离子谓姬献曰:"吾尝游汝泗之间,见丛祠焉。其中为天仙,其左右为鬼伯。天仙之祠,香烛之外无物;而鬼伯之祠,击钟烹膻,明膏火,穷昼夜。今子之庭,无雨旸寒暑皆如市,鹅羊鸭鸡之声哑嚘嘈囋,不得闻人语。吾隐子之不能为天仙而为鬼伯也。"明年而败于匏瓜之墟,姬献死焉。

[译文]

郁离子对姬献说:"我曾经在汝水和泗水之间游览,看见丛林中的祠庙,中间的祠堂是祭祀天仙的,左右两边祠堂是祭鬼的。天仙的祠堂里,除了香烛以外没有别的东西,而祭鬼的祠堂里,击鼓敲钟,烹羊宰牛,点着明晃晃的灯火,昼夜不停。如今你的庭院里,无论下雨或天晴,也无论天冷天热,都像集市那么热闹,鹅、羊、鸭、鸡的叫声嘈杂一片,都听不清人们说话的声音,我私下担心你不能成为天仙而只能做鬼伯了。"第二年,姬献公就在匏瓜之墟被人击败,身死了。

蓥龙

有献陵鲤于商陵君者，以为龙焉。商陵君大悦，问其食，曰："蚁。"商陵君使豢而扰之。或曰："是陵鲤也，非龙也。"商陵君怒，挟之。于是左右皆惧，莫敢言非龙者，遂从而神之。商陵君观龙，龙卷屈如丸，倏而伸，左右皆佯惊，称龙之神，商陵君又大悦，徙居之宫中，夜穴甓而逝。左右走报曰："龙用壮，今果穿石去矣。"商陵君视其迹，则悼惜不已。乃养蚁以伺，冀其复来也。无何，天大雨，震电，真龙出焉。商陵君谓为蓥龙来，矢蚁以邀之。龙怒，震其宫，商陵君死。

君子曰："甚矣，商陵君之愚也！非龙而以为龙，及其见真龙也，则以陵鲤之食待之。卒震以死，自取之也。"

[译文]

有人献给商陵君一只穿山甲，商陵君以为是龙，非常高兴，问那人它吃什么，那人说："吃蚂蚁。"商陵君派人喂养并驯服它。有人说："这是穿山甲，不是龙啊。"商陵君气得用鞭子抽打他，身边的人都害怕，没有人敢再说这不是龙了，就顺从他把穿山甲看成神龙。商陵君观赏"龙"，它蜷曲如丸，突然间又伸直了身躯，左右大臣都装作惊讶的样子，称赞"龙"的神奇。商陵君十分惊喜，便把它移居到宫中，夜里，穿山甲在砖墙中挖了个洞逃走了，左右大臣跑去报告说："这'龙'的力量真大，如今它果然能穿石而过了。"商陵君前往察看它留下的踪迹，痛惜不止，便养了蚂蚁等候它,希望它还会回来。不久,天下大雨,雷鸣电闪,真龙出现了。商陵君说是他豢养的"龙"回来了,献出蚂蚁请它吃。真龙见他拿蚂蚁给自己吃,发怒了,震击了他的宫殿,商陵君被击死了。

君子说:"商陵君太愚蠢了,不是龙的却当作龙,等到他见到了真龙,却用穿山甲吃的食物招待它,最后被震击而死,这是他自找的啊。"

蛇雾

冥谷之人畏日，恒穴土而居阴。有蛇焉，能作雾，谨事之，出入凭焉，于是其国昼夜雾。巫绐之曰："吾神已食日矣，日亡矣。"遂信以为天无日也，乃尽废其穴之居而处垲。

羲和氏之子之崦，过焉，谓之曰："日不亡也。今子之所翳者，雾也。雾之氛，可以晦日景，而焉能亡日？日与天同其久者也，恶乎亡？吾闻之，阴不胜阳，妖不胜正。蛇，阴妖也，鬼神之所诘，雷霆之所射也。今乘天之用否而逞其奸，又因人之讹以凭其妖，妖其能久乎？夫穴，子之常居也。今以讹致妖，而弃其常居。蛇死雾必散，日之赫其可当乎？"

国人谋诸巫，巫恐泄其绐，遂沮之。未期月，雷杀其蛇。蛇死而雾散，冥谷之人相响而槁。

[译文]

冥谷一代的人害怕太阳，一向挖土为洞，居住于阴暗之处。阴暗处有蛇，能放出蛇雾，人们恭敬地侍奉它，出入山谷就凭着蛇雾的遮蔽，于是那山谷里昼夜充满了雾气。神巫欺骗那里的人们说："我的神已经吃掉了太阳，太阳没有了。"于是人们信以为真，以为天上没有太阳了。他们把居住的土洞全部废弃并搬到干燥的高地上去住。

羲和氏的儿子到崦嵫山去，路过那里，便对他们说："太阳不会灭亡的，如今把你们遮蔽起来的是雾气啊。雾气可以使日光暗淡，但怎么能消灭太阳呢？太阳和苍天是一样长久的，怎么会消失呢？我听说黑暗不会战胜光明，妖邪不能战胜正气。蛇是阴暗的妖怪，是鬼神所要查办、雷霆所要劈击的对象，它趁着天光的作用一时达不到目的，就施展其奸计，利用巫师的谣言，助长自己的妖术，妖雾怎么能长久呢？那些土洞才是你们的常居之地，如今因谣言招致妖雾而丢弃了常居之所，蛇死雾必散，炙热的阳光你们怎么能抵挡呢？"

山谷里的人们找巫师商量，神巫害怕泄露了自己的谎言，就发表诋毁羲和氏之子的言论。不到一个月，雷霆击杀了那里的蛇，蛇死了，雾也散了，太阳出来了，深谷里的人被太阳烤晒得相互濡湿，苟延残喘，最后被太阳晒死。

采山得菌

粤人有采山而得菌，其大盈箱，其叶九成，其色如金，其光四照。以归，谓其妻子曰："此所谓神芝者也，食之者仙。吾闻仙必有分，天不妄与也。人求弗能得，而吾得之。吾其仙矣。"乃沐浴，斋三日，而烹食之，入咽而死。其子视之，曰："吾闻得仙者必蜕其骸，人为骸所累，故不得仙。今吾父蜕其骸矣，非死也。"乃食其余，又死。于是同室之人皆食之而死。

郁离子曰："今之求生而得死者，皆是之类乎？故张网以逐禽，使无所逃而获，非不知而不避者也。设食而机之，则其获也，皆非知之而不避者也。南方有鸟，五采而象凤，名曰昭明，其性好乱，故出则天下起兵。西方有兽，斑文而象虎，名曰驺虞，其性好仁，故出则天下偃兵。其不知者，莫不以为凤与虎也。今天下之人，孰不曰予有知也？由此观之，远矣。"

[译文]

粤地有人上山采药时采到了一朵毒蘑菇，它大得装满了箱子，叶片层层叠叠，颜色金黄，光彩四射。他采回家后对自己的老婆孩子说："这就是人们所说的灵芝，吃了它的人能变成神仙。我听说成仙的人有缘分，上天不会随便给予，有的人想寻求也得不到，而我却得到了它，我岂不是就要成仙了吗？"于是沐浴斋戒三日把它烹煮吃了，刚咽下去就死了。他的儿子见着说："我听说得了仙道的人必须蜕去他的肉身，凡人被肉身所连累，所以不能成仙，如今我父亲已蜕去他的肉身了，并不是死了。"于是他吃了那些剩下的，结果也死了。接着一家人都吃了并且死了。

郁离子说："如今求生反而死去的人，都属于这一类吧。所以说张开网就是为追捕禽兽，使它无处可逃而被捕获，它们虽然知道有危险但没有办法逃避。放置食物，旁边暗设机关，这样被捕获的那些禽鸟，它们都是不知道有危险所以不去逃避。据说南方有一种鸟，羽毛五彩，像凤凰，名叫'昭明'，天性喜欢祸乱，所以它一出现，天下就发生战争。西方有一种兽，皮毛有斑纹，像老虎，名叫'驺虞'，它的本性好仁义，所以它一出现，天下就停止战乱。那些不知道的人，无不以为他们是凤凰和老虎。如今天下的人，谁不夸自己有知识呢？由此看来，他们的知识差远了！"

枸櫞第六

近现代　齐白石　水墨图（局部）

枸橼

梁王嗜果，使使者求诸吴。吴人予之橘，王食之美。他日，又求焉，予之柑，王食之尤美。则意其犹有美者未予也，慭使者聘于吴而密访焉。御儿之鄙人有植枸橼于庭者，其实大如瓜，使者见而愕之，曰："美哉煌煌乎！柑不如矣。"求之，弗予。归言于梁王，梁王曰："吾固知吴人之靳也。"命使者以币请之。朝而进之，荐而后尝之。未毕一瓣，王舌缩而不能咽，齿柔而不能咀，颦鼻颦额，以让使者。

使者以诮吴人，吴人曰："吾国果之美者，橘与柑也。既皆以应王求，无以尚矣。而王之求弗置，使者又不询而观诸其外美，宜乎所得之不称所求也。夫木产于土，有土斯有木，于是乎果实生焉。果之所产不惟吴，王不遍索而独求之吴。吾恐枸橼之日至，而终无适合王口者也。"

[译文]

梁王喜欢吃水果，派使者到吴国去寻求。吴人给了他一些橘子，梁王吃后觉得味道很好。过段时间，又派使者向吴国寻求别的水果，吴人给了他一些柑子，梁王吃后感觉更是好吃。梁王疑心吴国还有更好吃的水果，只是不愿意给，于是嘱咐另一个使者到吴国行聘礼，暗地里探访。吴国御儿的一个农人，院中栽种的枸橼，果实有瓜那么大，使者看见了觉得十分惊愕，说："太美了，金灿灿的，柑子也不如它。"他向这个农人索要，这个农人不给。使者将情况报告给梁王，梁王道："我早知道吴国人是吝啬的。"便命令使者带上礼物再去请求，后来使者把枸橼带了回来，在朝廷进献给梁王，梁王先用它祭祀了先王，然后才品尝，一瓣还没吃完，就酸得舌头伸不直，牙齿也不能咀嚼，鼻子抽气，眉头紧皱，连声责备使者。

使者去责问吴国人，吴国人说："我国水果中最好的就是橘子和柑子，为满足梁王的要求，这些都已送去，此外没有更好的了。梁王一味索求鲜美的果品而不肯罢手，使者不问清情况，只是看到枸橼长得好看，就要了去，那自然难以满足梁王的要求了。树木生长于土地，有什么样的土地，就有什么样的树木，于是，各种水果就在各地生长出来。产水果的地方，不只是吴国，梁王不广泛地寻找，而只是向吴国寻求，这样的话，我恐怕枸橼一类的水果会天天送到梁王那里，最终也没有符合梁王口味的水果。"

淳于獮入赵

公仪子为政于魏，魏人淳于獮以才智自荐，公仪子试而知其弗任也，退之。淳于獮之西河，西河守使人道而入诸赵，赵人以为将。西河守谓公仪子曰："是必疚赵矣。赵疚，魏国之利也。"公仪子愀然不悦，曰："如大夫言，是魏国之耻也。昔者由余，戎人也。由余入秦，秦穆公用之，由余贤，秦人不敢轻戎。吾惧赵人之由是轻魏也。"

[译文]

公仪子在魏国执政，魏人淳于獮凭借才智自荐。公仪子测试了他后知道他不能胜任，便辞退了他。淳于獮到西河，西河太守派人把他推荐给赵国，赵国人让他做了将军。西河太守对公仪子说："我们认为才能平庸的人却被赵国当成贤才，赵国一定是因过失而内心不安，才这么做，这对魏国是有利的。"公仪子神情严肃，不高兴地说："如果真像大夫所说的那样，这是魏国的耻辱。从前，有个叫由余的人是西戎族人，由余进入秦国，秦穆公重用了他。因为由余贤良，秦人不敢小看戎人。我害怕赵国由于这件事而小看魏国。"

泗滨美石

泗水之滨多美石,孟尝君为薛公,使使者求之以币。泗滨之人问曰:"君用是奚为哉?"使者对曰:"吾君封于薛,将崇宗庙之祀,制雅乐焉。微君之石,无以为之磬。使隶人敬请于下执事,惟君图之。"泗滨人大喜,告于其父老,斋戒,肃使者,以车十乘,致石于孟尝君。

孟尝君馆泗滨人而置石于外朝。他日,下宫之碣阙,孟尝君命以其石为之。泗滨人辞诸孟尝君,曰:"下邑之石,天生而地成之。昔者,禹平水土,命后夔取而荐之郊庙,以谐八音,众声依之。任土作贡,定为方物。要之,明神不敢亵也。君命使者来求于下邑,曰:'以崇宗庙之祀。'下邑之人畏君之威,不敢不供。斋戒,肃使者,致于君。君以置诸外朝,未有定命,不敢以请。今闻诸馆人曰:'将以为下宫之碣。'臣实不敢闻。"弗谢而走。诸侯之客闻之,皆去。

于是秦与楚合谋伐齐。孟尝君大恐,命驾趣谢客,亲御泗滨人,迎石登诸庙以为磬。诸侯之客闻之皆来,秦楚之兵亦解。

君子曰:"国君之举,不可不慎也,如是哉!孟尝君失信于一石,天下之人疾之,而况得罪于贤士哉?虽然,孟尝君亦能补过者也,齐国复强,不亦宜乎!"

[译文]

泗水岸边多产美石。孟尝君做薛公的时候,派使者用钱去求取。泗水岸边的人问他说:"您用这石头做什么呢?"使者回答说:"我们的君主在薛地册封,将要尊崇宗庙的祭祀典礼,演奏朝会上的雅乐,要是没有您这里的美石,就没有办法制成石磬。上面派下官向您的属下恭敬地提出请求,希望您能考虑这件事。"泗水边的人很高兴,告诉乡里的父老,父老斋戒后恭拜使者,用十辆车子给孟尝君送去美石。

孟尝君招待泗滨人住下,却把美石丢在朝会的地方。过了几天,内宫的垫柱石碎裂,孟尝君就命令用那些美石来制作柱础。泗水岸边的人出言责备孟尝君说:"我们那里的石头,是天地生成的。从前大禹平息水灾的时候,命令乐官后夔取来进献给郊庙,用来调和八音,各种乐器的声响都依附它,用土石作为贡品,就定为本地的特产,恭求了神明,一点也不敢怠慢。您派使者来我们这里请求说'要用它来尊崇宗庙的祭祀典礼',我们那里的人畏惧您的威势,不敢不敬献,虔诚斋戒,恭拜使者,把美石送给您,您把它丢在朝会的外面,也没有确定的命令,我们又不敢为它请命。现在从馆人那里听说'将用它来做后宫的柱脚石',我们实在不敢相信。"泗滨人不辞而别。来自各国的宾客听到这件事后都离开了。

于是秦国和楚国合谋讨伐齐国。孟尝君非常恐惧,派人驾车赶上去向客人道歉,亲自迎接泗滨人,迎请美石放入宗庙,用它做磬。各国的宾客听说这事都回来了,秦国和楚国的军队也都退去了。

君子说:"国君的举动不可以不慎重,就跟这件事一样啊!孟尝君因一块石头而失信,天下人都憎恨他,更何况被贤能的人所怪罪呢!尽管如此,孟尝君也算是个能弥补过错的人,所以齐国的重新强盛不也是理所应当的吗?"

子余知人

越王使其大夫子余造舟。舟成,有贾人求掌为工,子余弗用。贾人去,之吴,因王孙率以见吴王,且言越大夫之不能用人也。他日,王孙率与之观于江,飓作,江中之舟扰,则收指以示王孙率曰:"某且覆,某不覆。"无不如其言。王孙率大奇之,举于吴王,以为舟正。

越人闻之,尤之余。子余曰:"吾非不知也,吾尝与之处矣,是好夸而谓越国之人无己若者。吾闻好夸者,恒是己以来多谀;谓人莫若己者,必精于察人而暗自察也。今吴用之,偾其事者,必是夫矣。"越人未之信。

未几,吴伐楚,王使操余皇,浮五湖而出三江,迫于扶胥之口,没焉。越人乃服子余之明,且曰:"使斯人弗试而死,则大夫受遗才之谤,虽咎繇不能直之矣。"

[译文]

越王派大夫子余造船,船造成了,有一个商人要求做船长,子余不愿用他。商人离开越国到了吴国,由王孙率引荐拜见吴王,并且说越国大夫不会使用人才。后来有一天,王孙率和商人在江边察看船只。突然,江上飓风大作,江中的船只乱撞,商人就一边收船一边指着船对王孙率说:"某某船将要沉没,某某船不会沉没。"结果全被他说中了。王孙率认为他有奇才,就荐举给吴王,让他做了舟正。

越人听到这个消息,都埋怨子余。子余说:"我并不是不了解他,我曾经和他在一起相处过,这个人好吹嘘,并说越国的人没有比得上他的。我听说凡喜欢夸耀自己的人,常自命正确以博取他人的奉承。说别人不如自己的人,对别人的观察必定仔细,而对自己的省察却不足。如今吴国重用他,将来坏他们事的必定是这个家伙了!"越人不相信子余的话。

不久,吴国攻打楚国,吴国派那个商人操纵大战舰"余皇"号,漂浮过五湖驶出三江,在迫近扶胥口时,沉没在那里。越人这才佩服子余有先见之明,并且说:"假如这个人没有沉船而死,那么子余大夫将受到失去人才的诽谤,即使是有皋陶那样贤明的法官在世也不能使他得到公正的评判啊。"

不韦不智

越人寇，不韦避兵而走剡。贫无以治舍，徘徊于天姥之下，得大木而庥焉。安。一夕，将斧其根以为薪，其妻止之，曰："吾无庐，而托是以庇身也。自吾之止于是也，骄阳赫而不吾灼，寒露零而不吾凄，飘风扬而不吾溧，雷雨晦冥而不吾震撼，谁之力耶？吾当保之如赤子，仰之如慈母，爱之如身体，犹惧其不蕃且殖也，而况敢毁伤之乎！吾闻之，水泉缩而潜鱼惊，霜钟鸣而巢鸟悲，畏夫川之竭、林之落也。鱼鸟且然，而况于人乎？"

郁离子闻之，曰："哀哉，是夫也！而其知不如一妇人也。呜呼！岂独不如一妇人哉，则亦鸟鱼之不若矣！"

[译文]

越国有贼寇侵入，不韦躲避战乱逃跑到剡地，贫穷得无法盖房子，在天姥山下徘徊，后来找到一棵大树的庇荫在此居住。安歇了一夜，他就要用斧子砍树的根当柴烧，他的妻子阻止他说："我们没有房屋，就寄托这棵大树来安身了，自从我们来到这里，骄阳似火却烤不着我们，寒露零落却打不湿我们，寒风吹来，我们不会因寒冷而瑟瑟发抖，雷雨晦暗却不能震撼我们，这是谁的力量呢？我们应当像对待初生的婴儿那样保护它，像对待慈母那样敬仰它，像对待自己身体那样爱护它，担心树木长得不茂盛得不到很好的繁殖还来不及，更何况敢毁伤它呢？我听说，泉水减少而潜鱼惊慌，秋霜降临而巢鸟悲伤，那是因为它们害怕那河水干涸、树木落叶啊。鱼、鸟尚且能如此,更何况人呢?"

郁离子听了这件事后感叹说:"这个男人可悲啊!他的见识还不如一个女人呢。唉,岂止是不如一个女人,就是连鸟、鱼也不如啊!"

清 朱耷 水墨图

冯妇之死

东瓯之人谓"火"为"虎",其称"火"与"虎"无别也。其国无陶冶,而覆屋以茅,故多火灾,国人咸苦之。

海隅之贾人适晋,闻晋国有冯妇,善搏虎。冯妇所在,则其邑无虎。归,以语东瓯君。东瓯君大喜,以马十驷、玉二瑴、文锦十纯,命贾人为行人,求冯妇于晋。

冯妇至,东瓯君命驾虚左,迎之于国门外,共载而入,馆于国中,为上客。明日,市有火,国人奔告冯妇。冯妇攘臂从国人出求虎,弗得。火迫于宫肆,国人拥冯妇以趋,火灼而死。于是贾人以妄得罪,而冯妇死弗寤。

[译文]

东瓯的人把"火"叫作"虎",他们发"火"和"虎"的字音没有区别。他们的国家没有用烧砖制瓦,而盖屋顶全用茅草,所以经常发生火灾,国人都为此事感到苦恼。

有一个海边来的商人到了晋国,听说晋国有个叫冯妇的人善于同虎搏斗,冯妇所到的地方就没有老虎。商人误以为冯妇是灭火的能手,回来把这件事告诉了东瓯国君。东瓯国君听了很高兴,用马四十匹、白玉两双、文锦十匹作礼物,命令商人做使者,到晋国聘请冯妇。冯妇应邀到来,东瓯君命人驾车并空出车子左边的位置,亲自在国门外迎接她,又一起乘车进入宾馆,把她当作国中的上宾款待。

第二天，市中起火，国人奔告冯妇有火，冯妇捋袖伸臂跟随国人跑出来，找老虎搏斗，却没有找到。这时大火迫向宫殿，国人簇拥着冯妇就奔向大火，冯妇被烧灼而死。于是那个商人因为说假话获罪，但冯妇却至死也没搞清是怎么回事。

燕文公求马

燕文公之路马死，或告之曰："卑耳氏之马良，请求之。"辞曰："野马也，不足以充君驷。"公使强之，逃。苏代之徒欲以其马售，公弗取。

巫闾大夫入言曰："君求马，将以驾乘舆也，何必近舍其所欲售，而远取其不欲售者乎？"公曰："吾恶夫自衒者。"对曰："昔中行伯求妇于齐，高、鲍氏皆许之。谋诸叔向，叔向曰：'娶妇所以承宗祧、奉祭祀，不可苟也，惟其贤而已。'今君之求马，亦惟其良而已可也。昔者，尧让天下于许由，许由逃，尧弗强也，而卒得舜；宁戚饭牛以自售于齐桓公，桓公用之，而卒得管仲。使尧不听许由，何以得舜？桓公不用宁子，何以得管仲？君何固焉！"

[译文]

燕文公用来驾车的马死了，有人告诉他说："卑耳氏的马好，请求他给一匹吧。"卑耳氏推辞说："我的马都是野马，不能用来充当君王的马。"燕文公派人强夺他的马，结果人和马都逃跑了。苏代一伙想把他们的马卖给燕文公，燕文公却不要。

巫闾大夫进言说："君王寻求马是用它来驾车乘坐的，何必舍弃近处想卖给你的马，反而非要向不想卖给你的人去买？"燕文公说："我厌恶那些自卖自夸的人。"巫闾大夫接着说："从前中行伯向齐国求婚，高、鲍两家都答应了他，中行伯找叔向帮他参谋,叔向说:'娶妻是为了传宗接代,侍奉祭礼,不可以随便啊,只要看她是否贤惠就是了。'如今你寻求马,也只是看它是否好。从前尧帝把天下让给许由,许由不接受就逃走了,但尧帝不强求他,才得到了舜帝。宁戚养牛而自荐给齐桓公,齐桓公录用了他,才得到了管仲。倘使尧帝不听任许由,怎么能得到舜帝?齐桓公不录用宁戚,怎么能得到管仲?君王你何必固执呢?"

士苀谏用虞臣

晋献公灭虞,置其俘于下阳,使士苀监焉。其大夫多逃,士苀弗禁。公闻之,怒,召士苀,让之。

士苀对曰:"君以是为可以充吾国之用也夫?夫彼虞公之臣也,皆尝任虞公之事矣。食虞公之禄,而立虞公之朝,闻虞公之政。虞亡,不能救;虞公执,而身随之,君将焉用是为哉?"公曰:"吾惧其邻国之之也。"士苀笑曰:"若是,则臣滋惑矣。"公曰:"何哉?"士苀曰:"往岁臣之里有厉,卜之,曰:'丛为祟。'于是集里之老幼,召巫觋,具舟车,奉牲币,羞桃茢,男女以班,举丛而置诸衢。东里之人利其器物而收之,因得厉焉,死者且过半。故废社之土,不可以涂宫室;弃出之妇,不可以主中馈。鬼神之所遗也。今虞之贤臣,曰宫之奇、百里奚而已矣。宫之奇,先虞公之亡而以其族去,百里奚与于俘,则君即入之秦矣,其它奚取焉?而必欲置之,曰:'无使适邻国。'君实欲善邻,则曰爱厥苗,无遗莠可也。今君坐不安,食不甘,缮甲兵以睨四封,无岁不征,岂有他哉?求吾欲也。敌衅未生,无所用谋,如其弗欲,犹将纳之,矧自往焉。如其用诸,适吾愿也,君何怒为?"

公曰:"善。"

[译文]

晋献公灭掉了虞国,把那些俘虏安置在下阳,派士苀在那里监视。那些被俘的大夫很多都逃跑了，士芳并不禁止，晋献公听了这消息非常愤怒，召来士芳加以责备。

　　士芳回答说："君王认为这些人难道可以充当我们国家的人，为我所用吗？他们都是虞公的臣民，都曾经为虞公做事，享用虞公的俸禄，并站在虞公的朝廷之上，听从虞公的政令，虞国灭亡不能挽救，虞公被捉，而他们也跟随着他，您将怎样使用他们呢？"晋献公说："我是怕他们去邻国啊。"士芳笑着说："如果这样，那么我就产生疑惑了。"献公说："为什么呢？"士芳说："往年，我的家乡曾发生过传染性疫病，有占卜的说：'这是丛林里的鬼怪作祟。'于是聚集乡里老幼，召来男女神巫，准备车船，奉献祭祀用的牲口财货，进献食品，挂桃枝、笤帚，男女按次列队，把草丛都放在街道上。东乡的人们把那些器物都收拾去了，因此遭遇疫病，死的人将近一半。所以废旧庙社的土不可用于涂抹宫室，被弃出的妇人不可让她主持家务，这些是鬼神所遗留下的啊。如今虞国的贤臣，也只有宫之奇、百里奚而已。宫之奇在虞公灭亡前出走，并把他的族人也带走，百里奚与俘虏关在一起。那么既然把他们放到秦国去了，其他人有什么可取的呢？但你却一定要留住他们，说不要让他们跑到邻国去。君王想与邻国和睦相处，那么真正的人才要爱惜留用，坏人不要让他们到邻国去作恶。如今君王坐立不安，茶饭不思，修补盔甲后兵器斜视四方，没有一年不征战，难道还有别的事吗，这只是为了求得私欲啊。敌人的挑衅还没有发生，无处用谋，就算从虞国俘虏来的这些官员邻国不想要，我们尚且要想办法送给他们，更何况这些官员自己愿意跑到邻国去呢。如果邻国收用他们，正合我们的心愿，你为什么发怒？"

　　晋献公说："说得好。"

养鸟兽

郁离子曰：鸟兽之与人，非类也。人能扰而驯之，人亦何所不可为哉？鸟兽以山薮为家，而豢养于樊笼之中，非其情也，而卒能驯之者，使之得其所嗜好而无违也。今有养鸟兽而不能使之驯，则不食之以其心之所欲、处之以其性之所安，而加矫迫焉，则有死耳。乌乎！其能驯之也？人于人为同类，其情为易通，非若鸟兽之无知也。而欲夺其所好，遗之以其所不好；绝其所欲，强之以其所不欲，迫之而使从，其果心悦而诚服耶？其亦有所顾畏而不得已耶？若曰非心悦诚服而出不得已，乃欲使之治吾国。徇吾事，则尧舜亦不能矣。

[译文]

郁离子说："鸟兽和人是不一样的，但人却能使之驯服，人类还有什么不能做到的吗？鸟兽本把水少而草木茂盛的湖泽作为家，却把它关养在笼中，非其本性所愿，但人们最后却能够驯服它的原因，就是不违背它的嗜好啊。如今有养鸟兽却不能驯服它的，就是因为不用它想吃的东西喂养它，不给它合乎生活习性的住所，反而纠正逼迫它驯服，于是他们痛苦地死掉了，那样怎么能使它驯服呢？人和人是同类，他们的性情是容易相通的，不像鸟兽那样无知啊，但要是夺去他所喜欢的，给他的是他不喜欢的，不给他想要得到的，强迫他接受他不想得到的，逼迫他服从，那不给样的结果能使他心悦诚服吗？那他岂不是有所顾忌而不得已吗？如果说不是心悦诚服而是不得已，那么要想使他治理好我们的国家，为我们的事业而殉职，就是贤明如尧舜也不能让他们心甘情愿这么做。"

清　朱耷　水墨图

蛩蛩驼虚

孙子自梁之齐,田忌郊迎之而师事焉。饮食必亲启,寝兴必亲问。孙子所喜,田忌亦喜之;孙子所不欲,田忌亦不欲也。邹奭谓孙子曰:"子知蛩蛩驼虚之与蹷乎?蛩蛩驼虚负蹷以走,为其能啮甘草以食己也,非忧其将为人获而负之也。今子为蹷,而田子蛩蛩驼虚也。子其识之。"孙子曰:"诺。"

[译文]

孙膑从梁国到齐国,田忌亲自到城郊迎接孙膑并把他当老师般服侍。饮食必亲自奉送,起居必亲自过问,孙膑所喜欢的,田忌也喜欢;孙膑不喜欢的,田忌也不喜欢。邹奭对孙膑说:"你知道蛩蛩驼虚和比肩兽吗?蛩蛩驼虚肩负比肩兽而逃跑,因为比肩兽能啮吃甘草来喂养它,比肩兽也不用担忧自己被人捕获,因为有蛩蛩驼虚背负着它。如今你是比肩兽而田忌是蛩蛩驼虚啊,您应当记住我所说的话。"孙膑说:"我会记住的。"

致人之道

或问致人之道，郁离子曰："道致贤，食致民，渊致鱼，薮致兽，林致鸟，臭致蝇，利致贾，故善致物者，各以其所好致之，则天下无不可致者矣。是故不患其有所不至，而患其有所不安。能致而不能安，不如不致之亡伤也。粤人有学致鬼者，三年得其术，于是坛其室之北隅以集鬼。鬼至而多，无以食，则相帅以为妖，声闻于外。一夕，其人死，而爇其室，邻里莫不笑。"

[译文]

有人问招揽人才的方法，郁离子说："道义可招引贤士，食物可引来百姓，深潭可引来鱼虾，沼泽可引来野兽，树林可引来百鸟，臭味可引来苍蝇，钱利可招引商人。所以善于招引物类的人，都会利用他们所喜好的东西，那样天下就没有招引不来的人了。所以不怕他们有不到来的，就怕他们不能安下心来，能招揽来但不能使他们安心，不如不招揽他们，这样就不会带来伤害。粤地有个学习招引鬼的人，三年学得了那种妖术。于是他在居室的北角设祭坛用来聚集鬼，很多鬼来了，却没有食物给它们吃，于是鬼一起兴妖作怪，名声传到很远的地方。一天晚上，招引鬼的人死了，而众鬼就焚烧了他的房屋，乡邻们没有不笑话他的。"

韩垣干齐王

韩垣之齐,以策干齐王,王不用。韩垣怒,出诽言。王闻而拘诸司寇,将杀之。

田无吾见,王以语之。田无吾曰:"臣闻姗萌学扰象而工。北之义渠,以扰象之术干义渠君,义渠君不答。退而诽诸馆。馆人曰:'非吾君之不听子也,顾无所得象也。'姗萌赧而归。医胡之魏,见魏太子之神驰而气不属也,谓之曰:'太子病矣,不疾治,且不可救。'太子怒,以为谤己也。使人刺医胡。医胡死,魏太子亦病以死。夫以策干人,不合而怨者,非也;人有言不察,恚而仇之,亦非也。臣闻之,江海不与坎井争其清,雷霆不与蛙蚓斗其声。硁硁之夫,何足杀哉!"

王乃释韩垣。

[译文]

韩垣到齐国,凭计策向齐王求职,但齐王却不录用他。韩垣生气地诽谤齐王,齐王听了就让司寇拘禁了他,准备杀死他。

田无吾求见齐王,齐王把韩垣诽谤的话告诉了他,田无吾说:"我听说姗萌学习驯象之术,技艺精湛,他到了北边的义渠,凭驯象的本领向义渠君求职,义渠君不答应,姗萌退出就在旅馆里诽谤义渠君。馆里的人劝他说:'不是我们君王不信你的本领,只是我们这里根本没有象啊。'姗萌羞愧而归。另一位姓胡的医生到魏国,看见魏太子的神色不定,并且上气不接下气,就对他说:'太子病了,不赶快治疗就救不了了。'太子很生气,以为是诽谤自己,派人杀了胡医生。胡医生死了,魏太子也因病而死去。那些凭计谋向人求职的人,不符合自己心愿就心生怨恨的人,是不对的。别人说了话却不体察,反而发怒并仇恨他,这样也是不对的。我听说:江海不和坑井争水的清浊,雷霆不和蛙蚓比声音的高低。浅见固执的人,有什么足以去杀他的理由呢?"

齐王听了这番话就释放了韩垣。

噬狗

楚王问于陈轸曰："寡人之待士也，尽心矣，而四方之贤者不觊寡人，何也？"陈子曰："臣少尝游燕，假馆于燕市。左右皆列肆，惟东家甲焉，帐卧起居、饮食器用，无不备有，而客之之者，日不过一二，或终日无一焉。问其故，则家有猛狗，闻人声而出噬，非有左右之先容，则莫敢蹑其庭。今王之门，无亦有噬狗乎？此士所以艰其来也。"

[译文]

楚王向陈轸询问道："寡人对待士人可以说得上是尽心了，可四方的贤能之人却不肯赏寡人个脸，这是为什么呢？"陈轸说："臣下年轻时曾经游历燕国，暂时住在燕国都城的客栈里，左右都是陈列的店铺，只有东边的店最好，坐卧用具，饮食器皿，没有店里不具备的，可去他那里的客人，每天不过一两个，有时候一天都没有人上门呐，问他原因，原来是家里有猛犬，听到人声就出来咬人，没有左右的人事先带领，就不敢踏入他的门庭。现在大王您的门口也有咬人的狗吗？这就是士人难以到来的原因吧。"

郤恶奔秦

秦楚交恶,楚左尹郤恶奔秦,极言楚国之非。秦王喜,欲以为五大夫。陈轸曰:"臣之里有出妻而再嫁者,日与其后夫言前夫之非,意甚相得也。一日,又失爱于其后夫,而嫁于郭南之寓人,又言其后夫如昔者。其人为其后夫言之,后夫笑曰:'是所以语子者,犹前日之语我也。'今左尹自楚来,而极言楚国之非,若他日又得罪于王而之他国,则将移其所以訾楚者訾王矣。"秦王由是不用郤恶。

[译文]

秦国和楚国关系破裂,楚国的左尹郤恶跑到秦国,极力地说楚国的不好,秦王高兴了,想让他当五大夫。陈轸说:"臣下家乡有被人休掉再婚的女子,每天跟她后来的丈夫说前夫的不是,他们因此情意很相投。有一天,她失去了后夫的喜爱,嫁给城南客居的外乡人,又像说她第一个丈夫那样说后夫。这外乡人跟她第二个丈夫说了这事儿,第二任丈夫笑着说:'这个女人所跟你说的话,就像以前跟我说的一样啊。'现在这个左尹从楚国来,因此极力说楚国的不好,要是他日又得罪了大王而跑到别的国家,就会把他怎么非议楚王的话用来非议大王啊。"秦王因此不任用郤恶了。

乌蜂

杞离谓熊蛰父曰："子亦知有乌蜂乎？黄蜂殚其力以为蜜，乌蜂不能为蜜，而惟食蜜，故将墐户，其王使视蓄而计课，必尽逐其乌蜂，其不去者，众哜而杀之。今居于朝者无小大，无不胝手瘃足以任王事，皆有益于楚国者也。而子独邀以食，先星而卧，见日而未起，是无益于楚国者也。旦夕且计课，吾忧子之为乌蜂也。"

熊蛰父曰："子不观夫人之面乎？目与鼻、口皆日用之急，独眉无所事，若可去也，然人皆有眉而子独无眉，其可观乎？以楚国之大，而不能容一邀以食之士，吾恐其为无眉之人，以贻观者笑也。"楚王闻之，益厚待熊蛰父。

[译文]

杞离对熊蛰父说："先生可知道有一种乌蜂吗？黄蜂竭尽其力来酿蜜，乌蜂不能酿蜜只会吃蜜，因此冬天到来，修蜂房的时候，蜂王派遣亲信根据积蓄的蜂蜜来安排黄蜂的采蜜量，把不能采蜜的乌蜂彻底赶走，那些不离开的，就叫大家去杀死它。现在站在朝堂上的人无论贵贱，没有不手长老茧、脚生冻疮地为君王做事的，都是有益于楚国的人。可唯有先生悠闲地混饭吃，在星星出现前睡觉，太阳升起还没起床，这是无益于楚国的人呐。早晚就要考核了，我担忧先生会像乌蜂一样啊。"

熊蛰父说："先生没有看过人的脸吗？眼睛与鼻子、嘴巴都是每天必须用的，唯独眉毛没事干，好像可以去掉，可是人人都有眉毛唯独你没有，这还能看吗？以楚国之大，却不能容纳一个吃闲饭的人，我怕这个国家成了没有眉毛的人，这才让看到的人嘲笑啊。"楚王听到了，更加善待熊蛰父了。

议使中行说

汉八年,高皇帝崩,吕太后临朝听政。大臣患匈奴之强,将与为和亲,议使者。太后恶宦者中行说,欲去之,故使往焉。

栾布谏曰:"陛下之所以使中行说者,不过以匈奴骄恣,必不能善待汉使,或留之,则非我所惜,从而弃之耳。臣独以为不便。夫使,所以达主命,释仇讲好,决疑解纷,卑不可以屈国体,高不可以激敌恚,察变应机以制事权,国之荣辱,己之休戚,非素所爱信而知其忠且亮者,不可遣也。今中行说,刑臣也,名不齿于国士,又陛下之所素恶。夫素恶于君,则不重其君;名不齿于国士,则不重其身。臣惧其泄国情而开敌衅也。"弗听。

栾布退谓辟阳侯曰:"子不力谏,北边自此弗宁矣。昔郑伯恶其大夫高克,弗能去,而使帅师以御狄,次于河上,久而不召。众溃,高克奔陈。《春秋》书曰:'郑弃其师。'病郑伯也。今使说也如匈奴,无乃弃说以及其介币乎?昔晋之败于邲也,先縠实往楚师;楚之败于鄢陵也,苗贲皇实在晋。此古人之偾车辙也。上必悔之。"

[译文]

汉八年,高祖皇帝刘邦驾崩,吕太后临朝听政。大臣害怕匈奴强大,想要用和亲的方式来联络感情,商议出使匈奴的人。太后厌恶宦官中行说,想除掉他,想派他出使匈奴。

栾布进谏说:"陛下之所以派中行说去,只不过认为匈奴骄横,必定不能友好地对侍汉使,或许把他扣留在匈奴,那我们也不惋惜,从而抛弃他罢了。我个人认为这样做不妥。使者是为了传达君主的命令,解仇和好,解决疑虑,排解纠纷,卑下不可以屈辱国格,高亢不可以激敌愤怒,观察情势灵机应变,来掌握事务的主动权,关系到国家的荣辱,自己的祸福,不是单凭喜欢和信任,而是要忠诚、有气节的人,所以不可以派遣中行说。如今中行说是受刑罚的臣子,名字被国家贤士所不愿提及,又被陛下所厌恶。素来,被君王厌恶的人就不会尊敬他的君王,名字被国家贤士不愿提及的人,就不会尊重他自身的人格,我害怕他泄露出国家的实情,从而引起敌人挑衅啊。"吕太后不听。

栾布退出,对辟阳侯说:"你不极力进谏,北方从此就不安宁了。从前郑伯厌恶他的大夫高克,没有办法除去,就派他统帅军队而抵御狄族,驻扎在河上,长时间不召回,结果军队溃散,高克投奔了陈国。《春秋》有言:'郑伯丢弃了他的军队。'错误在郑伯身上啊。现在让中行说出使到匈奴,莫非是想舍弃他以及当作和亲的礼物吗?从前晋军在邲地被楚军打败,是因为先縠把晋军的实情送给了楚军。后来楚国在鄢陵被晋军击败,是因为苗贲皇使楚军的实情掌握在晋军的手中,这些都是古人失败的前车之鉴啊,太后一定会为她的做法而感到后悔的!"

论相

楚王患其令尹艻吕臣之不能,欲去之。访于宜申,宜申曰:"未可。"王曰:"何故?"宜申曰:"令尹,楚相也。国之大事,莫大乎置相,弗可轻也。今王欲去其相,必先择夫间之者,有乃可耳。"王蹙然曰:"令尹之不足以相楚国,不惟诸大夫及国人知之,鬼神亦实知之,大夫独以为未可,寡人惑焉。"

宜申曰:"不然。臣之里有巨室,梁蠹且压,将易之,召匠尔。匠尔曰:'梁实蠹,不可以不易,然必先得材焉,不则未可也。'其人不能堪,乃召他匠,束群小木以易之。其年冬十有一月,大雨雪,梁折而屋圮。今令尹虽不能,而承其祖父之余,国人与之素矣。而楚国之新臣弱,未有间者,此臣之所以曰未可也。"

[译文]

楚王担忧令尹艻吕臣缺乏才干,想撤掉他,访询宜申。宜申说:"不可以这么做。"楚王问:"为什么呢?"宜申说:"令尹是楚国的宰相,国家的大事,没有比设置宰相再大的了,不可轻易变动。如今你想撤去他的相职,必须先选择好接替他的人,有替代他的人就可以了!"楚王皱眉蹙额地说:"令尹不足以辅佐楚国,不仅各位大夫及国人知道,鬼神也知道,唯独你认为不可以,我感到疑惑。"

审申说:"不是这样。我的家乡有一个世家大户,他家的屋梁被虫蛀得将要崩坏了,要更换,于是招请来工匠,工匠说:'屋梁确实被虫蛀了,不能不换,但必须先找到梁材,不然就不能换。'那个人等不了,就去请别的工匠,捆起许多小木料充作屋梁更换了它。那年冬天十一月,天下大雪,梁断了,屋塌了。如今令尹虽然不能胜任,但继承了他祖父的余威,一向得到国人的认可。而楚国的一代新臣还力弱,没有能接替他的,这就是我说不可撤他的原因啊。"

捕鼠

赵人患鼠,乞猫于中山,中山人予之。猫善捕鼠及鸡。月余,鼠尽,而其鸡亦尽。其子患之,告其父曰:"盍去诸?"其父曰:"是非若所知也。吾之患在鼠,不在乎无鸡。夫有鼠,则窃吾食,毁吾衣,穿吾垣墉,坏伤吾器用,吾将饥寒焉,不病于无鸡乎?无鸡者,弗食鸡则已耳,去饥寒犹远,若之何而去夫猫也!"

[译文]

赵国有个人家里遭鼠灾,到中山国去讨要猫,中山人给了他一只猫。这猫善于捕老鼠和吃鸡,一个多月,老鼠被捉完了,但他家的鸡也被吃光了。他的儿子对此感到忧虑,对他父亲说:"为什么不把猫赶走呢?"他父亲说:"这不是你所能懂得的,我的祸患在于老鼠,不在于没有鸡。有老鼠存在,就会偷吃我的食物,毁坏我的衣服,穿通我的墙壁,损坏我的器物,我将要挨饿受冻了。这不比没有鸡更值得担心吗?没有了鸡,不吃鸡就是了,离饥饿和寒冷还远呢,你为什么却要赶走猫呢?"

使贪

客有短吴起于魏武侯者,曰:"吴起贪,不可用也。"武侯疏吴起。

公子成入见,曰:"君奚为疏吴起也?"武侯曰:"人言起贪,寡人是以不乐焉。"

公子成曰:"君过矣。夫起之能,天下之士莫先焉。惟其贪也,是以来事君;不然,君岂能臣之哉?且君自以为与殷汤、周武王孰贤?务光、伯夷,天下之不贪者也,汤不能臣务光,武王不能臣伯夷。今有不贪如二人者,其肯为君臣乎?今君之国,东距齐,南距楚,北距韩、赵,西有虎狼之秦。君独以四战之地处其中,而彼五国顿兵坐视不敢窥魏者,何哉?以魏国有吴起以为将也。《周诗》有之曰:'赳赳武夫,公侯干城。'吴起是也。君若念社稷,惟起所愿好而予之,使起足其欲而无他求,坐威魏国之师,所失甚小,所得甚大。乃欲使之饭粝茹蔬,被短褐,步走以供使令,起必去之。起去,而天下之如起者却行,不入大梁,君之国空矣。臣窃为君忧之。"

武侯曰:"善。"复进吴起。

[译文]

有一位客人在魏武侯面前揭吴起的短处,他说:"吴起贪财,不可以重用他啊。"武侯就疏远了吴起。

公子成进见武侯说:"你为什么要疏远吴起呢?"武侯说:"有

人说吴起贪财，因此我不喜欢他了。"

公子成说："君王错了，吴起的才干，天下的士人没有能超过他的。正因他有贪欲，所以来侍奉你，要不然你怎么能让他成为臣子？再说您自认为与成汤王、周武王比较，谁更贤明？务光、伯夷是天下最没有贪欲的人，但成汤不能让务光为他效力，武王也不能让伯夷为他效力。如今像那两个人那样不贪婪的人，他肯做你的臣子吗？如今君王的国土，东面与齐国对抗，南面与楚国对抗，北面与韩、赵对抗，西面有如狼似虎的秦国，你独自处在四战之地的包围中，而那五国屯驻军队，坐而静观，但却不敢窥测魏国，原因是什么呢？就是因为魏国有吴起做大将啊。《诗经·周南》有这样的诗句：'赳赳武夫，公侯干城。'吴起就是这样的武夫啊。你如果考虑国家的利益，只要是吴起想要的和喜欢的，你就给予他，使吴起满足了欲望而没有别的要求，你才能坐享魏国军队的威势，这样所失去的很少，所得到的很多。而如果让他吃糙米，吞蔬菜，穿短衣，徒步行走而供你驱使，那么吴起必定离开魏国。吴起离去，天下像吴起这样的人，就不到魏国来了，君王的国家就没有人才可用了。我私下为您担忧的就是这个。"

武侯说："讲得好。"又重新重用吴起。

枸橼第六

去蠹

郁离子疾病，气菀痰结，将殻之。或曰："痰，荣也，是养人者也。人无荣则中干，中干则死，弗可殻也。"

郁离子曰"吁！吾子过哉！吾闻夫养人者，津也，医家者所谓荣也。今而化为痰，是荣贼也，则非养人者也。夫天之生人，参地而为三，为其能赞化育也，一朝而化为贼，其能赞天地之化育乎？是故俞跗、扁鹊之为医也，浣胃涤肠，绝去病根，而阽死者生。舜、禹、成汤、周文王之为君也，诛四凶，戮防风，剿昆吾，放夏桀，戡黎伐崇，而天下之乱载宁，其将容诸乎？容之无益，以戕人也。故虫，果生也，虫成而果溃，自我而离焉。非我已，其能养我乎？弗去，是殖贼以待我也。从子之教，吾其不远溃矣！"

[译文]

郁离子生病了，气血郁结而成痰，准备服药祛痰。有人说："痰，能使人的生命旺盛，是养人的东西啊。人没有它，体内就干枯，体内干枯就要死去，不可用药祛除啊。"

郁离子说："哎呀，您错了！我听说补养人的东西是唾液啊，医生们所说的精华，如今却成了痰，这是精华的对头，而不是补养人的东西啊。上天生养人，再加上地就成为三才，因为人能帮助化生和养育，一旦化为敌手，那怎么能赞助天地的化育呢？所以俞跗、扁鹊行医时，冲洗病人胃肠，去除病根，而使快死的人恢复生机。舜、禹、成汤、周文王做君王时，诛四凶、防风，剿灭昆吾，流放夏桀，用武力平定黎国、讨伐崇国，从而使天下的乱世得到安宁，难道可以宽容他们吗？宽容了他们有害无益，只能残害百姓啊。所以虫子在果实中生长，虫子长成而果实溃烂，这时虫子就从果实中分离了出来。所以我生病，是痰在害我，它能补养我吗？痰不祛除出去，这就是滋生敌人，等它杀害啊。听从您的建议，那死期当离我不远了吧！"

蜉蝣第七

清　朱耷　荷花小鸟图（局部）

蜻蟁

智伯围赵襄子于晋阳，使人谓其守曰："若能以城降，吾当使若子及孙世世保之。"

守者对曰："昔者中牟之郭圮，有蜻蟁堕于河，沫拥之以旋，其翅拍拍。螯见而怜之，游而负之。及陆，谓曰：'吾与子百年无相忘也。'螯振羽大笑曰：'若冬春之不知也，而能百年无忘我乎？'今晋国惟无人而壅，女以天盈，盈而恃之，是壅祸也。壅祸恃盈，以虿尾于人，天实厌之。晋阳朝亡，女必夕死。予死不寒，犹及见之，其何有于子及孙？"

是夕，智伯为韩、魏所杀。

[译文]

智伯在晋阳包围了赵襄子，派人对守城的人说："倘若你能献出这座城投降，我可使你和你的子孙世世代代做这里的长官。"守城的人回答说："从前中牟的城倒塌了，有一只蜻蟁掉到河里时，水沫拥着它而旋转，它的翅膀拍啊拍。这时有一只螯蛄见了，就怜悯它，游过去背着它到了岸上，蜻蟁对螯蛄说：'我和我的子孙百年以后也不会忘了你的。'螯蛄振翅大笑说：'你的生命短暂得连冬天春天都不知道，又怎么能在百年后不忘记我呢？'如今晋因为缺少士兵而被围困，你凭着天意而强盛起来，且骄横自大，这是积聚灾祸啊。积聚灾祸骄横自大，就像用蝎毒害人，上天实在厌恶这样做。晋城早晨被攻破，你必定在晚上死，即使我死了,我的尸骨未寒就来得及看到你死,又对我的子孙后代有什么影响呢?"

这天晚上,智伯被韩魏所杀。

德量

郁离子曰：人之度量相越也，其犹江海之于潴泉乎。潴泉之微，积而至于海，无以尚之矣。而海亦不自知其大也。惟其不自知其大也，故其纳不已，而天下之大莫加焉。圣人之为德，亦若是而已矣。是故汧泉纳潴泉，池纳汧泉，沟纳池，浍纳沟，溪纳浍，川纳溪，泽纳川，江河纳泽而归诸海。故天子，海也；公、侯、卿、大夫，江河也，川泽也；庶官，溪、浍之类；而万民皆潴泉也。潴泉之于海，其相去也不亦大县绝矣乎？而其势必趋焉，其志之感，情之达，如气至而虫鸣也，如雨来而础润也。

君人者，惟德与量俱，而后天下莫不归焉。德以收之，量以容之。德不广，不能使人来；量不弘，不能使人安。故量小而思纳大者，祸也。汋谷之鲲，不可以陵洪涛；蒿樊之鷃，不可以御飘风。大不如海，而欲以纳江河，难哉！

[译文]

郁离子说："人与人之间的度量是相差很远的，这不就像江海和时有时干的泉吗？时有时干的泉微小，但可以积累到大海里，就没有能够超过它的，而大海也不知道自己的大，由于它不知道自己大，所以它容纳不止，而天下之大没有超过它的了。圣人的德行，也是如此罢了。所以水泽中的泉可以容纳时有时干的泉，池可以容纳水泽中的泉，沟可以容纳池，浍可以容纳沟，溪可以容纳浍，川容纳溪，湖泽容纳川，江海容纳湖泽，而最终归于大海。所以说天子是海，公、侯、卿、大夫是江河、川流、湖泽，一般官吏是溪浍之类，而万民都是时有时干的泉啊。时有时干的泉流到大海，它们之间的距离不是非常悬殊吗？但它的趋势必定是流向那里，它的志向感发，情结豁达，像节气至而虫鸣一样，像雨来而础石湿润一样。

做君王的只有德和量都具备，天下人的心才会归向他。德行用以征服人，度量用以容纳人。德不广，不能使人来，量不大，不能使人安。所以度量小却想容纳大的，这是灾祸啊。水沟谷里的小鱼不可能抵挡洪涛，蒿草篱笆上的小鸟不可能驾驭风暴。没有海那样大却想容纳江河，难啊！

髽辫失笑

介葛卢髽（zhuā），白狄辫，皆朝于鲁。遇于沈犹氏之衢，相睨而失笑。从者归而语诸馆，交訾焉。鲁人使执渠略与蛣蜣（jié qiāng）以示之，弗喻。

公山弗狃欲伐季氏，问于冉有。冉有曰："盍召仲尼？"公山弗狃使召仲尼。或谓其人曰："子之从夫子也，粲衣而凿食。今将恒其故而丰其新矣，而召仲尼焉，至必授之政，将绳子以缰，子其悔哉？"乃阴嗾（sǒu）使者，易其礼，仲尼不至。将起师，冉有曰："盍闻诸公乎？"弗听。遂以费人攻季氏，问昭公焉。师入，惊公宫。季桓子挟公以登台，使行人辞诸费人曰："先君之事，先大夫有之。虽然，盟主实有命。今斯之事君惟谨，君惠优渥，蔑有二命。二三子不念鲁国，不谋于君，而佛临以兵，其若君与社稷何！且吾闻之，鸢不吓乌，袒裼（xī）不责夷踞，惟二三子图之。"费人曳戈而走，公山弗狃出奔齐。

君子曰："公山之伐季氏也，其犹介葛卢之咻狄乎？虽欲召仲尼，卒蒙于其人而弗果，其无成也，宜哉！"

[译文]

介国国君葛卢以麻束发，白狄使者将头发打成辫子，他俩都去向鲁国朝拜，两人在鲁国的大道上相遇，两人相互斜视，忍不住笑了。随从的人回来就在旅馆中谈论，相互诋毁对方的装束，鲁人派人捉蜉蝣和黑甲虫展示给他们看，他们不明白什么意思。

公山弗狃正要讨伐季氏，向冉有询问，冉有说："何不把仲尼召来征求一下他的意见？"公山弗狃派人召见仲尼。有人对那个使者说："你随从夫子，穿鲜艳的衣服并且吃精米，将会永久保持那样的待遇，甚至还会增加新的，一旦召来仲尼，他必定教给公山弗狃执政办法，这样将使你不得自由，你要后悔的！"于是就暗中怂恿那个使者更换了聘礼，结果仲尼没有来。公山弗狃将要起兵，冉有说："为什么不听听大家的意见呢？"公山弗狃不听，于是用费地的人攻击季氏向鲁昭公问罪了。军队攻入，惊动昭公的宫室，季桓子挟持昭公登上高台，派使者责备费人说："先君的功业，已故的大夫都亲自参与，虽然如此，但君王是盟主就握有权命，如今这件事你们尤其要谨慎。君王对你们恩惠优厚，绝不会前后不一致。你们不考虑鲁国，不同君王商量，愤愤然以兵戈相加，在你的心目中难道还有君主和国家吗？况且我听过这样的事：老鹰不恐吓乌鸦，脱衣露体的人不责怪张开双腿坐着的人，希望你们考虑一下。"费人听了这番话就拖着兵器逃跑了，公山弗狃逃奔齐国。

君子说："公山弗狃讨伐季氏，岂不是就像介葛卢和白狄的吵闹一样吗？公山弗狃虽然想召仲尼，最终还是被人所蒙骗而没有成功，他没有成功也是应当的。"

淳于髡论燕叛

齐人伐燕,取其财而俘其民。王朝而受俘,喜见于色,谓其大夫曰:"寡人之伐燕,不戮一人焉,虽汤武亦若是而已矣。"大夫皆顿首贺。

已而燕人畔。王怒曰:"吾之于燕民,尽心焉,一朝而畔,寡人德不足为与?"淳于髡仰天大笑,王怪而问之。

对曰:"臣邻之富叟疾,使巫祷于神。神告之曰:'若能活物万,吾当为若请于帝,去尔疾,锡尔寿。'富叟曰'诺。'乃使人搜于山,罗于林,罾于泽,得羽毛鳞介之生者万,言于神而放之。罔罟所及,铩翅而灭足者,嘈嘈聒聒,蔽野撜谷。明日而富叟死。其子往泣于巫曰:'神亦有迋乎?'问之,以实对。巫笑曰:'有是哉!是女实自迋,非神迋女也。'今燕之君臣相为不道,而民无故也,君伐而取其财,迁其居,冤号之声,訇殷天地,鬼神无所依归,帝怒不可解矣,而曰不戮一人焉。夫人饥则死,冻则死,不必皆以锋刃而后谓之杀之也。《周诗》曰:'树怨以为德。'君实有焉。而以尤燕民,非臣之所知也。"

[译文]

齐国攻打燕国,夺取了燕国的财宝,俘虏了燕国的百姓。齐王朝见群臣并接受俘获品,喜形于色,告诉燕国的大夫们说:"我攻打燕国,没有枉杀一个人,即使是商汤和周武王,也不过是做到这种程度。"大夫们都磕头祝贺。

不久燕人叛齐，齐王得知这一消息后，十分愤怒："我对燕国的俘虏已经是仁至义尽了，他们竟然在一个早上全都背叛了我，难道是我的品德不能够感召他们吗？"淳于髡仰天大笑，齐王奇怪地问他原因。

淳于髡回答说："臣的邻居是一位富有的老人，他生病了，便请巫师向神灵祈祷。神灵告诉他说：'如果你能拯救一万个生命，我就为你向天帝去说情，除去你的疾病，赐予你长寿。'这位富有的老人说：'好的。'于是他派了许多人在高山、密林、大泽之中到处搜捕并抓获了总达上万只活着的飞鸟、鱼鳖、走兽，然后向神灵禀报了经过，并将抓获的禽兽鱼鳖全部放生。兽网所到之处，都是断翅折足的禽兽，痛苦的哀号响遍山野。第二天，这位企望长寿的老人死去了。他的儿子哭着跑到巫师那儿说：'神灵也会欺骗人吗？'巫师询问他经过，老人的儿子如实回答了。巫师笑着说：'如果有这样的事，这实际上是你自己欺骗自己，而不是神灵欺骗你啊！'如今燕国的君主、大臣多行无道，但是燕国的百姓并没有过失。君王攻伐燕国，夺取了百姓的财物，迁移了他们的住地，鸣冤叫苦之声震天动地，连鬼神都失去了寄托，天帝的震怒无法缓解，可您却说没有枉杀一位燕国百姓。人挨饿会死亡，受冻也会死亡，不一定都得用刀剑才叫作杀人。《诗经》说：'多做了可怨之事，反却自以为德。'您确实存在这种情况啊！但是，您却责怪燕国百姓背叛了您，这就是我所不能理解的了。"

造物无心

郁离子曰:"呜呼!天下之乱也,天亦无如之何矣!夫天下之物,动者、植者、足者、翼者、毛者、裸者、䗛䗛如也,沸如也,莑如也,森如也,出出而不穷,连连而不绝,莫非天之生也。则天之好生,亦尽其力矣。尽其力以生之,又尽其力以歼之,不亦劳且病哉?其生也非一朝,而其歼也在顷刻。天若能,如之何而为之?则亦不诚甚矣!"

[译文]

郁离子说:"唉,天下大乱,天也没有任何办法。天下的万物,有活动的、种植的、行走的、飞翔的、长毛的、裸露的,有如同多角丛聚般和睦相处的,有如同热水沸腾般喧闹嘈杂的,有如同草木茂盛的,有如同森林般茂密的,不断地生出长出,无穷无尽,连绵而不绝,没有一样不是天创造的,然而天也尽了它的力量了。上天用尽它的全力生出万物,却又极力消灭万物,不也会辛苦而又疲倦吗?万物的生长并非是一个早晨就能完成的事,而它们的消灭却在顷刻之间,上天若是有办法主宰世间万物,又不拿出来,那它现在也太不实在了!"

秦医

楚令尹病，内结区霜，得秦医而愈。乃言于王，令国人有疾不得之他医。无何，楚大疫，凡疾之之秦医者，皆死，于是国人悉往齐求医。令尹怒，将执之。子良曰："不可。夫人之病而服药也，为其能救己也。是故辛螫涩苦之剂，针砭熨灼之毒，莫不忍而受之，为其苦短而乐长也。今秦医之为方也，不师古人而以臆，谓岐伯、俞跗为不足法，谓《素问》《难经》为不足究也。故其所用，无非搜泄酷毒之物，钩吻戟喉之草，荤心晕脑，入口如锋，胸肠刮割，弥日达夕，肝胆决裂。故病去而身从之，不如死之速也。吾闻之，择祸莫若轻，人之情也。今令尹不求诸草茅之言，而图利其所爱，其若天道何？吾得死于楚国，幸也！"

[译文]

楚国令尹患病，内心郁结，头脑昏乱，得到秦医而治愈，他就把这件事告诉了楚王，命令国人凡是有病的都要去找他治疗，不能找别的医生治疗。没过多久，楚国瘟疫盛行，凡是染病去找秦医治疗的人都死了，于是国人全到齐国去求医。

令尹发怒，要捉拿他们。子良说："不能这样做。人生了病就服药，因为它能救自己的性命。所以辛辣涩苦的药物、针刺、热熨、熏灼等治疗方法所带来的肌肤之痛，也没有不能忍受的，为的是早点解除痛苦而得到长久的欢乐。如今秦医开的药方，不师法古人而只凭臆断，主岐伯、俞附等名医的医道不值得效法，

《素问》《难经》等医典不值得研究。所以他所用的药物,无非是收集、散发毒性特大的药物,气味难闻,使人头脑眩晕的草药,入口如刀锋,胸肠被刮割,从早到晚,肝胆决裂,所以病痛除去了,身躯也随着死去了,只是并非立马死去罢了。我听说面对灾祸时无人不选择轻的去承受,这是人的常情。如今令尹不向在野隐士求教,却只为他所喜爱的人图谋好处,将天道置于何处呢?我能死在楚国,未尝不是一种幸运啊!"

清　朱耷　水墨图

不为不情之事

郁离子曰:"膏粱可以易豆羹,狐貉可以夺缊絮,民情之常也。是故膏粱不足,豆羹可也;狐貉不足,缊絮可也。野鸟縶于笼中而驯者,以食也。笼中之不如山薮,入其笼者知之。有童子侧木槷而设食,以诱鼠,多获鼠。一夕,逸其一,遂不复获鼠。今使持槲叶之衣、麦麸之饼而招于市,曰:'舍尔室,捐而服,而来与我共此。'则虽其子,亦走而避矣。是故不情之事,大人不为之。"

[译文]

郁离子说:"用肥美的食物可以换来普通食物,用狐貉之皮可以换来乱麻之絮,这是民之常情啊。所以肥美的食品不足,豆汤也可以;皮衣不足,麻棉也可以。关在笼中的野鸟得以驯服,靠的是食物。进到笼中才知道,在笼中不如在山上、沼泽里自由。有个小孩支起鼠夹并放了食饵来诱捕老鼠,捕获了很多老鼠。一天晚上,有一只老鼠逃跑了,他就再也没有捕获到老鼠。如今倘使有人拿着槲叶做的衣服,提着麦麸烙的饼,并有集市上招呼说:'丢掉你的房屋,舍弃你的衣服,而来和我共同这样生活。'即使是他的儿子也会躲避。所以不合情理的事,大人是不做的。"

荀卿论三祥

楚王好祥，有献白乌、白鸜鸽（qú yù）、木连理者，群臣皆贺，荀卿不来。王召而谓之曰："寡人不佞，幸赖先君之遗德，群臣辑睦，四鄙无事，鬼神鉴格而降之祥。大夫独不喜焉，愿闻其故。"

荀卿对曰："臣少尝受教于师矣。王之所谓祥者，非臣之所谓祥也。臣闻王者之祥有三：圣人为上，丰年次之，凤凰、麒麟为下。而可以为祥、可以为妖者不与焉。故凡物之殊形诡色，而无益于民用者，皆可以谓之祥、可以谓之妖者也。是故先王之思治其国也，见一物之非常，必省其政。以为祥与，则必自省曰：'吾何德以来之？'若果有之，则益勉其未至；无则反躬自励，畏其僭也，畏其易福而为祸也。以为妖与，则必自省曰：'吾何戾以致之？'若果有之，不待旦而改之；无则夙夜祗惕，检视听之所不及，畏其蔽也，畏其有隐慝而人莫之知也。夫如是，故祥不空来而妖虚其应。今三闾大夫放死于湘，鄢郢、夷陵皆举于秦，耕夫牧子莫不荷戈以拒秦，老弱馈饷，水旱相仍，饥馑无蓄，虽有凤凰、麒麟日集于郊，无补楚国之罅漏，而况于易色之鸟、乱常之木乎？王如不省，楚国危矣。"

王不寤，荀卿乃退于兰陵。楚遂不振以亡。

[译文]

楚王喜好吉祥，有人献给他白乌鸦、白八哥和连理枝，群臣都来祝贺。荀卿没有来,楚王召他来并对他说:"我没有才智,有幸依赖先君的遗德,群臣和睦,四面边界平安无事,鬼神认可而降吉祥,大夫独自不高兴,我愿听听其中的原因。"

荀卿回答说:"我小时曾经受到老师的教育,你所说的吉祥,不是我所认为的吉祥。我听说君王的吉祥事有三件:得到圣人是上等,其次是丰年,得到凤凰、麒麟是下等。介于两者之间,可以成为吉兆也可以成为凶兆的事物不属于'祥'的范围。所以凡是形状特殊、颜色怪异而无益于百姓的东西,都可以说它是吉祥的,也可以说它是不吉祥的。所以先王考虑治理国家,看见一种不同一般的东西,必定要省察自己的执政情况。认为是吉祥的征兆,就必定自我反省说:'我有什么德行能够招致吉祥?'假如果真有德,就更加勉励自己完成那些还没有做到的事;倘若没有德,就回过来自省,担忧它不可信,害怕福转变成了祸。认为是不吉祥的征兆,就必定自我反省说:'我犯了什么罪却招引它降临?'如果真有罪,不等到天亮就改掉它;没有什么罪过,就日夜小心警惕,检查自己是否还有做得不好的地方,害怕它被掩盖了,怕有什么不好的东西隐藏起来而没有被发现。正是因为这样,吉祥就不会白来,而不吉祥的应验就会落空。如今,屈原被流放到湘水流域而死,鄢、郢、夷等地全被秦国占领,农夫、牧童没有一个不拿起武器来抵抗秦兵,老年病弱的送水送饭。水灾旱灾相继,闹饥荒又没有蓄存的粮食。虽然有凤凰、麒麟每天聚集在郊外,也不能填补楚国的漏洞,何况是变色的鸟、不合常规的草木呢?您如果不省悟,楚国就危险了。"

楚王不省悟,荀卿就隐退到兰陵,楚国就不振兴以至于灭亡了。

齐伐燕

齐伐燕,用田子之谋:通往来,禁侵掠,释其俘,而吊其民。燕人皆争归之矣。燕王患之。

苏厉曰:"齐王非能行仁义者,必有人教之也。臣知齐王急近功而多猜,不能安受教;其将士又皆贪,不能长受禁。请以计中之。"

乃阴使人道齐师要降者于途,掠其妇人而夺其财。于是降者皆畏,弗敢进。乃使间招亡民,亡民首鼠。齐将士久欲掠而惮禁,则因民之首鼠而言于王曰:"燕人叛齐。"王见降者之弗来也,果大信之,下令尽收拘降民之家。

田子谏,不听。将士因而纵掠,燕人遂不复思降齐。

[译文]

齐国讨伐燕国,采用单田的建议,保持两国间百姓的交通往来,严禁侵占掠夺财物,释放了俘虏,并悼念死者,燕人都争相归附它了。燕王害怕齐国这一计谋。

苏厉说:"齐王并不是能行仁义的人,必定是有人教他这样做。我知道齐王急功近利而多疑,不能安心接受别人的指教,他的将士又很贪婪,不能长时间接受禁令,请用计谋中伤他。"

于是燕王暗中让人引诱齐国的军队,在半路上拦截从燕国归降过来的军民,抢占那些燕国的妇女,掠夺他们的财物,于是要投降的燕人都害怕,不敢前进。燕国就派人从中离间招收逃亡的百姓，逃亡的百姓进退不定。齐国将士很久以前就想掠夺但害怕禁令，就借着燕人进退不定为由，向齐王进言说："燕人背叛了。"齐王见投降的人不来了，非常相信他们的话，下令全部没收、拘留降民的财产和家属。

　　田子进谏，齐王不听，将士因而放肆抢掠，燕人从此不再想向齐国投降了。

任己者术穷

郁离子曰：善疑人者，人亦疑之；善防人者，人亦防之。善疑人者，必不足于信；善防人者，必不足于智。知人之疑己而弗舍者，必其有所存也；知人之防己而不避者，必其有所倚也。夫天下之人，焉得尽疑而尽防之哉？智不足以知贤否，信不足以弭欺诈，然后睢睢焉，惟恐人以我之所以处人者处我也，于是不任人而专任己。于是谋者隐，识者避，哲者愚，巧者拙，廉者匿，而圆曲顽鄙之士来矣。圆曲顽鄙之士盈于前，而疑与防愈急，至于术穷而身愤，愈悔其防与疑之不足，不亦痛哉！

[译文]

郁离子说："喜欢怀疑别人的人，别人也怀疑他；喜欢提防别人的人，别人也提防他。喜欢怀疑别人的人，必定不能够被人相信；善于提防别人的人，必定不是足够的聪明。知道别人怀疑自己却仍然跟对自己有疑心的人交往，必定是他有可以仰仗的东西；知道别人提防自己却不躲避的，必定是他有可依靠的地方。天下的人，怎么能都怀疑而又都提防得了呢？智谋不足以识别贤与不贤，信任不能够消除欺诈，却仰天而视，惟恐人家用自己对待别人的方法来对待自己，于是不信任别人只信任自己。这样一来有智谋的人隐退，有卓识的人躲避。智慧之士装作愚昧无知，技艺高超之人装笨拙，为政清廉者躲避于世，那些圆滑鄙陋的人就来了，这样的人充斥在眼前，而怀疑和提防的心理就越急切，以至于心术用尽而身心郁结，就更加悔恨防范和怀疑不足，这不也令人痛心吗！"

论史

郁离子曰:"呜呼!吾今而后知以讦为直者之为天下后世害不少也!夫天之生人,不恒得尧舜禹汤文王以为之君,然后及其次焉,岂得已哉!如汉之高祖、唐之太宗,所谓间世之英,不易得也,皆传数百年。天下之生赖之以安,民物蕃昌,蛮夷向风,文物典章可观,其功不细,乃必搜其失而斥之以自夸大,使后世之人举以为词曰:'若是者,亦足以受天命,一九有!'则不师其长而效其短,是岂非以讦为直者之流害哉?"

或曰:"史,直笔也,有其事则直书之,天下之公也,夫奚讦?"

郁离子曰:"是儒生之常言,而非孔子之训也。孔子作《春秋》,为贤者讳,故齐桓、晋文皆录其功,非私之也,以其功足以使人慕,录其功而不扬其罪,虑人之疑之,立教之道也。故《诗》、《书》皆孔子所删,其于商周之盛王,存其颂美而已矣。"

[译文]

郁离子说:"唉,我如今知道以揭人短处为正义的做法给天下后世的危害可不少啊!上天生育人,不能总是得到像尧、舜、禹、汤、文王那样的人来做君王,而后来的君王比他们差一等了,难道就再得不到了吗?如汉代的高祖,唐代的太宗,这些所说的百年难遇的英才,不容易得到啊,这些王朝都相传了数百年。天下的生灵依赖他们而安身立命,社会繁荣昌盛,边远的民族闻风仰慕，礼乐、法令制度文物都大有可观，他们的功绩不小。但有人却一定要找出他们的过失，斥责他们并把他们的过失夸大，使后世列举出来做证词说：'像这样的人也能够接受天命，统一并掌管整个中国吗？'于是人们就不学他们的长处，只效法他们的短处，这不正是以揭人短处为正义所造成的危害吗？"

或许有人要说："历史应如实记载，有哪些事就如实地书写出来，这是出自天下的公心啊，怎么能说是揭短呢？"

郁离子说："这是书生常说的话，而不是孔子的训教。孔子作《春秋》替圣贤讳饰，所以对齐桓公、晋文公全是记录他们的功德，这并非孔子有私心，而是因为他们的功德足以使人敬慕，只记录他们的功德而不宣扬他们的罪过，是怕人因他们的过失而怀疑他们的功德，这是立教的宗旨。所以《诗》《书》都被孔子所删改，其中对商、周的盛世君王，只不过是保存了颂扬美德的言辞罢了。"

天地之盜第八

清 朱耷 山水册（局部）

天地之盗

郁离子曰：人，天地之盗也。天地善生，盗之者无禁。惟圣人为能知盗，执其权，用其力，攘其功，而归诸己，非徒发其藏，取其物而已也。

庶人不知焉，不能执其权，用其力，而遏其机，逆其气，暴殄其生息，使天地无所施其功，则其出也匮，而盗斯穷矣。

故上古之善盗者，莫伏羲、神农氏若也。惇其典，庸其礼，操天地之心以作之君，则既夺其权而执之矣，于是教民以盗其力，以为吾用。春而种，秋而收，逐其时而利其生，高而宫，卑而池，水而舟，风而帆，曲取之无遗焉。而天地之愈滋，庶民之用愈足。

故曰：惟圣人为能知盗，执其权，用其力，非徒取其物，发其藏而已也。惟天地之善生而后能容焉，非圣人之善盗而各以其所欲取之，则物尽而藏竭，天地亦无如之何矣。是故天地之盗息而人之盗起，不极不止也。

然则何以制之？曰：遏其人盗，而通其为天地之盗，斯可矣。

[译文]

郁离子说："人类是从大自然中获取财富的，天地善于使万物生长，劫掠它们的人无法禁止，只有圣贤的人知道不能一味地索取，而是懂得怎么利用，掌握它的权威，使用它的力量，夺取它的功绩而归于自己，并不只是发掘它的物藏，索取它的财物而已。

"普通人就不知道这一点，不能掌握它的权威，使用它的力量，反而阻碍自然界的生机，遏止自然界的元气，强力摧残自然界万物的生长繁殖，使天地没有办法发挥它的作用。这样它的生产少了，而能获取的也就减少了。

"所以上古善于获取的人，没有像伏羲、神农氏一样的了。他们遵守文物典章制度，任用其礼仪，维持自然界万物之精魂，那么就夺取了它的权威并能管理它了，于是教百姓来获取它的力量而为我所用。春天播种，秋天收获，追随它的时令而有利于它的生育。地势高则建筑宫殿，地势低则开挖池塘，有水之处则造船交通，有风之时则扬帆航行，随变化而用各种办法取用，没有一点遗漏。而天地使万物生长得越多，百姓的物用就越充足。

"所以说只有圣人才能知道怎么取用，掌握它的权威，使用它的力量，并不只是索取它的财物，发掘它的权威，使用它的力量，并不只是索取它的财物，发掘它的物藏就算完了。唯有自然界善于滋生财富而又能够被容纳，如果不是像圣人那样善于取用，而是各自按所需要的去索取它，那么就会物尽而藏竭，天地也无可奈何了。所以向大自然获取财富的行为停止后，人类便开始向人自身获取财富了。

"然而，怎样能制止这种现象呢？只有阻止那些一味人为的获取，而使他们都符合天地秩序的获取，这样就可以了。"

治圃

公仪子谓鲁穆公曰:"君知圃人之为圃乎?沃其壤,平其畦,通其风,日疏其水潦,而施艺植焉。窊隆干湿,各随其物产之宜,时而树之,无有违也。蔬成而后撷之,相其丰瘠,取其多而培其寡,不伤其根。撷已而溉,蔬忘其撷。于是庖日充而圃不匮。今君之有司取诸民不度,知取而不知培之,其生几何,而入于官者倍焉。君之圃匮也已,臣窃为君忧之。"

[译文]

公仪子对鲁穆公说:"你知道菜农是怎样管理菜园的吗?要使土壤肥沃,使土地平整,使它们通风透光,排除水涝,并施展技艺种植它们。洼地、高地、干地、湿地,各随它的特点栽种不同作物,按节气种植,不要有所违背。蔬菜长成以后才能采摘它,采摘数量据土地肥沃、贫瘠情况而定,采摘多的而培育少的,不要损伤它的根,采摘完毕后及时进行灌溉。这样不久,蔬菜又能够采摘了,于是厨房里每天都有充足的蔬菜供给,而菜园里从不缺乏蔬菜。如今你手下的官吏无节制地向百姓索取,只知索取而不知道培育他们,百姓的血汗能有多少呢,而收入到官府的赋税却成倍增加,你的'菜圃'里匮极了,我内心替你担忧这件事。"

芈叔被黜

楚使芈叔为尹,课上最。楚王大悦,谌诸朝。孙叔敖仰天大笑,三噎而三顿。楚王不怿,曰:"令尹有不足于寡人与?盍教之?而廷耻寡人,窃为令尹不取也。"

孙叔敖对曰:"臣之里人有洿池以为利者,吴行人过楚,见其鱼鳖之轫也,谓之曰:'我善渔。'臣之里人喜,为之具罔罟舟楫,资其行,则趋而之其池,曰:'我于是乎渔。'臣之里人蹙然曰:'吾惟子能取江湖之鱼以益我也,若是,则吾固有之矣,而焉用子为哉!'今楚国之民莫非王民矣,芈叔之尹申也,不闻有令政以来邻国之民,而多取诸王之固有以最其课,是剜王之股以啖王也,则王之左右皆能之矣,不惟是夫也。今王朝群臣而谌之,群臣不佞,由是而度王心,则相率而慕效之,以为敌国驱,是社稷之忧也。"

楚王曰:"善哉!"乃黜芈叔,下令国中曰:"下邑之大夫有效芈叔剥吾民以最课者,服上刑。"楚人大悦,三年而伯诸侯。

[译文]

楚王派芈叔担任地方官,他交纳的租税最多。楚王非常高兴,在朝廷上赞誉他。孙叔敖仰天大笑,三次笑得引起呼吸困难才停止。楚王不高兴地说:"令尹看我有做得不够好的地方吗?为什么不予以指教,却在朝廷上羞辱我,我认为你不该这样。"

孙叔敖回答说:"我的家乡有一个靠养鱼而得利的人,吴国一个使者路过楚国,见他的鱼池里充满了鱼鳖,对他说:'我善于捕鱼。'我的乡人感到高兴,就给他准备了网、渔船,资助他去,而他却奔到那个池边,说:'我在这里捕鱼。'我的乡人皱起眉头说:'我想你能够捕捉江湖里的鱼给我带来好处,这是我本来就有的,如果在这里捕鱼,怎么还用得上你捕呢?'如今楚国的百姓都是你的臣民,芈叔是地方官吏,没听说用善政来使邻国的百姓前来投奔,却从君王所固有的赋税中多加索取来显示他收的赋税最多,这样做是剜下君王腿上的肉给君王吃啊。这样的话,君王的左右都能做得到,并不只是他能啊。如今君王在朝廷上对着群臣赞誉他,群臣没有才智,由此揣度君王的心理,就都共同去效法他的行为了,而那样做就要受敌国的驱使了,这就是国家的忧患啊。"

楚王听了说:"讲得好啊。"就罢免了芈叔,并对全国下令说:"各地大夫,若有效法芈叔那样盘剥我的百姓而多征收赋税的,就要服大刑。"楚人非常高兴,三年的时间,楚国就称霸于诸侯。

养民之道

艾大夫曰:"民不可使佚也。民佚,则不可使也。故曰:有事以勤之,则易治矣。"

郁离子曰:"是术也,非先王之道也。先王之使民也,义而公,时而度,同其欲,不隐其情,故民之从之也,如手足之从心,而奚恃于术乎!今子之民,知畏而不知慕,知免而不知竞,而子之所用者,无非掊克之吏,所行者,无非朝四暮三之术也。子以为人不知之,而不知人皆知之也。故子以是施诸民,民亦以是应诸子,上下之情交隐矣。子徒见其貌之合,而不知其中之离也,见其外而不察其心者也,故自喜以是为得计,而不思恶劳欲逸,人志所同。是故先王之养民也,聚其所欲,而勿施其所恶。今子反之,庸非罔乎?上罔下则不亲,下罔上则不孙。不孙不亲,乱之蕴也。《诗》云:'彼其之子,邦之司直。'子为司直,乃不循先王之旧章,而以罔教仆,实不敢与闻。"

大夫虽惭,弗能改也。

[译文]

艾大夫说:"不可使老百姓安闲,他们安闲了就不可驱使了。让老百姓有事情可做,就容易治理了。"

郁离子说:"这种手段,并不是先王的方法啊。先王治理百姓,靠的是仁义和公正。适时和适度,认同他们的欲望,能正视百姓的实际情况,所以百姓服从他,就像手足服从心一样,而何以依靠手腕呢？如今你的百姓只知害怕，而不知道敬慕，只知道逃避而不知道竞争，而你所使用的那些人无非是些聚敛搜刮的官吏，所施行的无非是朝四暮三的那一套手段啊。你认为人们不知道的，却不知人们都知道。所以你用这种手段对待百姓，百姓也用这样办法应付你，上下的实情就互相隐瞒了。你只见那外表的融洽，却不见内在的离心；只见他们的外表，却不能体察他们内心的想法。所以沾沾自喜，自以为计谋得逞，而不考虑厌恶劳动、想要安闲是人们的共同心理。所以先王用的是养民的方法，聚集他们所想要的，而不施给他们所厌恶的。如今你反其道而行之，难道不是欺骗百姓吗？上欺下，就失去了信任；下欺上，就不恭顺，不恭顺不亲近，这是社会动荡不安的根源。《诗经》有言：'彼其之子，邦之司直。'你身为司直官，不遵循先代君王制定的规章，而用欺骗的手段说教，我实在是不敢听命。"

艾大夫听了虽然惭愧，但却不能改正。

民怨在腹

郁离子谓艾大夫曰:"子以为以力毒人而人不言怨者,其畏威也乎?怀德也乎?"大夫曰:"亦畏威而已矣。"

郁离子曰:"吾始以为夫子莫之知也,而今而后知夫子非莫之知也。夫子以钩距摘民隐,罗其财以供公,非得已也。夫子之心,人知之也,而夫子之所任,则非能以夫子之心为心者也,是以民免而弗子怀也。《诗》云:'小东大东,杼轴其空。'又曰:'东人之子,职劳不来;西人之子,粲粲衣服;舟人之子,熊罴是裘;私人之子,百僚是试。'今兹备矣。而民不言,是怨不在口而在腹也。《诗》云:'中心藏之,何日忘之!'若药之在碛,未有火以发之也。夫子而今知之矣,能无虞乎!"

[译文]

郁离子对艾大夫说:"你认为用强力伤害人们而人们不发怨言的原因,是他害怕威势呢,还是感怀恩德呢?"艾大夫说:"也只不过因害怕威势罢了。"

郁离子说:"我开始还认为你不知道呢,原来你并不是不懂啊。我挖空心思地去推究老百姓的隐情,搜罗他们的财物以供公用,那是不得已的啊。你的心情人们是能理解的,但你所担任的职务,却不能照着你本愿,去做你心中真正想做的事情。所以百姓躲避你而不感怀你啊。《诗》有言:'小东大东,杼轴其空。'又言:'东人之子,职劳不来;西从之子,粲粲衣服;舟人之子,熊罴是裘;私人之了,百僚是试。'如今这些不合理的现象都具备了,但老百姓却不言语,这怨恨不在嘴而在心里。《诗经》上说:'把怨恨藏在心中,何日能忘了它?'就好像火药在炮膛里而还没有点火引发它一样啊。你如今懂得这个道理了,能不担心吗?"

韩非子为政

韩非子为政于韩且十年,韩贵人死于法者无完家,于是韩多旷官。

王谓公叔曰:"寡人欲用人,而韩之群臣举无足官者,若之何哉?"公叔对曰:"王知夫种树乎?臣家国东郊,世业种树。树之材者,松楠栝柏,可以为栋梁,种之必三五十年而后成;其下者为柽柳朴樕,种之则生,不过为薪。故以日计之,则栋梁之利缓,而薪之利速;以岁计之,则薪之利一,而栋梁之利百。臣俱种之,世享其利,是以富甲于韩国。臣邻之嫠叟急,慕而思效之。植松栝,不能三年,不待其成而辄伐之以为常,仅足以朝夕食,无余也。今君之用人也,不待其老成,至于不克负荷而辄以法戕之,栋梁之材竭矣。一朝而屋坏,臣恐束薪不足以支之也。"

[译文]

韩非子在韩国从政将近十年,韩国那些贵族几乎每家都有人死于刑法,于是韩国有了许多空缺的官职。

韩王对公叔说:"我需要用人,可是韩国的群臣全都不足以胜任官职,你看怎么办呢?"公叔回答说:"你知道种树的道理吗?我的家乡在都城的东郊,世世代代以种树为业,可以作为材料的树,松、楠、栝、柏,可以做栋梁,它们必须得三五十年以后才能长成。树中下等的有柽、柳、朴、樕,一种就活,顶多充当柴火。所以按天计算它们,得栋梁材的好处来得慢,而得木柴的好处来得快；如果从长远来看，那么种植楠、桧、松、柏获利要比种植柽、柳、朴、樕强过百倍。我全部都栽种它们，世世代代享受它的好处，所以在韩国是最富有的。我的邻居有一个贫寒的老人，非常羡慕，急切地想仿效，种植松、栝不到三年，不等成材就砍伐了它，认为这样能常获利，但仅能供他吃一日两餐，没有剩余。如今君王用人的方法也是这样，不等他老练成熟就让他做事，等他不能胜任就用刑法加以杀害，栋梁之材也用尽了。一旦房屋坏了，我担心束薪为梁是难以支撑房屋的。"

力与智

郁离子曰：虎之力于人，不啻倍也；虎利其爪牙，而人无之，又倍其力焉，则人之食于虎也，无怪矣。然虎之食人不恒见，而虎之皮，人常寝处之，何哉？虎用力，人用智；虎自用其爪牙，而人用物。故力之用一，而智之用百；爪牙之用各一，而物之用百。以一敌百，虽猛必不胜。故人之为虎食者，有智与物而不能用者也。是故天下之用力而不用智，与自用而不用人者，皆虎之类也，其为人获而寝处其皮也，何足怪哉！

[译文]

郁离子说："老虎的力气超过人的力气远远不止一倍。老虎有锋利的爪牙，但是人没有，相当于它的力量又加了几倍，那么人被老虎吃掉，也不奇怪。然而老虎吃人不常见，老虎的皮常被人拿来做坐卧的物品却很常见，这是为什么呢？老虎使用力气，人运用智慧，老虎只能使用它自身的爪牙，但人能利用工具。所以力气的作用是一，但是智慧的作用是百。爪牙的作用各自是一，但是工具的作用是一百。用一对抗一百，即使凶猛也一定不能取胜。所以，人被老虎吃掉，是因为有智慧和工具而不能利用。因此世界上那些只用力气而不用智慧，和光利用自己条件而不借助外界力量的人，都跟老虎一样。他们被人杀戮、算计，有什么值得奇怪呢？"

省敌第九

明　陈洪绶　罗汉与护法神图（局部）

省敌

郁离子曰：善战者省敌，不善战者益敌。省敌者昌，益敌者亡。夫欲取人之国，则彼国之人皆我敌也，故善省敌者，不使人我敌。汤武之所以无敌者，以我之敌敌敌也。惟天下至仁，为能以我之敌敌敌，是故敌不敌而天下服。

[译文]

郁离子说："擅长战争者，能使敌手越来越少，不擅长战争者，则树敌越来越多。使敌人减少的国家就昌盛，使敌人增多的国家就灭亡。要消灭他人国家，则那个国家的人就都是我的敌人，因此，懂得'省敌'道理的人，总能够做到不使敌国之民众成为自己的敌人。汤、武之所以无敌的原因，就是用我的敌人去抵抗敌人啊。只有天下达至仁的人，才能用我的敌人去抵抗敌人，所以敌人不抵抗而天下就被降服了。"

辞祸有道

郁离子曰：水赴壑，鸟赴林，蝇赴臭，不驱而自至者也，而奚以召之哉？利者，众之所逐；名者，众之所争；而德者，众之所归也。是皆足以聚天下者也。故聚天下者，其犹的乎？

夫的也者，众矢之所射，众志之所集也。尧舜以仁义为的，而天下之善聚焉。收天下之所争逐者，为之均之，不使其争逐也。及其至也，九州来同，四夷乡风，穆穆雍雍，以入于其的之中。桀纣以淫欲为的，而天下之不善聚焉。收天下之所争逐者，私诸其人。及其穷也，诸侯百姓相与操弓注矢，的其躬而射之。

是故不能仁义而为天下的者，祸也。故秦之未帝也，天下莫强焉。及其吞六国而一，位号不过再世，匹夫呼而与之争，天下并起和之，莫不以秦为辞者，的所在也。陈涉先起而先亡，以其先自王，以为秦兵之的也。故曰：不为事先，动而辄随者，不为的而已矣。昔者秦攻韩上党，上党之守冯亭以上党归于赵，赵人受之。是以有长平之败，赵国几亡。夫秦之所欲取者，上党也。兵之所加，不选其韩与赵也，惟上党之所在耳。介山之草木，何罪而焚乎？子推之所在也。是故辞祸有道，辞其的而已矣。

[译文]

郁离子说："水奔赴沟壑，鸟飞向树林，蝇投向臭物，不用驱赶，它们自己就会去，哪里用得着去招引它们呢？有利的事，众人都去追逐；有名的事，众人都去争取；有德的事，众人都归向于它。这些都足以把天下之人聚集起来。所以说能把天下之人聚集起来的名、利、德，不就好像是箭靶了吗？

　　箭靶的中心，是被众矢所射、众志聚集的地方。尧、舜把仁义当作目标，而天下的善事都聚集在他们所在的地方。他们把天下之人所争逐的名位和利益收拢起来，一视同仁，公平处置，不使百姓去拼死争逐。到了尧、舜治理天下的鼎盛时期，天下之人纷纷前来聚集，四方少数民族趋从教化，端庄恭敬，十分和乐，就被吸引到那目标之中。桀、纣把淫欲当作目标，而天下邪恶的事就聚集在他们那儿。把天下之人所争逐的名位和利益收拢起来，擅自给了少数权贵，没能做到天下为公；桀、纣暴虐，天下到穷途末路之时，诸侯百姓共同操弓射矢，瞄准箭靶射出弓箭。

　　所以不能把仁义作为天下的目标的人，是祸患。因此秦还没有称帝时，天下没有比它更强大的了。到它吞并了六国实现统一，皇位只传了二世，国家就灭亡了，百姓就呐喊而起，同它争夺天下，天下人群起应和，无人不把秦国作为借口，因为秦是天下的目标所在。陈涉首先起兵而又首先灭亡，这是因为他首先自称为王，成为秦兵攻击的目标了。所以说：'不先出头，待到人家动起来后再跟随，就是为了不被人家当靶子而已。'从前秦国攻打韩国的上党，上党的守将冯亭把上党归附于赵国，赵国接受了它，所以赵国有长平之战的失败，赵国差点灭亡。秦国所想要夺取的是上党，秦国加兵，没有去选择是韩国还是赵国，而只是看中了上党这个地方，介山上的草木，有什么罪却被焚烧？因为那里是介之推隐居的地方。所以避免灾祸的办法，就是不要做箭靶而已。"

秦恶楚善齐

秦恶楚而善于齐，王翦帅师伐楚。

田瑴谓齐王曰："盍救诸？"齐王曰："秦主与吾交善而救楚，是绝秦也。"邹克曰："楚非秦敌也，必亡，不如起师以助秦，犹可以为德，而固其交。"

田瑴曰："不然。秦，虎狼也。天下之强国六，秦已取其四，所存者齐与楚耳。譬如摘果，先近而后远，其所未取者，力未至也，其能终留之乎？今秦岂诚恶楚而爱齐也？齐、楚若合，犹足以敌秦。以地言之，则楚近而齐远，远交而近攻，秦之宿计也。故将伐楚，先善齐，以绝其援，然后专其力于楚。楚亡，齐其能独存乎？谚有之曰：攒矢而折之，不若分而折之之易也。此秦之已效计也。楚国朝亡，齐必夕亡。"

秦果灭楚，而遂伐齐，灭之。

[译文]

秦国不喜欢楚国而与齐国友善，秦将王翦统帅军队讨伐楚国。

田瑴对齐王说："为何不去救援楚国？"齐王说："秦王和我关系好，而如果援救楚国那就是断绝同秦国的关系啊。"邹克说："楚国不是秦国的对手，必定灭亡，不如发兵去援助秦国，这样可以于秦有恩德，而巩固与秦国的友善关系。"

田瑴说："不能这样。秦国是虎狼啊。天下的强国有六个，秦国已经夺取了其中的四个，所存留的只有齐国和楚国了。就像摘果子,先摘近的然后摘远的,那些还没有被它夺取的是因它的力量还达不到,它最后能把你保留下来吗?如今秦国难道真的是恨楚爱齐吗?齐、楚倘若合力,尚且足够抗拒秦国。按地理位置来说,就是楚国近而齐国远,结交远的而攻打近的,这是秦国素来采用的计策。所以它要攻打楚国,首先同齐国友善,断绝楚国的援助,然后聚集全力对付楚国。楚国灭亡,齐国又怎么能单独存在呢?有句谚语说:'把箭聚集在一起折断它,不像分开折断它那样容易。这是秦国已经取得成效的计谋。楚国在早晨灭亡,齐国必定在晚上灭亡。'"

秦国果然先灭亡了楚国,而接着讨伐齐国,消灭了它。

九头鸟

孽摇之虚,有鸟焉,一身而九头。得食则八头皆争,呀然而相衔。洒血飞毛,食不得入咽,而九头皆伤。海凫观而笑之曰:"而胡不思,九口之食同归于一腹乎?而奚其争也?"

[译文]

孽摇之丘上有一种鸟,一个身子却长了九个头。一个头得到食物后,那八个头就都去争抢,张口相互抢夺食物。洒血飞毛,吃到也不能咽下去,而九个头都受了伤。海鸟看见了就笑话说:"你们为什么不思考一下,九个嘴吃下的食物不都共同归到一个肚子里去了吗?争什么呢?"

晋平公作琴

晋平公作琴,大弦与小弦同。使师旷调之,终日而不能成声。公怪之。师旷曰:"夫琴,大弦为君,小弦为臣。大小异能,合而成声。无相夺伦,阴阳乃和。今君同之,失其统矣。夫岂瞽师所能调哉!"

[译文]

晋平公制作了一张琴,大小琴弦粗细相同。他让师乐调琴,调了一整天也弹不成曲调。晋平公责怪他。乐师说:"琴的大弦是君,小弦是臣,大小弦性能不同,配合起来才能弹出曲调。琴弦应有粗细之分,各司其职,发挥各自的功能,高音与低音才能和谐。现在你把它们混同,就失去它们的体统。那样怎么能是乐师所能调好的呢?"

无支祈与河伯斗

无支祈与河伯斗,以天吴为元帅,相抑氏副之。江疑乘云,列缺御雷,泰逢起风,蓱号行雨。蛟、鼍(tuó)、鳄、鲮,激波涛而前驱者三百朋。遂北至于碣石,东及吕梁。

河伯大骇,欲走。灵姑胥止之,曰:"不如且战,不捷而走未晚也。"乃谋元帅,灵姑胥曰:"赑屃(bì xì)可。"河伯曰:"天吴八首八足,而相抑氏九头,实佐之;雷风雨云之神,各专其能,以卫中坚;蛟、鼍、鳄、鲮莫不尾剑口凿,鳞锋鬣(liè)锷,掉首摧山,捷鬐(qí)倒渊,而岂赑屃所敢当哉?"灵姑胥曰:"此臣之所以举赑屃也。夫将,以一身统三军者也。三军之耳目,齐于一人,故耳齐则聪,目齐则明,心齐则一。万夫一力,天下无敌。今天吴之头八,而副之者又九其头。臣闻:人心之神,聚于耳目。目多则视惑,耳多则听惑。今以二将之心而御其耳目六十有八,则已不能无惑矣。加以云雷风雨之师,各负其能,而毕欲逞焉,其孰能一之?故惟赑屃为足以当之。赑屃之冥冥,不可以智诱威胁而谋激也,而其志有必至,破之必矣。"

乃使赑屃帅九夔以伐之,大捷。故曰:众志之多疑,不如一心之独决也。

[译文]

无支祈与河伯相斗,任命天吴为元帅,相抑氏为副元帅。江疑乘云,雷神御雷,风神兴起风,雨师行雨。蛟、鼍、鳄、鲮激起波涛在前面开路的达到三百群，于是北到碣石，东到吕梁。

河伯非常害怕，想要逃跑，灵姑胥制止他说："不如暂且迎战，不胜再逃也不晚。"于是就考虑元帅人选。灵姑胥说："赑员可以胜任。"河伯说："天吴八个头、八只脚，而相抑氏九个头，是辅佐它的；雷、风、雨、云等神，各自具有独特的本领，而守卫着军队中最重要、最坚强的部分。蛟、鼍、鳄、鲮没有一个不是尾神剑，口如凿，鱼鳞鱼鳍如锋刃般锐利，摆动脑袋就可以摧毁高山，竦起背脊就能够倒翻深渊，怎么能是赑员所敢抵挡的？"灵姑胥说："这正是我推举赑员的原因啊。将帅，是用一身统帅三军的人。三军的耳目，集中在一个人身上，因此耳朵聚齐就聪敏，眼睛聚齐就明亮，心聚齐就一致。万众齐力，天下无敌。如今天吴的头有八个，而辅佐他的相抑氏又有九个头。我听说人的心神，集中在耳目，眼睛多了就看不清，耳朵多了就听不清。如今用二将的心去支配那六十八只耳目，那就无法不迷惑了。再加上云、雷、风、雨的这队，各自骄傲于各自的本领，全要想逞能，又有谁能统领它们呢？因此只有赑员是能够抵挡它们的。赑员专默精诚，是难以用智慧诱骗、武力威胁、阴谋刺激所能战胜的，而他有志向必定来，一定能打败它们的。"

就派赑员统帅九夔讨伐它，大胜。所以说："众心多疑，不如一心独自决断。"

常羊学射

常羊学射于屠龙子朱。屠龙子朱曰:"若欲闻射道乎?楚王田于云梦,使虞人起禽而射之。禽发,鹿出于王左,麋交于王右。王引弓欲射,有鹄拂王旃而过,翼若垂云。王注矢于弓,不知其所射。养叔进曰:'臣之射也,置一叶于百步之外而射之,十发而十中。如使置十叶焉,则中不中,非臣所能必矣。'"

[译文]

常羊向屠龙子朱学习射箭之术。屠龙子朱说:"你想听射箭的技艺吗?楚王在云梦狩猎,让掌管山泽的人把禽兽从隐蔽处轰赶出来而射取它。鸟兽从隐蔽处跑出来,鹿出现在楚王的左边,麋交错在楚王的右边。楚王拉开弓正打算射,有天鹅掠擦大王的旃旗飞过,翅膀像垂云,楚王把箭搭在弓上,不知该射哪个才好。养叔进言道:'我的射法是放一片树叶在百步以外来射它,十发就十中,如果放置十片树叶在那里,那么射得中射不中,就不是我能肯定的了。'"

一其心

郁离子曰：多能者鲜精，多虑者鲜决。故志不一则厐，厐则散，散则溃，溃溃然罔知其所定。是故明生于一。禽鸟之无知，而能知人之所不知者，一也。人为物之灵，而多欲以昏之，反禽鸟之不如，养其枝而枯其根者也。呜呼！人能一其心，何不如之有哉！

[译文]

郁离子说："多才能的人很少有样样都精通的，多顾虑的人很少有果断的。所以心志不专一就纷乱，纷乱就精力分散，精力分散就头脑昏乱，头脑昏乱就不知道该做出怎样的决定。所以说果断来自用心专一。禽鸟无知，但却能知道人所不知道的事，是因为它们专一啊。人是万物之灵，但过多的欲望使他糊涂，反而连禽鸟都不如，这是养了枝叶而枯了根啊。唉！人如果能心无旁骛，一心一意，怎么会不如禽鸟呢？"

造舟者操舟

粤工善为舟,越王用之良,命廪人给上食,粤之治舟者宗之。岁余,言于越王曰:"臣不惟能造舟,而又能操舟。"王信之。隽李之役,风于五湖,溺焉,越人皆怜之。

郁离子曰:"是画蛇而为之足者之类也。人无问智愚,惟知止,则功完而不毁。故以子胥之贤而不免焉。夫子胥之入吴也,图报其父、兄之仇而已矣。及其入郢而鞭平王,足矣,夫复何求哉?乃不去而沉其身,不知止也。"

[译文]

粤地有位工匠擅长造船,越王用了他造的船觉得很好,命令管理粮仓的官吏供给他上等的伙食。粤地造船的工匠们都尊奉他。一年多后,他对越王说:"我不止能造船,而且还能撑船。"越王相信了他。在隽李战役中,五湖上刮起了大风,淹死了他。越国人都很怜惜他。

郁离子说:"这和那画蛇添足的人是同一类。人无须考虑智慧和愚蠢,只要懂得适可而止,那就功业完满且不会损毁。所以即使有伍子胥的贤才也不能避免。子胥投奔吴国,只是想要报他父亲、兄长的仇。等到子胥助进入郢都鞭平王之尸以报父仇,就足够了,还想求什么呢?而他却不离开吴国而身陷其中,葬送身家性命,不知道适可而止。"

省敌第九

诚则明

郁离子曰：水鹢翔而大风作，穴蚁徒而阴雨零，岂其知之独觉哉？惟其所愿欲莫切饱与安也，故孜孜以候之，气将来而必知，惟其心之专也。是故知暵潦者，莫如农；知水草者，莫如马；知寒暑者，莫如虫。故以刖守阍，以瞽听乐，取其专也。鲁人有善言《易》者，百家之训诂疏义，无不诵而记之，命之卜，则不中。吴有医，与之谈脉证必折，而请其治疾，无不愈者。故曰：诚则明矣。水鹢之知风，穴蚁之知雨，诚也。

[译文]

郁离子说："水鹢飞翔就要起大风，蚂蚁搬家就要阴天下雨，哪里是它们的知觉独特呢？只是因为对于水鹢、蚂蚁来说，没有比填饱肚子和性命安全更为迫切的愿望了，因此它们勤勉、努力不懈地观察和等待，水汽将要来临就必定知道，这是由于它的专心。所以知道旱涝没有谁能比过农夫，了解水草没有谁能比得过马，感知寒暑没有谁能比得过昆虫。因此让受过刖刑的人来看守宫门，让瞎眼的人来负责音乐，这是取他们专心的长处。鲁国有一个善于讲《易经》的人，百家的对古书字句的解释，为古书旧注所做的阐释的文字，没有不能诵读并记住的。但让他占卜，却不灵验。吴国有一个医生，跟他谈论脉象，必定不符实际，但请他治病，却没有治不好的。所以说：'用心专一，心就明了。'水鹢能预知风，穴蚁能预知雨，这是因为它们诚心。"

屠龙子与都黎奕

屠龙子与都黎奕。都黎数败，馆人怜而助之，又败。观者皆愕，胥助焉。从者请已，曰："吾闻寡不敌众。彼方鸠群知，吾忧子之不胜，以圮前劳也。"屠龙子弗应，坐而奕如故。都黎乃大败，不能支。助者相顾皆失色，执子以诟。使复之，俱弗敢矣。从者喜曰："神矣哉，夫子之奕也！"

屠龙子曰："未也。子不观夫斗兽乎？夫兽，虎为猛。今以虎斗虎，则独虎之不胜多虎也，明矣；以狐斗虎，则虽千狐其能胜一虎哉？多愈见其自乱也。昔者六国合从以摈秦，辨士之为秦者，以连鸡喻之。六国果不胜，如辩士言。今者之奕，犹是也。吾尝行于野，见两头之蛇，其首一东而一西，二首相掣，终日不能离其处。吾观而悲焉。故为巨室者，工虽多，必有大匠焉，非其画不敢裁也；操巨舟者，人虽多，必有舵师焉，非其指不敢行也。故视听专而事不偾。是故四海之民听于一君，则定；百万之师听于一将，则胜。《易》曰：'长子帅师，弟子舆尸，凶。'《诗》曰：'如彼筑室于道谋，是用不溃于成。'虽使奕秋为之，犹当败也，而况非奕秋者乎？吾何惴焉！"

[译文]

屠龙子与都黎下棋，都黎多次失败。掌管馆舍的人因怜悯而帮助他，却又失败。观看的人都感到惊愕，都在那里相助。屠龙子的随从请求屠龙子不要再下了，说："我听说寡不敌众，对方结合众人的智慧,我担心你再战不胜,把先前的功劳毁了。"屠龙子不应声,照旧坐着下棋。都黎又大败,不能坚持了。帮助的人相视,都同样的脸色,拿着棋子骂开了。让他们再下,都不敢下了。随从高兴地说:"夫子的棋艺真是神妙啊!"

屠龙子说:"不对啊,你没看过那野兽搏斗吗?野兽中老虎最凶猛,如今用虎斗虎,那么一只虎不能胜过一群虎,是明摆着的;用狐狸斗虎,那么即使一千只狐狸又怎么能战胜一只虎呢?数量越多就越被它们自己搞乱了。从前六国联合起来对付秦国,秦国的说客用缚在一起的鸡比喻它们,六国果然不胜,正如说客所说的,今天下棋也是这样。我曾经在田野里行走,见到两个头的蛇,它的头一个要向东,另一个要向西,两个互相牵引,始终不能离开那个地方,我看了为它感到可悲呀。所以建造大屋时,工匠即使再多,也必须有个大工匠,不是大工匠所画的墨线旁人不敢随便裁木料;操纵大船时,人即使再多,也必须有舵师,不是他的指引旁人就不敢航行。因此视听专一,事情就不会覆败,所以四海的百姓听从一君的命令就安定,百万军师听从一将的指挥就胜利。《易经》里说:'虽然统帅之人选对了,但若是有其他人影响其决策,那也将抬着尸体,失败而归,是很凶险的。'《诗经》中说:'就如造房子却去问路人,终究盖不成房子。'即使让奕秋来做,也有可能失败,而何况不是奕秋这样的人呢?我有什么可害怕的呢?"

郁离子（下）

[明]刘基 著
杨四平 译

目录

虞孚第十

虞孚	209
知一不知二	211
狸贪	212
蹶叔三悔	213
齐人好诟	215
好贿	216
见利不见害	217
识宝	218
吴王吝赏	219
郑人学艺	221
弃农为驵	223
多疑与侥幸	225

天道第十一

天道	229
夺物自用	231
东陵侯问卜	232
气与情	234
牧民	235
天问	237

牧豭第十二

牧豭	241
割瘿	244
乌鹊之鸣	245
世事多变	247
食鲅鲐	249
说秦	250
刍豖乘马	252
激不激	253
楚巫	255

公孙无人第十三

公孙无人	261
楚人养猴	263

良心	264	**神仙第十五**	
饮漆毒水	266	神仙	301
石羊先生自叹	268	贪利贪德辨	303
小人犹膏	270	论鬼	305
鹰化为鸠	271	江淮之俗	307
城苣	272	岳祠	309
寡悔	274	天下贵大同	310
晚成	275		
盼子说齐宣王	277	**麋虎第十六**	
		麋虎	315
蛇蝎第十四		躁人	316
蛇蝎	283	立教	317
鸲鹆好音	285	应侯止秦伐周	319
靳尚	287	树怨析	321
熊蛰父论乐	289	唐蒙与薛荔	323
招安说	290	荆人畏鬼	325
盗犨	293	赏爵	327
种谷	294	井田可复	329
汪罔与僬侥	296	中山之酒	331
		论物理	332

慎爵 333
天裂地动 335

难七 364
难八 366
难九 367

羹藿第十七
羹藿 339
大智 340
安期生 341
行币有道 342
重禁 343
七出 345

附录一
卖柑者言 371

附录二
二鬼 375

附录三
明史刘基传 383

九难第十八
难一 350
难二 352
难三 354
难四 358
难五 360
难六 362

附录四
吴从善《郁离子》原序 397

附录五
徐一夔《郁离子》原序 403

虞孚第十

近现代　徐悲鸿　竹报平安

虞孚

虞孚问治生于计然先生,得种漆之术。三年树成而割之,得漆数百斛,将载而鬻诸吴。其妻之兄谓之曰:"吾常于吴商,知吴人尚饰,多漆工,漆于吴为上货。吾见卖漆者煮漆叶之膏以和漆,其利倍,而人弗知也。"虞孚闻之喜,如其言,取漆叶煮为膏,亦数百瓮,与其漆俱载,以入于吴。

时吴与越恶,越贾不通,吴人方艰漆。吴侩闻有漆,喜而逆诸郊,道以入吴国,劳而舍诸私馆。视其漆甚良也,约旦夕以金币来取漆。虞孚大喜,夜取漆叶之膏和其漆以俟。及期,吴侩至,视漆之封识新,疑之。谓虞孚,请改约,期二十日,至则其漆皆败矣。虞孚不能归,遂丐而死于吴。

[译文]

虞孚向计然先生请教谋生发财之道,学得了种漆的技术。三年后,树长成就割漆,获得了数百斛漆,将要装载卖去吴国。他妻子的兄弟对他说:"我经常在吴国经商,知道吴国人喜欢用漆刷饰器具,多用漆工,漆在吴国是销量特别好的商品。我看见卖漆的人把漆叶煮成膏状混合在漆里,那样可以利润加倍,但人们却看不出来。"虞孚听了很高兴,按照他说的,收取漆叶煮成膏状,也有数百斛,把它和真漆一块运到吴国。

当时吴国与越国关系不好,越国的商人进不了吴国,吴国人正好很难得到漆,吴国的牙侩听说有漆,高兴地在郊外迎接,引路进入吴国,慰劳一通后,将其安排在私人客栈里住宿。牙侩看那漆非常好,约定短时间内拿钱来买漆。虞孚非常高兴,连夜把漆叶膏混合进漆里等待。到了约期,吴国牙侩到来,看到漆封口的标记是新的,便心生疑虑。向虞孚请求改变约期。取货的约定期限改为二十天后,期限到了而那些漆全都变质了。虞孚没有办法回家,于是沦落为乞丐,最终死在吴国。

虞孚第十

知一不知二

若石隐于冥山之阴，有虎恒蹲，以窥其藩。若石帅其人昼夜警，日出而殷钲，日入而燎辉，宵则振铎以望，植棘树墉，坎山谷以守。卒岁，虎不能有获。

一日而虎死，若石大喜，自以为虎死，无毒己者矣。于是弛其机，撤其备，垣坏而不修，藩决而不理。无何，有貙逐麋来，止其室之隈，闻其牛羊豕之声而入食焉。若石不知其为貙也，叱之，不走；投之以块，貙人立而爪之，毙。

君子谓若石知一而不知二，宜其及也。

[译文]

若石隐居在冥山的北面，有一只老虎常常蹲在那里，窥视他的篱笆墙。若石带领他的家人昼夜警戒，日出时敲击钲锣，日落后点燃火把，深夜时摇铃观望，种植荆棘修建高墙，在山谷挖坑穴来守卫。一年终了，老虎也没有什么收获。

有一天，老虎突然死了，若石很高兴，自认为老虎死了，没有威胁伤害自己的了。于是拆除捕兽工具，撤除那些防兽设备，墙坏了也不修筑，篱笆断裂也不修理。没多久，有貙追来到他家，停留在他房屋的角落，听到那些牛、羊、猪的叫声就进去吃起来。若石不知道它是貙，呵斥它，它也不逃跑；用石块扔向它，貙像人一般直立起来并用爪子抓他，若石死了。

君子说若石只知其一而不知其二，他遭到连累是应当的。

狸贪

郁离子居山,夜有狸取其鸡,追之,弗及。明日,从者擭其入之所以鸡,狸来而絷焉。身缧而口足犹在鸡,且掠且夺之,至死弗肯舍也。

郁离子叹曰:"人之死货利者,其亦犹是也夫!宋人有为邑而以赂致讼者,士师鞫之,隐弗承;掠焉,隐如故。吏谓之曰:'承则罪有数,不承则掠死,胡不择其轻?'终弗承以死。且死,呼其子私之曰:'善保若货,是吾以死易之者。'人皆笑之,则亦与狸奚异焉。"

[译文]

郁离子住在山上,夜晚有狸猫来偷取他的鸡,郁离子追赶它,没有追上。第二天,随从用鸡作诱饵,在狸猫进入的地方放置了捕兽木笼,狸猫来了就被关进木笼,狸猫虽然身子被捆绑起来,但它的嘴还咬着鸡,爪也还抓着鸡不放,人们一边打它一边夺鸡,它到死也不肯舍弃鸡。

郁离子叹息道:"那些为了钱财而死的人,也就像这狸猫一样啊!宋国有身为县官因财产之事而招致官司的人,狱官审讯他,他隐瞒事实,不肯招供;拷打他,他还像以前一样隐瞒不说。官吏对他说:'招供了罪是有限的,不招供就要被拷打致死,为什么不选择轻的呢?'他最终还是不招供而被打死了。将要死去时,呼唤他的儿子,私下对他说:'好好保存那些钱财,那是我用死换来的。'人们都笑话他,而他同那狸猫有什么不同呢?"

蹶叔三悔

蹶叔好自信,而喜违人言。田于龟阴,取其原为稻,而隰为粱。其友谓之曰:"粱喜亢,稻喜隰,而子反之,失其性矣,其何以能获!"弗听。积十稔而仓无储。乃视于其友之田,莫不如所言以获。乃拜曰:"予知悔矣。"

既而商于汶上。必相货之急于时者趋之,无所往而不与人争。比得,而趋者毕至,辄不获市。其友又谓之曰:"善贾者,收人所不争,时来利必倍,此白圭之所以富也。"弗听。又十年而大困,复思其言而拜曰:"予今而后不敢不悔矣。"

他日,以舶入于海,要其友与偕,则泛滥而东,临于巨渊,其友曰:"是归墟也,往且不可复。"又弗听,则入于大壑之中。九年得化鲲之涛,嘘之以还。比还,而发尽白,形如枯腊,人无识之者。乃再拜稽首,以谢其友,仰天而矢之曰:"予所弗悔者,有如日!"其友笑曰:"悔则悔矣,夫何及乎?"

人谓蹶叔三悔以没齿,不如不悔之无忧也。

[译文]

蹶叔非常自信,并喜欢违背别人的劝告。他在龟山的北面耕种,选取高平的旱地种稻子,而在湿地上种高粱。他的朋友对他说:"高粱喜欢旱地,稻子喜欢湿地,但你却反过来种植,不符合它们的本性啊,那怎么能有收获?"蹶叔不听,十年积累下来,谷仓里都没有储存。他就到朋友的田地观看,没有一种庄稼不是用朋友所说的方法种的,因此每个都有收获。于是,他就拜见他的朋友说:"我知道后悔了。"

不久,他到汶水一带经商,每次看到市场上哪种货物紧俏就去收购哪种货物,所到之处没有不同别人争抢的,及至得到了货物,但收购到紧俏货物的商人全都来了,他的东西也卖不出去了。他的朋友又对他说:"善于经商的人,收购人家不竞争的货物,时机来了获利必定加倍,这是白圭所以能致富的原因。"蹶叔不听。又过十年还是非常穷困,又想到他朋友的话,就拜见朋友说:"我从今以后不敢不悔过了。"

另一日,他乘船进入大海,邀请友人一同前往,于是顺水漂流向东,临近巨大深渊,他的朋友说:"这是海中无底之谷,众水汇聚之处,再往前去将不可返回了。"蹶叔又不听劝告,就进入了大海最深处之中。九年后才得以借化鹏翻起的波涛,被推回海岸回家。等到回家的时候,他的头发全白了,身形就像干尸,没有人认识他了。于是他就再次跪拜叩头,来感谢他的朋友,仰天而发誓说:"我如果不悔改的话就让我像太阳一样到晚上就坠落,活不过今晚。"他的朋友笑说:"悔改是悔改了,有什么能够追回呢?"

人们说蹶叔三悔直至终身,不如不悔而没有忧虑啊。

齐人好诟

齐人有好诟食者,每食必诟其仆,至坏器、投匕箸,无空日。馆人厌之,忍弗言。将行,赠之以狗,曰:"是能逐禽,不腆以赠子。"行二十里而食,食而召狗与之食。狗嗥而后食,且食而且嗥。主人诟于上,而狗嗥于下,每食必如之。一日,其仆失笑,然后觉。

郁离子曰:"夫人必自侮,而后人侮之。"又曰:"饮食之人,则人贱之,斯人之谓矣。"

[译文]

齐国有喜好边骂边吃东西的人,每当吃饭时必定骂他的仆人,甚至毁坏酒器,投掷汤匙筷子,没有一天不这样。掌管馆舍的人厌恶他,却忍着不说话。他将要走时,店家把一只狗赠送给他,说:"这狗能追赶禽兽,不丰厚但也是一点心意,就把它送给你。"这个齐人走了二十里地将要吃饭,吃饭时就叫狗和他一起吃,狗吼叫后才吃,边吃边叫,主人在上边诟骂,而狗就在下边吼叫,每到吃饭必定像这样。有一天,他的仆人忍不住笑了,他这才发觉店家是在捉弄他。

郁离子说:"人必定自己侮辱自己,而后人们才来侮辱他。"又说:"注重吃喝的人,就被人瞧不起。"讲的就是这种人啊。

好贿

黔中仕于齐,以好贿黜而困,谓豢龙先生曰:"小人今而痛惩于贿矣,惟先生怜而进之。"又黜。

豢龙先生曰:"昔者玄石好酒,为酒困,五藏熏灼,肌骨蒸煮如裂,百药不能救,三日而后释,谓其人曰:'吾今而后知酒可以丧人也,吾不敢复饮矣。'居不能阅月,同饮至曰:'试尝之'。始而三爵止,明日而五之,又明日十之,又明日而大醲,忘其故,死矣。故猫不能无食鱼,鸡不能无食虫,犬不能无食臭,性之所耽,不能绝也。"

[译文]

黔中在齐国做官,因喜好收受贿赂而被罢官,从而陷入困境,他对豢龙先生说:"小人如今因收受贿赂而遭到严厉惩罚,唯望先生可怜我而予以推荐。"之后他又被罢官。

豢龙先生说:"从前,玄石喜好饮酒,沉迷于饮酒,五脏被熏烤灼烧,肌骨被蒸煮得像要裂开一样,上百种药材都不能救他,三天以后才解酒,他对别人说:'我从今知道酒可以丧失人命,我不敢再喝了。'一月后,他的酒友来了,说:'试尝一下这酒。'开始时,他喝上三爵就停下了,第二天就喝了五爵,第三天喝了十爵,第四天就饮尽杯中酒,忘了他原来将要因饮酒而死的事。所以猫不能不吃鱼,鸡不能不吃虫,狗不能不吃屎。它们本性所爱好的,不可能断绝啊。"

虞孚第十

见利不见害

句章之野人翳其藩以草,闻喈喈之声,发之而得雉。则又翳之,冀其重获也。明日,往聆焉,喈喈之声如初,发之而得蛇,伤其手以毙。

郁离子曰:"是事之小,而可以为大戒者也。天下有非望之福,亦有非望之祸。小人不知祸福之相倚伏也,则侥幸以为常。是故失意之事,恒生于其所得意,惟其见利而不见害,知存而不知亡也。"

[译文]

句章有位农夫用杂草遮盖藩篱,听到"喈喈"的叫声,揭开杂草,意外地捕捉到一只野鸡。他又用草遮盖藩篱,希望能再次抓到野鸡。第二天他去那里细听,"喈喈"的叫声再次响起,揭开杂草,却抓到一条毒蛇,毒蛇咬伤他的手,他中毒死去了。

郁离子说:"这件事虽小,但可以作为人们的重大警戒。天下有意料之外的福分,也有意料之外的灾祸。小人不知道祸福是互相依存、互相转化的,就把偶然的幸运当作是常事。所以失意的事常常发生在那些得意的事之中,这是因为他只见利而不见害,只知道生存而不知道灭亡啊。"

识宝

犁冥之梁父之山,得玛瑙焉,以为美玉而售之。人曰:"是玛瑙也,石之似玉者也。若以玉价售,徒贻人笑,且卒不克售,胡不实之?虽不足尔欲,售矣。"弗信。则抱而入海,将之燕,适海有怪涛,舟师大怖,遍索于舟之人,曰:"是必舟有宝,而龙欲之耳。有,则亟献之无惜,惜,胥没矣。"犁冥拊膺而哭,问其故,曰:"予实有重宝,今将献之,不能不悲耳。"索而视之,玛瑙也。舟师哑然,忘其怖而笑曰:"龙宫无子,不能识此宝也。"

[译文]

犁冥到梁父之山,在那里得到一块玛瑙,自认为是块美玉而出售它。有人告诉他说:"这是玛瑙,是像玉的石头。如果按玉的价格出售,白白留给人耻笑,并且到最后也卖不出去,为什么不以它实际的价值来卖它?虽然不能满足你的欲望,却能卖掉。"犁冥不信,就抱着玛瑙渡海,快到燕国时,恰逢海上涌起惊涛,船夫非常害怕,向全船的人索求说:"这一定是船中有宝物,龙王想要得到它,才会这样。如果有,就请赶快献出它,不要吝惜,如果吝惜宝物,整个船都将沉没。"犁冥拍胸痛哭,人们问他原因,他说:"我确实有珍贵的宝物,如今将要献出它,不能不感到悲伤啊。"人们要他拿出来一看,原来是块玛瑙。船夫沉默了,忘记了恐惧,笑着说:"龙宫里没有你这样的人,不能识别这件宝物啊。"

虞孚第十

吴王吝赏

姑苏之城围，吴王使太宰伯嚭发民以战。民诉曰："王日饮而不虞寇，使我至于此，乃弗自省，而驱予战。战而死，父母妻子皆无所托；幸而胜敌，又不云予功，其奚以战？"太宰嚭以告王，请行赏，王吝不发；请许以大夫之秩，王顾有难色。王孙雄曰："姑许之，寇退，与不与在我。"王乃使太宰嚭布令。或曰："王好诈，必诳我。"国人亦曰："姑许之，寇至，战不战在我。"于是王乘城。鸱夷子皮虎跃而鼓之，薄诸闾阖之门。吴人不战。太宰嚭帅左右扶王以登台，请成，弗许。王伏剑，泰伯之国遂亡。

[译文]

姑苏城被围困，吴王让太宰伯嚭发动国民迎战，百姓诉病说："大王每天饮酒取乐，对敌寇毫不戒备，让我们处于这样的境地，却不自我反省，而且驱使我们作战，若因战斗而死去，我们的父母、妻子、儿女都没有能依托的；若有幸战胜敌人，又不说给予功绩。那我们为什么战斗呢？"伯嚭将百姓的话告诉吴王，请求他施行奖赏，吴王吝啬不肯行赏，又向吴王请求许诺大夫的俸禄，吴王露出为难的神色。王孙雄说："姑且许诺赏赐，敌寇击退后，给还是不给在于我们。"吴王就让伯嚭颁布命令。有人说："王喜好欺骗，一定是在诳骗我。"国都的人也说："姑且答应他，等到敌寇到来，战斗还是不战斗在于我。"于是吴王登上城墙,范蠡有如猛虎般跳跃着击鼓指挥进攻,迫近城门,吴国人不战。伯嚭率左右人扶着吴王登上城墙,请求讲和,越国不答应。吴王自刎,吴国也就灭亡了。

近现代 徐悲鸿 兰花喜鹊

虞孚第十

郑人学艺

郑之鄙人学为盖,三年艺成而大旱,盖无所用。乃弃而为桔槔。又三年艺成而大雨,桔槔无所用,则又还为盖焉。未几而盗起,民尽改戎服,鲜有用盖者。欲学为兵,则老矣。

郁离子见而嗟之曰:"是殆类汉之老郎与!然老与少,非人之所能为也,天也。艺事由己之学,虽失时在命,而不可尽谓非己也。故粤有善农者,凿田以种稻,三年皆伤于涝,人谓之:'宜泄水以树黍。'弗对,而仍其旧。其年乃大旱,连三岁,计其获,则偿所歉而赢焉。故曰:'旱斯具舟,热斯具裘。'天下之名言也。"

[译文]

郑国居住在郊野的人学做挡雨的工具,三年后手艺学成了,但天大旱,雨具没有用处,就放弃了,又学做汲水工具。又用了三年,手艺学成,但又遇上大涝,汲水工具没有用处,就又回头制作雨具。不久盗贼兴起,人们都改穿军服,很少有用雨具的了。他又想学做兵器,可是已经老了。

郁离子见此而叹息说:"这大概类似于汉朝的那位老汉吧!然而老与少,不是人所能改变的,是天意啊。由自己决定学什么技艺,所学技艺错过时机,不能得到发挥,固然是由命运决定,但是也不能说跟自己完全无关。过去粤地有善于耕作的农民,开垦田地来种植稻子,连续三年都被水涝损害,人们劝他:'应当排水而种黍。'他不听,而仍然种稻。那年却大旱,连续三年,计算他的收获,补偿年成不好时减少的粮食还有盈余。所以说:'在干旱的季节里就要准备好船只,在酷暑时就准备好皮衣。'这是天下名言啊。"

弃农为驺

狐丘之野人世农。农田之入俭，恒思易其业，而未有加于农者。其舅之子驺于邑大夫，归而华其衣，见而企焉。遂弃农而往为驺。其主曰："汝自欲耳，余弗女逐也。三年而不返，则汝之田与庐，吾当使他人营之，无悔也。"跽而辞曰："唯。"越三年，而其所事者物故，欲复归，而田与庐皆易人矣。故主怜而召之，而其同里皆疾其亡故而违常也，遂恧不敢复，而涂殍焉。

或以语郁离子。郁离子曰："古称良农不为水旱辍耕，良贾不以折阅废市，正谓此也。吴人有养猿于笼，十年，怜而放之，信宿而辄归。曰：'未远乎？'舁而舍诸大谷。猿久笼而忘其习，遂无所得食，鸣而死。是以古人慎失业也。"

[译文]

狐丘有位农夫世代务农，农田的收入低微，他经常想改行，但一时想不出比种田更好的行业。他舅父的儿子替城镇的贵族养马驾车，回家时穿戴华丽，他见了很仰慕，于是就放弃务农而去养马驾车。他的主人说："你自己想要去，并非我要赶你走。如果三年不回来，那么你管的田地和房屋我就要派别人经营了，不能后悔呀。"他长跪着说："好的。"过了三年，他所侍奉的主人亡故了，他想再回去务农，但田地和房屋都更换了人。旧主人可怜他就收了他，但乡亲们都厌恶他无缘无故地违弃农耕。最终，他因自感惭愧而不敢回去，就饿死在路上了。

有人把这件事告诉了郁离子,郁离子说:"古代人称颂好的农夫不因为水旱灾害而放弃耕作,好的商人不会因为卖价不高就停止买卖,说的正是这个道理啊。吴国有人在笼子里养猿猴十年之久,后来可怜它就把它放了,它连续两夜跑回来,那个人想:'送得不够远吗?'于是就把它抛弃到深山大谷里。猿猴长久待在笼子里而忘记它的习性,于是没有办法获得食物,哀鸣而死。所以古人害怕失业啊。"

多疑与侥幸

郁离子曰：多疑之人，不可与共事；侥幸之人，不可与定国。多疑之人，其心离，其败也，以扰；侥幸之人，其心汰，其败也，以忽。夫惟其多疑也，而后逢迎之夫集焉；惟其侥幸也，而后亡忌惮之夫集焉。逢迎之夫，道其猜而揜其明；亡忌惮之夫，盈其欺而厉其暴。然后益疑其所不当疑，而决其所不当决。败而后悔，奚及哉！

[译文]

郁离子说："多疑的人，不可同他谋事；侥幸的人，不可同他商定国家大事。多疑的人，他的心是离散的，他的失败是因为乱，各有各的心思；侥幸的人，他的心骄傲自大，他的失败是因为不重视。由于他多疑，阿谀奉承的人就会聚集在那；由于他侥幸，肆无忌惮的人就会聚集在那。阿谀奉承之徒，引导他去猜疑而掩盖了他的明智；肆无忌惮的人，增长了他的欺凌行为，加剧了他的暴力行为。到后来就更加怀疑那些不应当怀疑的事物，而决定那些不应当的事。失败了再后悔，哪里还来得及呢？"

天道第十一

近现代 徐悲鸿 双喜轴

天道

　　盗子问于郁离子曰："天道好善而恶恶，然乎？"曰："然。"曰："然则天下之生，善者宜多，而恶者宜少矣。今天下之飞者，乌鸢多而凤凰少，岂凤凰恶而乌鸢善乎？天下之走者，豺狼多而麒麟少，岂麒麟恶而豺狼善乎？天下之植者，荆棘多而稻粱少，岂稻粱恶而荆棘善乎？天下之火食而竖立者，奸宄多而仁义少，岂仁义恶而奸宄善乎？将人之所谓恶者，天以为善乎？人之所谓善者，天以为恶乎？抑天不能制物之命，而听从其自善恶乎？将善者可欺，恶者可畏，而天亦有所吐茹乎？自古至今，乱日常多，而治日常少；君子与小人争，则小人之胜常多，而君子之胜常少，何天道之好善恶恶而若是戾乎？"郁离子不对。

　　盗子退谓其徒曰："甚矣，君子之私于天也！而今也，辞穷于予矣。"

[译文]

　　盗子向郁离子询问道："天理喜欢好的而讨厌不好的，是这样吗？"郁离子说："是这样。"盗子说："既然这样，那么天下的生灵，好的就应当多而不好的就应当少。如今天下的飞禽，乌鸦多而凤凰少，难道是凤凰不好而乌鸦好吗？天下的走兽，豺狼多而麒麟少，难道是麒麟不好而豺狼好吗？天下的植物，荆棘多而稻粱少，难道是稻粱不好而荆棘好吗？天下用火烧东西吃并直立行走的人，邪恶狡诈、犯法作乱的多而仁义的少，难道是仁义的不好而恶人好吗？还是人们所认为不好的，天却认为是好的；人们认为是好的，而天却认为是不好的呢？或者上天不能主宰自然万物的命运，而听从它们自善自恶呢？认为好的可欺侮，不好的需要畏惧，那么天也是怕强欺弱吗？自古至今，纷乱的时间很多，而太平的日子很少；君子和小人的争论，往往小人取胜多，而君子取胜少。天道喜好好的而讨厌不好的，怎么如此违背呢？"郁离子不回答。

盗子退出对他的徒弟说："君子对天的偏爱太过分了，但今天他对我也理屈词穷了。"

夺物自用

郁离子曰：蚕吐丝而为茧，以自卫也，卒以烹其身；而其所以贾祸者，乃其所自作以自卫之物也。蚕亦愚矣哉！蚕不能自育，而托于人以育也。托人以育其生，则竭其力，戕其身，以为人用也弗过。人夺物之所自卫者为己用，又戕其生而弗恤，甚矣！而曰天生物以养人，人何厚，物何薄也！人能财成天地之道，辅相天地之宜，以育天下之物，则其夺诸物以自用也，亦弗过；不能财成天地之道，辅相天地之宜，蚩蚩焉与物同行，而曰天地之生物以养我也，则其获罪于天地也大矣！"

[译文]

郁离子说："蚕吐丝作茧是为了自卫，最终它的身躯被烹煮，然而蚕招致祸端的，竟是它自己制作出来用以自卫的丝茧。蚕也是很愚蠢的了！蚕不能自己抚育后代，就托给人来抚育，托人来抚育它的生命，就竭尽它的全力，不惜结束它的生命，认为人类怎么利用它们都不过分。人们夺取生物用来自卫的东西给自己使用，又杀害它的生命却不怜悯它，反而说天生万物就是用来养育人的。人的生命为什么重要，万物的生命为什么轻薄呢？人能成就天地之道，使天地处于自然和谐的状态，来养育天下的万物，那么他夺取万物来为自己享用，也不过分。如果人不能成就天地之道，使天地处于自然和谐的状态，无知地和万物一同行动，却说天地生万物就是用来养育他的，那么他所犯的罪在天地间也算大的了。"

东陵侯问卜

东陵侯既废,过司马季主而卜焉。

季主曰:"君侯何卜也?"东陵侯曰:"久卧者思起,久蛰者思启,久懑者思嚏。吾闻之:蓄极则泄,闷极则达,热极则风,壅极则通。一冬一春,靡屈不伸;一起一伏,无往不复。仆窃有疑,愿受教焉。"季主曰:"若是,则君侯已喻之矣,又何卜为?"东陵侯曰:"仆未究其奥也,愿先生卒教之。"

季主乃言曰:"呜呼!天道何亲?惟德之亲;鬼神何灵?因人而灵。夫蓍,枯草也;龟,枯骨也。物也。人灵于物者也,何不自听而听于物乎?且君侯何不思昔者也?有昔者,必有今日。是故碎瓦颓垣,昔日之歌楼舞馆也;荒榛断梗,昔日之琼蕤也;露蚕风蝉,昔日之凤笙龙笛也;鬼磷萤火,昔日之金釭华烛也;秋荼春荠,昔日之象白驼峰也;丹枫白荻,昔日之蜀锦齐纨也。昔日之所无,今日有之,不为过;昔日之所有,今日无之,不为不足。是故一昼一夜,华开者谢;一秋一春,物故者新。激湍之下,必有深潭;高丘之下,必有浚谷。君侯亦知之矣,何以卜为!"

[译文]

东陵侯的侯爵被废除,拜访司马季主并请其为己占卜。

季主说:"君侯占卜什么呢?"东陵侯说:"长久卧床的人想起来,长久蛰伏就想振作,长久烦闷就想抒发出来。我听说积储过多就要宣泄,关闭过紧就要畅达,炎热过头就要起风,拥塞过多就要疏通。一冬一春，无屈就不能伸；一起一伏，没有去就没有回。我私下心存疑虑，愿意接受你的指教。"季主说："如果这样，那么君侯已经明白了，为什么还要占卜？"东陵侯说："我没有探究到其中奥秘，愿先生指教。"

　　季主这才开口说："唉！天道亲近什么人？只和有德的人亲近，鬼神怎么灵验？靠着人才灵验。蓍草不过是枯草，龟甲不过是枯骨，都是物。人比万物灵敏聪明，为什么不听信自己的却要听信物呢？况且君侯为什么不回想从前的事？有从前必定有今天。所以如今破碎的瓦片、倒塌的墙壁，是从前的歌楼舞馆；如今的荒树断梗，是从前的玉花；如今野虫的鸣叫声，是从前悦耳的音乐；如今的鬼磷萤火，是从前的金质的灯盏、华美的烛台；如今普通的菜肴，是从前的美味佳肴；如今红的枫叶白的荻草，是从前的蜀锦齐绢。从前没有的，如今有了也不算过分；从前有的，如今没有，也不算不足。所以一昼一夜，花开花谢，一秋一春，旧物焕新。激流下面一定有深潭，高峻的山丘下面一定有深谷。君侯也知道它，为什么还要占卜呢？"

气与情

郁离子曰:气者,道之毒药也;情者,性之锋刃也。知其为毒药、锋刃而凭其行者,欲使之也。呜呼!天与人,神灵者也,而皆不能不为欲所使。使气与情得以逞其能,而性与道反随其所如往,造化至此,亦几乎穷矣。

[译文]

郁离子说:"意气犹如毒药,会毒害道义;情欲就像刀锋剑刃,会伤害人的本性。知道它们是毒药、锋刃却放纵意气、情欲,率性而为,是在欲望的驱使之下才这么做的。唉!天和人是神灵,但都不能不受欲望的驱使。假若意气与情欲能够展现它们的力量,而本性与道义反而不加克制,任其自流,自然界到了这种地步,也几乎是穷途末路,无可救药了。"

天道第十一

牧民

郁离子见披枯荷而履雪者,恻然而悲,涓然而泣之,沾其袖。

从者曰:"夫子奚为悲也?"郁离子曰:"吾悲若人之阽死而莫能恤也。"从者曰:"夫子之志则大矣,然非夫子之任也,夫子何悲焉?夫子过矣!"郁离子曰:"若不闻伊尹乎?伊尹者,古之圣人也。思天下有一夫不被其泽,则其心愧耻,若挞于市。彼人,我亦人也;彼能,而我不能,宁无悲乎?"从者曰:"若是,则夫子诚过矣。伊尹得汤而相之。汤以七十里之国为政于天下,有人民焉,有兵甲焉,而用之,执征伐之权,以为天下君,而伊尹为之师。故得志而弗为,伊尹耻之。今夫子羁旅也,伊尹之事,非夫子之任也。夫子何为而悲哉?且吾闻之:民,天之赤子也,死生休戚,天实司之。譬人之有牛羊,心诚爱之,则必为之求善牧矣。今天下之牧无能善者,夫子虽知牧,天弗使牧也,夫子虽悲之,若之何哉!"退而歌曰:"彼冈有桐兮,此泽有荷叶,不庇其根兮,嗟嗟奈何!"

郁离子归,绝口不谈世事。

[译文]

郁离子看见一个身披枯荷踩在雪里的人,悲痛地替他可悲,缓缓流出眼泪,沾湿了衣袖。

随从的人说:"你悲伤什么呢?"郁离子说:"我悲哀此人濒

临死亡却得不到抚恤。"随从的人说："夫子的志向远大，然而这不是你的责任，你为什么要悲伤呢？你有些过分了。"郁离子说："你没听说过伊尹的故事吗？伊尹是古代的圣人。他只要想到天下有一个人不蒙受他的恩泽，就感到惭愧羞耻，这种感觉好像在集市上被鞭打一样。他是人，我也是人，他能做到，而我却不能做到，我怎么能不悲伤呢？"随从的人说："倘若这样，那么夫子确实错了！伊尹得到成汤的赏识，而任命他为相，商汤凭方圆七十里的国家统治天下，有人民在那里，有兵甲在那里供他使用，掌握征伐大权，成为天下的君主，伊尹被封为军师。因此得志而无所作为，伊尹以之为耻辱。如今你寄居他乡，伊尹所做的事不是你的责任，你为什么还要悲伤呢？再者，我听说：民是天的赤子，死亡和生存，喜乐和忧愁，实际是上天主管。譬如人有牛羊，真心诚意爱护它，就必定替它寻求善于放牧的人。如今天下没有好的统治者，你虽然懂得对人民的统治之道，但上天又不让你统治，即使你为此悲伤，又能怎么样呢？"郁离子让随从退下并歌唱道："那个山冈上有桐树啊，这个水泽里有荷花，叶子不能庇护它的根啊，感慨又能怎么样呢？"

　　郁离子归去，闭口不谈世间的事。

天问

楚南公问于萧寥子云曰:"天有极乎?极之外,又何物也?天无极乎?凡有形,必有极,理也,势也。"萧寥子云曰:"六合之外,圣人不言。"

楚南公笑曰:"是圣人所不能知耳,而奚以不言也?故天之行,圣人以历纪之;天之象,圣人以器验之;天之数,圣人以算穷之;天之理,圣人以《易》究之。凡耳之所可听,目之所可视,心思之所可及者,圣人搜之,不使有毫忽之藏。而天之所闷,人无术以知之者惟此。今又不曰不知,而曰不言,是何好胜之甚也。"

[译文]

楚南公向萧寥子云问道:"天有边际吗?边际的外面又有什么东西?天没有边际吗?凡是有形的东西都必定有边际,这是本性,也是情势。"萧寥子云说:"天地四方,整个宇宙的巨大空间以外,圣人不谈论。"

楚南公笑着说:"这是圣人所不能知道的罢了,而何必用不谈论来搪塞。本来,天的运行,圣人用历法记载;天文、气象方面的现象,圣人用器具验明它;天的数值,圣人用算术来推算它;天的道理,圣人用《易经》推究它。凡是耳朵可以听到的地方,眼睛可以看到的地方,心可以想到的地方,圣人都在搜集它,不让它有细微的隐藏。而宇宙幽深之所在,人们无法了解它的只有这一点,如今你又不说不知道,却说不谈论,是什么原因使你好胜到这样!"

牧誓第十一

清 朱耷 水墨图

牧豭

项羽既自立为西楚霸王，都彭城。狙丘先生自齐之楚，牧豭请见，曰："先生曷之往？"先生曰："我将见楚王。"牧豭曰："先生布衣也，而见楚王，亦有说乎？"先生曰："楚王起草莱，为天下除秦暴，分封诸侯，而为盟主，我将劝之以仁义之道、帝皇之事。"牧豭曰："善哉先生之盛心也！其若楚国之勋旧何？"狙丘先生不悦，曰："小人亦有知乎！是非若所及也。"

牧豭曰："臣，牧豭者也。家贫无豭，而为人牧豭。豭蕃，则主人喜而厚其佣，不则反之。故臣之牧豭也，舒舒焉。诘朝而放之，使其蹢躅于丛灌之中，鼻粪壤而食腥秽，籍朽荟，负涂以游，则皆由由然不苦牧，而获主人之欢，以不后臣之佣。臣西家之子慕利而求其术，臣靳，欲专之，弗以告也。西家子不能蕃其豭，主人怪之，恒不足其佣。于是为豭作寝处焉，高其垣，洁其槽，旦而出之，日未入而收之，择草以食之，不使啖秽臭。豭弗得逸，则皆亡之野。主人怒而逐之。今楚国之休戚臣，皆豭也。豭得其志，则王喜；不得其志，则王不喜矣。遑恤乎其它？而先生欲使之易其心，以行子之道！幸而弗听，先生之福也；其或听焉，而不待其终，则先生之策未效，而先亡王豭，王必怒。昔者卫鞅以帝王之道说秦孝公，终日不入耳。及以伯术语之，曾未移时，不觉其膝之前，何哉？彼功利之君，鲜不务近而忽远。故非尧、禹，不可与言道德；非汤、武，不可与谋仁义。今楚王何如人哉？其所与立功业、计政事者，非适戍之刑徒，则杀人之亡命也。攘攘其心而炎炎其欲者也,而欲与之论道德,行仁义,是何异于被鹿麋以冠裳,而使与人同饮食哉?而王非此不可也,无乃抏先生之神,而无益于道乎?且先生之德不如仲尼,犹霄壤也。仲尼历聘诸侯,卒栖栖而无合,然后危于匡,困于宋,饿于陈、蔡之间,几不免焉。今楚王之威,非直孔子之时诸侯大夫比也。先生之行,臣窃惑焉。"

君子谓狙丘先生有救时之心,而不如牧豭之识事势也。

[译文]

项羽已经自立为西楚霸王,定都彭城。狙丘先生从齐国到楚国,放牧家猪的人请求拜见,说:"先生到哪里去?"狙丘先生说:"我将去拜见楚王。"牧猪的人说:"先生是平民百姓,却去拜见楚王,有什么主张吗?"先生说:"楚王起自民间,替天下除去秦国暴政,分封诸侯而做了盟主,我将用仁义之道劝说他,行帝王之事。"牧猪的人说:"先生的盛心太好了!又将如何处置楚国的那些元勋故旧呢?"狙丘先生不高兴地说:"小人也想懂这个道理吗?这不是你的智慧所能及的。"

牧猪的人说:"我是放猪的,家中贫困没有猪,就给人家放猪。猪繁殖了,主人就高兴并且多给工钱,否则相反。因此我放猪,十分安适,早晨去放,让它们在草丛灌木中逍遥自在地走动,让它们用鼻子拱粪土并吃腥秽的东西,踩踏着腐朽之物,遮掩在草木丛中,满身污泥地漫游,我却都是自得的样子,不感到放牧辛苦,并获得主人的欢心,他给我的佣金不会少。我西边邻居家的儿子贪慕利益就要求学放牧的方法,我吝惜而想专有它,不让别人掌握,没有把放牧的方法告诉他。西邻家的儿子不能让猪繁殖,主人责怪他,常常不给足他工钱。于是他就给猪修筑猪圈,把圈墙修得高高的,食槽冲刷得干干净净的,早晨把它们放出去,太阳未落就把它们赶回来,选择草喂它们,不让它们吃污臭的东西。猪得不到自由,就都逃散到野外。主人发怒就把他驱逐了。如今楚王的臣子都像猪一样。猪能得到它们的意愿,楚王就高兴,不能得它们的意愿,楚王就不高兴了。怎么会去顾及其他事情呢?但先生却想使他改变想法,实行你的主张,如果他不听,这是先生的福啊,他也许听了你的话,但不等到最后结果,你的办法还没有见效,就先使王的猪死去,楚王就必定发怒驱赶你。从前卫鞅曾经用帝王之道游说秦孝公,终日不得入耳,等到卫鞅把称霸的手段告诉他时,没过多久,秦孝公不知不觉双膝往前移,对'霸道'很感兴趣,这是为什么呢?那些有功利思想的国君,很少有不追求眼前利益、忽视长远利益的。所以不是像尧、禹这样的君王,不可和他言论道德;不是像汤、武这样的君王,不可同他共谋仁义。如今的楚霸王像什么样的人呢?那些和他共同建立功业、计议国政的人,不是谪戍的罪犯就是杀人的亡命之徒。他们都是一些内心纷乱、欲望强烈的人,而想要和他们论道德行仁义,这和给麋鹿披衣戴帽并让它们和人一起饮食有什么区别呢?而楚王又非这样做不可,那岂不是违抗先生的精神,对道义没有好处吗?况且先生的品德与仲尼相比,就像天地般相差悬殊啊。仲尼周游列国,最终忙忙碌碌却没有哪位君王采纳他的观点,他曾在匡这个地方被当地人拘禁,其后途经宋国,差一点被人杀害,后由陈国去蔡国途中,好几天没有粮食吃,差点饿死。现在楚王的威势,不能同孔子时的诸侯大夫相比。先生的行为,我从内心感到疑惑不解。"

君子认为:狙丘先生有挽救时务的心,但却不如放猪人知时势。

割瘿

夷门之瘿人，头没于胛，而瘿代为之元，口、目、鼻、耳俱不能为用。郓封人怜而为之割之。人曰："瘿不可割也。"弗听，卒割之，信宿而死。国人尤焉，辞曰："吾知去其害耳。今虽死，瘿亦亡矣。"国人掩口而退。

他日，有恶春申君之专者，欲言于楚王，使杀之。荀卿闻之，曰："是不亦割瘿之类乎？春申君之用楚，非一日矣。楚国之人，知有春申君而已。春申君去，则楚随之。是子又欲教王以割瘿也。"

[译文]

夷门有位长肿瘤的人，他的头埋在肩胛里，而肿瘤就代替了他的头，口、目、鼻、耳全都不能用了。有个在郓地守典封疆的官员可怜他，要帮他把肿瘤割去。人们说："脖子上的肿瘤不可以割。"他不听，终于把它割了，两夜后人就死了。国人责怪他，他借口说："我只知道割去了他的病害而已，如今他虽然死了，但肿瘤也消失了。"国人捂着嘴笑着退去。

另一天，有憎恶春申君专权的人，向楚王进言，要楚王把他杀掉。荀卿听闻这件事说："这样做不也和割肿瘤的做法是一样的吗？春申君在楚国被任用不是一天了，楚国的人们只知道有春申君，春申君被除掉，那么楚国也将跟着灭亡，你又想教楚王来割肿瘤啊。"

乌鹊之鸣

郁离子曰：乌鸣之不必有凶，鹊鸣之不必有庆，是人之所识也。今而有乌焉，日集人之庐以鸣，则其人虽恒喜，亦莫不恶之也；有鹊焉，日集人之庐以鸣，则其人虽恒忧，亦莫不悦之也。岂惟常人哉？虽哲士亦不能免矣，何哉？宁非以其声与？是故直言，人皆知其为忠，而不能卒不厌；谀言，人皆知其为邪，而不能卒不惑。故知直言之为药石，而有益于己，然后果于能听；知谀言之为疢疾，而有害于己，然后果于能不听。是皆怵于其身之利害而然也。是故善为忠者，必因其利害而道之；善为邪者，亦必因其利害而欺之。惟能灼见利害之实者，为能辨人言之忠与邪也。人欲求其心之惑，当于其闻乌鹊之鸣也识之。

[译文]

郁离子说："乌鸦叫不一定有凶祸，喜鹊叫不一定有吉庆，这是人们知道的。现在如果有乌鸦每日聚集在人们的屋顶上鸣叫，那么那个人就算平日乐观，也没有不厌恶它的；如果有喜鹊每日聚集在人们的房屋顶鸣叫，那么那个人就算经常忧虑，也没有不喜欢它的。难道只是平常人这样吗？是即使才能见识超越寻常的人也不能避免的，为什么呢？难道不是因为它们的声音吗？所以直率的话，人们都知道它是忠诚的，但最终不能不感到讨厌；谄媚奉承的话，人们都知道它是邪恶的，但最终不能不被迷惑。因此，知道直率的话是治病的药物和砭石，并对自己有益，然后才能够真正听得进去;知道谄媚奉承的话是疾病,并对自己有损害,然后才能够真正不听。这都是因为生怕影响到切身利害才会这样做的。所以喜欢忠言的人,一定是因为它的利害而宣扬它;喜欢谗言的人,必定是因为它的利害而欺骗它。只有能洞察利害实质的人,才能够辨别清楚人们言语的忠诚与邪恶。要知道一个人内心是否容易被迷惑,不妨从他对待乌鸦、喜鹊鸣叫的态度去识别。"

世事多变

郁离子与客泛于彭蠡之泽。风云不兴,白日朗照,平湖若砥,鱼虾之出殁皆见,皛如也,豁如也,左之右之,无不可者。客曰:"有是哉!泛之乐也!吾得托此以终其身焉,足矣!"已而山之云出如缕,不顷刻而翳日,风欻然,薄石而偃木,鼓穹嵁而雷九渊,轮旋而箕簸焉。客踳不能立,俯而哕,伏而不敢仰视,神逝魄夺如死,曰:"吾往矣,吾终身不敢复来矣!"

郁离子曰:"世事亦若是也。夫千乘之君,坐朝而临群臣,受言接词,鲜不温温然。一朝而怒,莫敢婴其锋,其何以异于水乎?天下之久安也,人恬不知患,谓之傲,不信,而死亡于梦寐者亡限也。无亦知泛之乐,而不知风之可畏乎?慎兢观于吕梁,见其触石而煦沫也,曳足而走,曰:'吾何为冒是哉!'没齿而不涉。君子以为知畏,其贤于海贾远矣。故三峡之惊湍,望而知其能覆舟也,而蹈之以死者,不有其生者也。知泛之乐,而不知风之可畏者,未尝夫险者也。故曰:'暴虎冯河,死而无悔者,圣人不与也。'言其知祸而弗避也。"

[译文]

郁离子和游客泛舟于彭蠡泽,无风无云,阳光朗照,平静的湖面如同磨刀石一般平滑,水中鱼虾出没都能看得见,皎洁明亮,十分开阔,左右两边没有不能看到的景物。游客说:"有这样的美影,是泛舟的乐趣啊!如果我能得到这样的享受并终尽一生，我就满足了！"过了一会儿，山中的白云缕缕飞出，很快遮蔽了太阳，狂风迅疾，翻转石头，刮倒树木，深谷有如鼓鸣而深渊有如雷震，船像车轮般打旋，像簸箕般颠簸起伏。游客们站立不稳，俯下身呕吐，趴着不敢抬头看，被吓得魂飞魄散好像死了的样子，说："我快要死了！我这辈子再也不敢来了！"

　　郁离子说："人世间的事也像这样。千乘之国的国君，坐在朝堂上而下临群臣，受言接词，很少不是温和的样子。一旦发怒，没有人敢触犯君王盛怒之下的威严，那和这翻腾的湖水相比有什么不同呢？天下长久安定，人们安然不知担忧，告诉他警备，他不相信，死亡不会对不清醒的人宽容，不也是因为只知道泛舟的快乐而不知道狂风的可怕所致吗？慎兢前去观看吕梁的洪水，看见洪水冲击着巨石，水沫四溅，抬腿就跑，说：'我为何要冒这样的危险呢？'一辈子都不敢涉足。君予认为他知风险，他的才能比起海上的商人差远了。因此长江三峡的惊涛湍流，一看就知道它能翻船，冒死跳到水中的人，没有谁能活着。只知道泛舟的快乐而不知道狂风可怕的人，是属于那种没有经历过危险的人。所以孔子说'赤手空拳和老虎搏斗，不用船只去渡河，这样死了都不后悔的人，我是不会赞许的。'这说的就是那些知道危险但是不避开的人。"

食鯸鲐

司城子之圉人之子食鯸鲐而死,弗哭。

司城子问之曰:"父与子有爱乎?"曰:"何为其无爱也?"司城子曰:"然则尔之子死而弗哭,何也?"对曰:"臣闻之,死生有命,知命者不苟死。鯸鲐,毒鱼也,食之者死,夫人莫不知也,而必食以死,是为口腹而轻其生,非人子也,是以弗哭。"

司城子愀然叹曰:"好贿之毒,其犹食鯸鲐乎!今之役役者,无非口腹之徒也,而不知圉人之弗子也,甚矣!"

[译文]

司城子手下有位马官的儿子因吃河豚而被毒死,马官却不哭。

司城子问他说:"父亲对儿子有爱吗?"马官说:"为什么没有爱呢?"司城子说:"既然这样,你的儿子死了而你却不哭,这是为什么呢?"马官回答说:"我听闻:死生有命,知命的不会草率地死去。河豚是有毒的鱼,吃了它的人就要死,那是没有人不知的,但一定要吃并因为它而死,这是为了口腹之欲而轻视自己的生命,这样的人不是我的儿子,所以不哭。"

司城子忧愁地叹息道:"喜好财物的毒害心,不是就像吃河豚一样吗?如今那些四处奔波的人,无非是一些口腹之徒啊,但他们不知道马官为何不以其子为子,太可悲了!"

说秦

瑕丘子既说秦王,归而有矜色。谓慎子曰:"人皆谓秦王如虎,不可触也,今仆已摩其须,拍其肩矣。"

慎子曰:"善哉!先生天下之独步也!然吾尝闻,赤城之山有石梁五仞,径尺而龟背,其下维千丈之谷,县泉沃之,湿藓被焉,无藤萝以为援也。有野人负薪而越之,不留趾而达,观者皆喑喑。或谓之曰:'是石梁也,人不能越,惟若能越之,得匪有仙骨乎?'使还而复之。其人立而睨之,则足摇而不能举,目运而不敢瞩。今子之说秦王,是未睹夫石梁之险者也。是故过瞿唐而不栗者,未尝惊于水者也;视狴犴而不惴者,未尝中于法者也。使先生而再三之,则亦无辞以教仆矣。"

[译文]

瑕丘子向秦王游说,回来后露出骄傲的神情,对慎子说:"人们都说秦王像老虎一样,不可靠近,今天我却已经摸了他的胡须,拍了他的肩膀了。"

慎子说:"好啊!先生是天下独一无二的!然而我曾经听闻,赤城山上有一座石梁高五仞,石梁的直径只有一尺而其中间隆起如龟的背部,石梁之下乃千丈深谷,飞泉浇灌着它,潮湿的苔藓覆盖着它,也没有藤萝可用来攀援。有个山野里的人背着柴能越过它,不留趾印地走过去,看见的人都赞叹。有的人对他说:'这座石梁人们都不能通过,只有你能越过它,该不会是得道成仙了吧？'让他回去时再从石梁上走一次，那个人站着斜视石梁，却摇动着脚不能抬起，看向远方不敢注视。如今你劝说了秦王，这是因为没有目睹石梁艰险的原因啊。所以经过瞿塘峡而不感到恐惧的人，是因为未曾经历过江水惊险；面对牢狱而不感到害怕的人，是因为从没有遭受过刑法的制裁！倘使先生再三游说秦王，那么也就没有话对我说了。"

刍豢乘马

刍豢之市，见市子之骑而都也，慕之。顾无所得马，归而惋形于色。一夕，乃梦骑，乐甚。寤而与其友言之。其友怜而与俱适市，僦马与之，骑以如陌。马见青而风嘶而驰，駓然而骧，鳖然而若凫。刍豢抱鞍而号，旋于马腹之下，马跃而过之，头入于泥尺有咫。其友驰救之，免。归乃谓其子曰："知命者有大戒，惟慎无乘马而已。"

[译文]

刍豢到了集市上，看到城镇里的青年骑着马的样子很潇洒，很羡慕他们。想到自己无处得到马，回到家后面露惋惜的神色。一天夜晚，他做梦骑马，非常快乐，醒后和朋友说了梦中的快乐。他的朋友怜爱他，就和他一起到了市集，租了一匹马给他，他骑上马奔向田间小路。马一见到青草就放开蹄子嘶鸣着奔跑起来，马匹强壮，马首高昂，扭动身躯的样子像野鸭。刍豢抱着马鞍惊叫，被悬挂在马肚下，马跳跃着飞过他，他的头陷入泥里有一尺八寸深。他的朋友飞跑过去抢救他，他才免于一死。他回到家就对儿子说："知命的人有大戒，只要小心不骑马就可以了。"

激不激

郁离子曰：石激水，山激风，法激奸，吏激民，言激戎，直激暴，天下之纷纷生于激。是故小人之作乱也，由其操之急，抑之甚，而使之东西南北无所容也。故进则死，退则死，进退无所逃也，则安得不避其急而趋其缓也哉！

夫人之有欲，如婴儿之欲乳也。吾力不足以遏之，而又不能舒徐以开之，委曲以道之，乃欲以一介之微，挫其锋于顷刻，是何异乎以唾灭火，以瓠捍刃也哉！圣人知其无益也，故曰："人而不仁，疾之已甚，乱也。"及其见阳虎也，则应之，曰："诺，吾将仕矣。"而不与之争也。陈恒弑其君，告夫三子，不可，则曰："以吾从大夫之后，不敢不告也。"而不与之辩也。夫如是，何激之有哉？是故鲧堙洪水，禹乃导而疏之，然后地平，天成之功不在鲧而在禹，何也？激不激之谓也。

[译文]

郁离子说："岩石激起水，山阴激起狂风，法律激起奸邪，官吏激起百姓，言辞激起战争，公正激起暴虐，天下乱糟糟都从事物因受阻而引起的激变中产生。所以小人作乱，是由于操控得太严。抑制得过甚，就使得他东西南北无处容身，因此前进就死，后退也死，进退无处逃避，怎么能不避开危急的而趋向和缓的呢？人们有欲望就像婴儿想吃奶一样，我的力量不能够阻止他，也不能从容不迫地、委婉详尽地开导他，却想用一点力量在片刻之间挫败其锐势，这和用唾沫灭火，用瓠瓜来抵挡刀刃有什么不同呢？圣人知道那样做没有好处，所以说：'对于不仁的人，痛恨太甚，也是一种祸害。'到他遇见阳虎的时候，就应付他说：'好吧，我打算做官了。'而不同他抗争。陈恒要杀掉他的国君，告诉了三位主政者，他们不同意，他就说：'我好歹是大夫，不敢不报告。'却不同他们争辩。那如果像这样做还有什么激化的后果呢？所以鲧用堵塞之法治理洪水，没有成功，禹却引导而疏通它，到后来巨大的功劳不在于鲧而在于禹，这是为什么呢？这就是鲧以堵塞之法治理洪水，谓之激；禹以疏导之法治理洪水，谓之不激的道理。"

楚巫

楚俗尚鬼。鬼实弗神也，而其巫谋神之。乃阴构于邑侠，请以其利共。邑侠以其情通于国侠，故得悉闻有司之事与讼狱之胜负，验如响。有不用巫言，则事之已右者必左，已左者必右。于是楚人之奉巫过于奉王令，宁违王禁，而不敢违巫言。

王闻之，怒。命司马戮巫而焚其祠。国人大噪，相与为讹言。于是楚旱，民皆以咎王，群小巫并起为谨，遍国中皆称鬼。王与令尹谋尽杀巫，以问熊蛰父。熊蛰父曰："是激也，未可。夫民愚而溺于祸福，彼方兴用鬼，而吾骤遏之，未竟其所望，而谓吾怫其情，必怨。夫怨，起于微而积者也。十家之邑，一日不能户无事，而况楚国乎？有事莫不诿诸鬼，则莫不倚鬼，以尤王，其奚以御之？不如因而亢之。小人能诪祸而不避亢，亢而后昭其诈，则不户说而喻，然后明正其法，莫敢违矣。"

乃命群巫推一大巫以主鬼，而复其祠，国有事，亦请焉。而大选县公，平庶狱，宽征役，绝请谒，黜贪墨，国、邑之侠皆屏迹。巫言多不中，民始懈。会鄀有西师，王集其国老以祈巫，巫不得先闻，而失其辞。王以诘国老，国老愕，弗能对。乃尸巫而爇鬼，无一人敢复言鬼。

[译文]

楚国的习俗崇信鬼，实际上鬼并不灵验，而是那些巫师设法让鬼"显灵"。那些巫师同县城中游手好闲、作奸犯科、恃勇好斗的人暗中结交，商定共享所获之利。邑侠把那情况向国侠通报，因此巫师能够详细地听到有关官府的事和诉讼的内情，巫师说的话非常应验，有如回声一般。如果有人不相信巫师的话，那么本该很顺利的事一定会变得不顺，应该不顺利的事情却变得很顺利。于是楚国人信奉巫师远远超过了信奉楚王的命令，宁肯违背楚王的禁令，也不敢违背巫师的话。

楚王听了这个消息非常气愤，命令司马杀戮巫师并焚烧那些庙祠。国人大吵大嚷，相互编造谣言。在这时楚国发生了旱灾，楚国人都以灾祸责怪楚王，成群的小巫师并起喧闹，全国各地都在称颂鬼。楚王同令尹谋划要杀尽巫师，就去请教熊蛰父。熊蛰父说："这样做是阻遏民意，激起民愤，不可这样做。老百姓愚昧而沉迷在祸福之中，他们正时兴信奉鬼，而我们突然加以阻止，未达到他们所希望的，他们就会说我们违背他们的心愿，必定怨恨。怨恨是由小到大而聚积起来的，十家的乡邑，都不可能一天家家无事，更何况整个楚国呢？有了事没有不委托给鬼的，那么就没有不依赖鬼来指责楚王的了，用什么来抵挡它呢？不如顺着放任他们的心意。那些见识浅陋的人虽然会信口胡说，制造祸端，但对朝廷放任民间'尚鬼'之风，不仅不予禁止，反而更加神化鬼的作用，是不会有心理防范的，用这种放任又显扬其奸诈的方法，能使巫师的骗术暴露得更加充分，那样就不用一家一户地说服才让人明白，也没有人敢再违抗了。"

于是楚王命令群巫推举出一个大巫师来主管祭鬼，并恢复了他们的堂祠，国家有事也到那里去请教，并且认真先用县里的差役，公正判案，放宽赋税徭役，杜绝走关系，罢免贪官污吏，国邑和乡邑的侠客都绝迹，巫师的话也大多与事实不符了，百姓开始不再那么相信鬼了。恰逢西部边有敌师入侵，楚王召集那些京城中年老之人向巫师祈祷占卜，巫师不能预先听闻，因而言辞失实，楚王责问老人，老人惊愕，不能回答。于是楚王处死巫师，烧掉鬼偶，没有一个人敢再宣扬鬼了。

近现代　齐白石　鼠

公孙无人第十三

近现代 陈少梅 人物图(局部)

公孙无人

柳下惠之弟跖盗于鲁,鲁人患之。公孙无人谓展季曰:"舜父瞽瞍而弟象,舜克谐以孝,烝烝乂,不格奸,有诸?"展季恻然,无以应。

明日而之盗跖。盗跖环甲兵以自卫,揖其兄以入,还而坐,扬扬然问曰:"圣人之聚人有道乎?"展季曰:"有。"请问之,曰:"太上以德,其次以政,其下以财。德久则怀,政弛则散,财尽则离。故德者,主也;政者,佐也;财者,使也。致君子莫如德,致小人莫如财,可以君子,可以小人,则道之以政,引其善而遏其恶。圣人兼此三者,而弗颠其本末,则天下之民无不聚矣。"盗跖怫然曰:"我之聚人也,异于是。驱之以白刃,溃之以赤血,从我者与之,其不从我者屠之,焚烧其室庐,芟薙其妻孥,芜其土田,割其爱恩,断绝其顾念,使之不夺不食,舍我奚适。吾将以是横行于天下,而非若长者之迂也。"

展季哑然而返,曰:"始吾谓人无不肖,皆异于禽兽,由今观之,殆不若矣。"遂隐于柳下,而别其族曰柳下氏。

[译文]

柳下惠的弟弟跖在鲁国起义,鲁国人将他视为祸患。公孙无人对展季说:"舜的父亲名字叫瞽瞍,舜的弟弟名字叫象,舜面对父顽、母嚚、弟傲,能以孝悌之道和谐家庭,使他们不断地进德从善,不至于奸恶。有这回事吗?"展季悲伤得无言以对。

第二天，展季到跖处，跖身环甲兵以自卫，拱手为礼让兄长入内，他很快就坐下，洋洋得意地问道："圣人要把天下之人聚集到自己周围，有办法吗？"展季说："有。"跖便向他请教，展季说："最好的办法是用德，其次是用政，最下等是用钱财。长期施恩德就可以使人归服，政治松弛就使人涣散，钱财用尽了就使人背离。所以德为主要，政为辅佐，财为手段。招引君子没有比用德更好的办法了，招引小人没有比用钱财更好的了，既可对君子也可对小人，就是用政治引导他们，引导他们向善而阻止他们作恶。圣人兼用这三样而又不颠倒它们的本末关系，因此天下的百姓没有不能聚集的了。"跖愤怒地说："我聚集人和你说的不同，我用刀刃驱赶他们，用赤血渍染他们。服从我的人就给予好处，不顺从我的人就杀掉，焚烧他们的房屋，把他们的妻子儿女全杀掉，使他们的田地荒芜，割断他们的恩爱之情，断绝他们的顾念，使得他们不抢夺就没有饭吃，离开我还能到哪里去呢？我将以此横行于天下，而不像长者你那样迂腐啊。"

展季哑口无言，返回说："我原先说人无论贤与不贤，都和禽兽不同，从今天看来，大概不是这样吧。"于是展季隐居在柳下，另立门户分出了他的家族，叫"柳下氏"。

楚人养猴

　　楚人养猴，衣之衣而教之舞，规旋矩折，应律合节。巴童观而妒之，耻己之不如也，思所以败之，乃袖茅栗以往。筵张而猴出，众宾凝眝，左右皆蹈节。巴童怡然挥袖，而出其茅栗，掷之地。猴褫衣而争之，翻壶而倒案，楚人呵之不能禁，大沮。

　　郁离子曰："今之以不制之师战者，蠢然而蚁集，见物则争趋之，其何异于猴哉！"

[译文]

　　有一个楚人驯养了一群猴子，给它们穿上衣服并教它们跳舞，猴子跳得中规中矩，符合音律和节奏。巴地的童子看到并心生妒忌，羞耻于自己竟不如猴子，便想办法要让它们的表演失败，他在袖里藏着茅栗子去观看猴子表演。宴席开始，猴子出来，观众凝视，左右两行的猴子都用脚打着拍子，那个巴地的童子不动声色地挥袖扔出了茅栗子，投掷到地上，猴子剥去衣服上前争抢，闹得壶翻案倒，楚人呵斥它们也不能禁止，非常沮丧。

　　郁离子说："当今用不受制约的军队作战，就像蚂蚁似的蠢蠢地汇集，见到财物就争先恐后地去抢夺，他们和猴子有什么不同呢！"

良心

郁离子曰：人莫不亲其父母也，而弗思他人之亦各亲其父母也；莫不爱子也，而弗思他人之亦各爱其子也，故有杀人之父母与子而不顾者。及其父母与子之死，则不堪其悲，是其良心之未亡，犹可道而之善也。人有不能孝于父母而钟爱其子者，不思父母之于己，亦犹己之于子也，是其良心虽亡，而犹有存者，亦未至于不可道而之善也。

是故圣人立教，因其善端而道之，使之引而伸之，触类而长之，侯以明之，挞以记之，格则承之庸之，否则威之。生之者天地父母，而成之者君师也。不然名虽曰人，与禽兽何别焉！

[译文]

郁离子说："人没有不亲近自己的父母的，但却不考虑别人也都各自亲近自己的父母啊；人没有不爱自己的子女的，但却不考虑别人也都各自爱自己的子女啊。因此有杀害了人家的父母和子女都不顾惜的人。等到他的父母和子女死了，却不堪忍受悲伤，这是他的良心还没有完全丧失，还可以引导他们向善。有对父母不能孝敬但却钟爱自己子女的人，不考虑父母对待自己也像自己对待子女一样，这样他的良心虽然丧失，但还存在善良的一面，也还没到无法引导他们向善的地步。

"所以圣人进行教育，顺着善的起始加以引导，使他延伸开来，由对某一类人的善推广到对其他人的善，不按规定则视为越礼，打上烙印使其牢记，纠正了就接受他任用他，如果不能纠正就用威势让他服从。生育他们的是天地父母，而使他们成才的是君主和教师。不然的话，名义上虽然叫作人，实际上与禽兽有什么区别呢？"

饮漆毒水

熊蛰父谓子离曰:"今有病渴而刺漆汁以饮之,可乎?"曰:"不可。""育鱼于池而患獭,则毒其水,可乎?"曰:"不可。"

曰:"然则子之王亦未之思也甚矣。王患民赋之不均也,而用司马发。司马发极人力之所至,务尽收以为功,见利而不见民。民入不足以为出,老弱饿殍,田野荒虚,而王未之闻也。王患敌寇之未弭也,而用乐和。乐和悦士卒以剽掠,见兵而不见民,民视之犹虎狼,所过妻孥不保,而王未之知也。是何异乎刺漆汁以止渴,毒池水以禁獭哉?王如不寤,吾恐民非民,而国非王国矣。"

[译文]

熊蛰父对子离说:"现在有人渴得厉害,就划漆汁来给他喝,可以吗?"子离说:"不可以。"熊蛰父又说:"在水池中养鱼而遭受水獭的危害,就往水池里投毒,可以吗?"子离说:"不可以。"

熊蛰父说:"既然如此,你的君王也太不爱动脑思考了。君王担心百姓赋税不平均就用司马发,司马发的赋税额达到了人力的最大限度,想要收尽天下财物作为自己的功劳,只关注利益而不见百姓,百姓入不敷出,年老体弱的人都饿死了,田野荒废虚空,而君王却没有听说这些情况。君王担忧敌寇的祸患还未消除,而用乐和。乐和纵容士兵剽窃掠夺百姓的财物,只见士兵而不见百姓。百姓把他们视作虎狼,他们所到之处,百姓的妻子儿女不保,而君主却不知道这些情况。这和划漆汁来解渴,向鱼池投毒来禁水獭有什么不同呢?君王如果不醒悟,我怕百姓不是大王的民,而国家也不是大王的国家了。"

石羊先生自叹

石羊先生倚楹而叹曰:"呜呼!予何为其生乎!人皆娭娭,我独离离;人皆养养,我独罔罔。谓天之弃之乎,则比人为有知;谓天之顾之乎,则何为使予生于此时?时乎命乎,我独于罹;东乎西乎,南乎北乎,吾安所归?独不如鱼与鳖乎,潜居于坻;又不如鸿与雁乎,插羽而飞。何不使之为土为石乎,而强生以四肢?又何不使之冥冥木木,不知痛痒以保其真乎?而予之以致寇之货,陷之以不测之机。"

于是,悲风振天,四野凄凉,浮云不行。霰雪交零,日月为之无光七日。

[译文]

石羊先生斜靠着柱子而感叹道:"唉!我为什么要活在人世间呢?人们都和乐满满,而我却独自忧伤;人们都快乐无忧,而我独自心神不定,是上天抛弃我吗?与他人比较,我还算是个聪明之人,是上天眷顾我吗?但是为什么让我生在这个时候?难道这是命运吗?让我独自忍受苦难。东方、西方、南方、北方,我的归处在哪里?我难道不如那些鱼和鳖,潜居在水中陆地;又不如鸿和雁,可以插翅而飞。怎么不让我化作土石,却硬要长出四肢?又怎么不让我糊里糊涂,痴痴呆呆,不知痛痒,以保留我的本性?给我清醒的头脑和不愿与世浮沉的品格,因而成为小人迫害的对象,让我陷入难以预料的情境。"

于是悲风震天,四野凄凉,浮云不行,雪花飘飞,日月为此七日无光。

近现代 齐白石 鱼虾

小人犹膏

郁离子曰：小人其犹膏乎？观其皎而泽，莹而媚，若可亲也，忽然染之，则腻不可濯矣。故小人之未得志也，尾尾焉；一朝而得志也，岸岸焉。尾尾以求之，岸岸以居之。见乎声，形于色，欲人之知也如弗及。是故君子疾夫尾尾者。

[译文]

郁离子说："心术不正的人不就像油脂一样吗？看他外表洁白而润泽，晶莹而美好，容貌可亲，忽然沾染上，就是一身油腻不可清洗。因此小人在还没有得志时，说话言词动听，一旦当他得志了，就变得傲慢。说话言辞动听地乞求别人，还是高傲地以此自居，这从他的声音中就能听出，在他的神色上就有表现，他想让人知道谁都不如他。所以君子憎恶那些说话言辞动听的小人。"

鹰化为鸠

岐山之鹰既化为鸠，羽毛爪觜皆鸠矣。飞翔于林木之间，见群羽族之瘛（zōng）然集也，趯（yuè）然忘其身之为鸠也，虺然而鹰鸣焉，群鸟皆翕伏。久之，有乌翳薄而窥之，见其爪觜羽毛皆鸠，而非鹰也，则出而噪之。鸠仓皇无所措，欲斗，则爪与觜皆无用，乃竦身入于灌。乌呼其朋而逐之，大困。

郁离子曰："鹰，天下之鸷也，而化为鸠，则既失所恃矣，又鸣以取困。是以哲士安受命而大含忍也。"

[译文]

岷山的老鹰变成了斑鸠，羽毛、爪子和鸟嘴都像鸠一样了。它飞翔在树林之间，看见鸟类们张翅翻飞，边走边看，竟忘了自己是鸠了，它突然发出鹰的鸣叫声，群鸟听到鹰的叫声，身子都蜷缩成一团。很久之后，有乌鸦隐蔽靠近而窥探它，只见它的爪子、嘴和羽毛都像鸠而不是鹰，就出来对着它鸣叫，鸠仓皇不知所措，想搏斗，但爪子和嘴全都无用了，就纵身一跳钻入灌木丛中。乌鸦呼唤它的同伙就追赶它，鸠陷入困境。

郁离子说："鹰是天下凶猛的鸟，而化为鸠，便已经失去了它所依仗的技能了，却因鸣叫而使自己陷入困境，因此有识之士安于命运的安排而能容忍。"

城莒

莒比离公城莒视绛都。正舆大夫谏曰："晋，天下之大国也，而作绛都，三年然后成，民犹弗堪，而况于莒乎！蕞尔国于晋不百一，以一企百，何异乎以羔服象乘乎？且城成而与守者，民也。悉莒国之人，不直晋一邑，而矧敢视绛。苟有事焉，民集于一隅，三则否矣。"乃损而参之，尽役其老幼，五年而不毕。楚师伐之，民不战而溃。

君子谓莒比离公之智不如蚁。蚁计其徒之多寡以作室，有戒则徙，徙各执其事，有蚳（chí）者负其蚳，无相尤也。今为国而不量其力，不丧何待！

[译文]

莒比离公比照晋国国都绛修筑莒国国都的城墙，正舆大夫谏言说："晋国是天下的大国，而修建绛都用了三年的时间才修成，百姓不堪忍受，更何况在小小的莒地呢？莒国是个小国家，与晋国相比，还不到百分之一，用一攀比一百，这和用羔羊来拉原本应是大象拉的车子有什么不同呢？况且城修成了，而守卫它的是百姓，全莒国的人都用上也抵不上晋国一个城的人多，何况是效法绛都。如果有战事，百姓只够集中在城的一面，其他三面就没有人可防守了。"莒比离公就把城墙的规格缩小到原来的三分之一，老幼残疾全部被征集服劳役，修了五年还未完工。楚国出兵讨伐它，百姓不战就溃败了。

君子说莒比离公的智慧还不蚂蚁。蚂蚁都知道计算它的同伙有多少而筑穴,有警报就迁移,迁移时各做各的事,有蚁卵的就背着它的卵前行,各司其职,各尽其力,该自己做的事就自己做。如今离公建设国家却不估量自己的能力,不丧亡还等待什么呢?

寡悔

郁离子曰：食主于疗饥，其功在饱，而甘旨不与焉；衣主于御寒，其功在暖，而华饰不与焉。饱、暖，主也；甘旨、华饰，客也。言，文而不信，行，诡而不实，是专事为客而亡其主也，是犹构九成之楼而以竹柱也。呜呼！人之于事也，能辨识其何者为主，何者为客，而不失其权度，则亦庶几乎寡悔矣夫。

[译文]

郁离子说："吃饭的主要目的在于解除饥饿，它的作用是能饱肚，而味道好坏是其次；穿衣的主要目的在于御寒，它的作用是能保暖，服饰的华丽与否是其次。饱肚、保暖是主要的，味道好、华丽是次要的。言语华丽而不真实，行为欺诈而不诚实，这就是专门讲究次要的而丢掉了主要的做法，这就好像建构高楼而用竹子当支柱一样。唉！人在做事的时候，如果能分清什么是主要的，什么是次要的，能够准确地衡量主次轻重，大概可以后悔的事情就少了吧！"

晚成

  屠龙子失马而治厩。人曰:"晚矣"。屠龙子曰:"折肱而学医,未晚也。昔者,齐桓、晋文公皆先丧其国而后归为五伯;越王勾践栖于会稽,而后灭夫差,作诸侯长;知武子因于楚,而后归相晋侯,光复先君之业;孙子刖足,而后为大国师,破军斩将,威动天下;伍子胥丧家出奔,而后入郢,复其父兄之仇;范雎折胁拉齿,弃于箦中,而后相秦,斩魏齐。此三君四大夫者,方其逃奔困厄之际,孰不谓其当与枯荄落叶同腐土壤?而一旦光辉焕赫,使人仰之如日星之在上。向使其甘于危亡而自暴也,则亦已矣。故七月之旱,禾不生矣,犹可芟而望其穑,若以为晚而遂弃之,田卒荒矣。"

  数月而马归,人服其识。

[译文]

  屠龙子丢失了马以后才修理马棚,人们说:"晚了。"屠龙子说:"折了臂之后再而学医也不晚。从前齐桓公、晋文公都是先丧亡了国,而后归国又成为五霸;越王勾践栖息于会稽山,而后来灭了吴王夫差,成为诸侯盟主;知武子被楚国囚禁,而后来回国做了晋国的相侯,光复了先王大业;孙膑被砍去了双腿,而后来成为大军师,破敌斩将,威震天下;伍子胥丧家出逃,而后来到了郢,为他的父兄报了仇;范雎被打得胁断齿落,被用竹席卷起弃置茅厕中,之后被人救出,入秦为丞相,灭了魏齐,报仇雪恨。这三个君王四个大夫，当他们逃奔困厄的时候，谁不说他们应当和枯草落叶一起腐烂在土壤中；然而一旦光辉，焕然显赫，使人们仰视他们就像对天上的日月星辰一样。假如他们甘于危亡而自己糟蹋自己，也就完了。所以七月的干旱，使得禾苗不生长了，仍然可以割除杂草，期望谷物不种自生；倘若认为晚了就放弃它，那么田地最后就荒芜了。"

数月后，屠龙子的马跑了回来，人们都佩服他的远见卓识。

盼子说齐宣王

齐宣王与盼子游于囿,出鸟兽鱼鳖而观之。见其驯狎而不惊也,洋洋然有喜色。

盼子问曰:"王何以能使之若是哉?"王曰:"吾惟其性之欲而弗逆焉耳。"盼子曰:"王必以山林处其狐狸、猴猿,沼处其鱼鳖,而泽处其鸿雁乎?"王曰:"然。"盼子曰:"王必以肉饱其虎豹,果饱其猴猿,稻粱饱其鸿雁,鸡鹜饱其狐狸乎?"王曰:"固然"。盼子曰:"使虎豹一日无肉,猴猿一日无果,鸿雁一日无稻粱,狐狸一日无鸡鹜,则王能安之乎?"王曰:"不能也。""今欲以泽沼处虎豹、狐狸、猴猿,而山林处鸿雁、鱼鳖,则王能驯之乎?"王曰:"不能也。"曰:"然则王之所以处鸟兽、鱼鳖,无不得其所矣,彼必感王之德,而知所以报王矣。今济与洸斗,河、济、洸、泗同溢,民庶流离,无人以拯之,臣请举豹;三晋合兵伐我,侵车东至阿,无人以御之,臣请举虎;瀛博之间海溢,水冒于城郭,无人以疏之,臣请举鳖;四郊多垒,烽火不绝,狗偷鼠窃,乘时而兴,无人以治之,臣请举狐;戎卒相持,千里馈饷,禾黍不登,仓廪空竭,无人以理之,臣请举雁;礼典违阙,纪法失守,敌国使至,无人以应之,臣请举猴;忠信不孚,民隐其情,断狱多辟,无人以明之,臣请举猿;力本无赀,草莱滋蔓,田野荒芜,无人以辟之,臣请举狸。而王可以坐镇齐国矣。"王勃然色变。

盼子曰:"王无怪也。臣以为,王不惜桑麻之地以为山林沼泽;不惜人食,以养禽兽者为其足以承王之任使也。今皆不可,则必于人乎取之。而王之待士，未见有惟其性之欲而弗逆者也，未见有处之必以其处，而食之必以其食者也，则王之所重轻，人知之矣。而又欲绳之以王之徽纆，范之以王之矩度，强之以其所不能，迫之以其所不愿，则任王之事者，非图餔啜，则有所不得已焉耳。而欲望其悉心竭力，与王共治齐国，是何异乎筑枯篝以防水，钻朽木以取火哉？"

于是宣王豁然大寤，投案而起，下令放禽兽，开沼泽，与民共之。礼四方之贤士，立盼子以为相。齐国大强，秦楚致伯，盼子之力也。

[译文]

齐宣王同盼子一起前往苑囿游玩，放出鸟兽鱼鳖让他观赏。见它们被驯服得可亲不怕人，齐宣王洋洋自得，露出喜悦的神色。

盼子问道："大王用什么办法把它们驯服成这样的呢？"齐宣王说："我只是尽量满足它们的性情爱好而不违背罢了。"盼子说："大王想必是把狐狸、猴猿放在山林里，鱼鳖放在沼泽里，鸿雁放在有湖泽的地方吧？"宣王说："是这样。"盼子又说："大王想必是用肉喂饱虎豹，用果实喂饱猴猿，用稻粱喂饱鸿雁，用鸡鸭喂饱狐狸吧？"宣王说："确实如此。"盼子说："倘若虎豹一天不吃肉，猴猿一天不吃果子，鸿雁一天不吃稻粱，狐狸一天不吃鸡鸭，那么大王对它们能放心吗？"宣王说："不能。""现在要是把虎豹、狐狸、猴猿放在泽沼里，而把鸿雁、鱼鳖放在山林里，那么大王能把它们驯服吗？"宣王说："不能啊。"盼子说："大王这样做就使得鸟兽鱼鳖没有一个不得到它们所适宜的环境，它们必然感激大王的恩德，而知道该怎么报答大王了。现在济水和洮水相互冲击，黄河、济水、洮水、泗水同时洪水泛滥，百姓四处流浪，无以为家，没有人拯救他们，请允许我举荐豹；三晋合兵攻打我们，入侵的军队向东已经打到阿地，没有人抵御他们，请允许我举荐老虎；瀛州和博州之间因为海啸，海水冒到了城郭，没有人疏通它，请允许我举荐海鳖；四野有许多壁垒，战争不断，盗贼趁机兴起，没有人治理他们，请允许我举荐狐狸；军队久驻在外，与敌相持不下，从千里外给军队运输粮食，禾黍不收，粮仓空竭，没有人管理它，请允许我举荐鸿雁；礼仪和典章制度违时、缺损，纪律法度失守，敌国使者到来，没有人应酬他，请允许我举荐猴；人们不再忠诚守信，百姓隐瞒他们的实情，断案弄狱多不公正，没有人断明它，请允许我举荐猿；从事农耕没有资金，杂草丛生，田野荒芜，没有人开发它，请允许我举荐狸。这样大王就可以坐镇齐国了。"齐宣王听后，生气得变了脸色。

盼子说："大王不要怪罪我。我认为，大王珍惜农桑之地，用来作为山林沼泽；不惜用人吃的东西，来豢养禽兽的原因，是它们足以担任你委派的使命，现在却都不能胜任了，就必定被人取代了。而大王对待贤士，却没完全按他们的性情要求而不违背，没有看见他们所处的地方必定应是他们合适的，给的东西必定应是他们所喜欢吃的东西啊，大王所重视的和所轻视的，人们知道是什么了，却又想用王法加以制裁，用王的规矩法度限制他们，强制他们做所不能做的事，迫使他们做所不愿意做的事，而给大王做事的人，不是为了贪图吃喝，就是由于不得已了。而想要他们尽心尽竭力，和大王共同治理齐国，这和筑竹笋皮来防水、钻朽木来取火的做法有什么不同呢？"

于是齐宣王豁然大悟，拍案而起，下令放走禽兽，开放沼泽，与百姓共享。礼遇四方贤士，立盼子为相。齐国大大强于秦国、楚国，其他国家只能献上霸主的权力，这是盼子所出的力啊。

蛇蝎第十四

清 任伯年 猫(局部)

蛇蝎

楚人有见蛇蝎而必杀之者，又有曲为之容而惟恐人之伤之者。或曰："斯二者，孰是？"郁离子曰："其亦杀之者是，而容之者非耳。"或曰："人有害于人，伤成而受罪，律也。今蛇与蝎未尝伤人，而辄杀之，不已甚乎？"

郁离子曰："是非若所及也。夫人与物之轻重，较然殊矣。虫蛇之无知，而欲以待人者待之，不亦惑乎？昔者周公命庭氏射妖鸟以救日之弓、救月之矢；又命萉簇氏掌覆妖鸟之巢，著为典训。故孙叔敖见两头之蛇，杀而埋之，其母以为阴德，君子不非焉。况毒人之虫，中之者不死则瘼，而曰必待其伤成而后可杀，是以人命同于虫蛇，其失轻重之伦，不亦甚哉？近世之为异端者，以杀物为有罪报，而大小善恶无所别。故见恶物而曲为之容，私于其身为之，而不顾其为人之害，其操心之不仁可见。吾故曰：是非若所及也。"

[译文]

楚国有见到蛇蝎就一定要杀死的人，有想方设法加以宽容而唯恐别人伤害了它们的人。有人问："这两个人谁做得对？"郁离子说："还是那个要杀死蛇蝎的人做得对，那个宽容蛇蝎的人做得就不对了。"那个人又说："人对人做出有害的事，对人造成伤害之后再受惩处，这是刑律的规定。现在蛇和蝎未曾伤害人，却随便杀死它们，不是太过分了吗？"

郁离子说："不是你想的这样。人和物的轻重，明显不同，虫蛇无知，而想用对待人的方法对待它们，不是糊涂了吗？从前周公命令庭氏用日食、月食时所打造的弓箭射杀夜里鸣叫，为妖作怪的鸟兽；又命令硩簇氏用掌管妖鸟之巢，著述成典册，供人效法。所以孙叔敖见到两个头的蛇就杀死并埋掉它，他的母亲认为这是暗中做有德于人的事，君子不责怪这种行为。况且能毒害人的蛇虫，被它咬了的人不死则伤，却说一定要等到伤害造成了之后才可以杀死它，这是把人命等同于虫蛇，失去了轻重次序，不也太过分了吗？近来被认为是不合正统的人，把杀物看作是犯罪而遭报应，而大小善恶没有什么区别，所以见到恶物就小心地收容它们，以有利于自己来做这件事，却不顾忌它对别人的危害，他持心的不仁可以看见。我所以说这不是你所能知道的。"

鸲鹆好音

吴王夫差与群臣夜饮,有鸲鹆(jì qí)鸣于庭,王恶,使弹之。子胥曰:"是好音也,弗可弹也。"王怪而问之,子胥曰:"王何为而恶是也?夫有口则有鸣,物之常也,王何恶焉?"王曰:"是妖鸟也,鸣则不祥,是以恶之。"

子胥曰:"王果以为不祥而恶之与?则有口而为不祥之鸣者,非直一鸟矣。王之左右皆能鸣者也,故王有过则鸣以文之;王有欲则鸣以道之;王有事则鸣以持之;王有闻则鸣以蔽之;王臣之顺己者,则鸣以誉之;其不顺己者,则鸣以毁之。凡有鸣必有为,故其鸣也,能使王喜,能使王怒,能使王听之而不疑,是故王国之吉凶惟其鸣,王弗知也,则其不祥孰大焉?王胡不此之虞而鸟鸣是虞?夫吉凶在人,禽鸟何知?若以为不祥,则虑而先为之防,求吾阙而补焉,所益多矣。臣故曰是好音也。"

[译文]

吴王夫差和群臣夜饮,有猫头鹰在殿庭鸣叫,王非常厌恶,让人用弹弓射它。子胥说:"这是吉祥的声音,不可用弹弓射它啊。"吴王奇怪地问他其中原委,子胥说:"大王为什么要讨厌它呢?凡是有口的动物就会鸣叫,这是常态,您为什么厌恶呢?"吴王说:"这是只妖鸟啊,鸣叫就是不吉祥,因此而厌恶它。"

子胥说:"您果真认为它不祥而厌恶它吗?那么有口而发出不吉祥的鸣叫的就不只是这一种鸟了。大王的左右都是能发出言论的朝廷佞臣，因此您有过错，他们就发言而掩饰您的过错；您有贪欲，他们就发言而引导您的贪欲；您有事故，他们就发言而挟持它；您有所听闻，他们就发言而蒙蔽您的视听；对顺从自己的大臣，他们就发言来赞誉他；对那些不顺从自己的大臣，他们就发言来诋毁他。凡有发言就必定有目的，因此那些言论有的能使大王欢喜，有的能使大王发怒，还有的能使大王听了深信不疑。所以大王的国家的吉祥凶祸是在这些言论声中，大王无法知道，这同那鸟鸣的不吉祥相比，哪个大呢？大王为什么不戒备这些佞臣的鸣叫而忧虑鸟的鸣叫呢？吉祥凶祸在于人，禽兽怎么知道，如果认为不祥，就应该忧虑并早先预防它，找出自己的不足去弥补它，所得的好处就多了。因此我说这是吉祥的声音。"

蛇蝎第十四

靳尚

屈子谓楚襄王曰:"王之所以爱靳尚者,谓其善任使令,与夫国王国民王民也。靳子有事焉,非王言不获,是楚人之听于靳子也以王故。然则靳子无王不可也,而王亦何赖于靳子哉?今王委国靳子,食不由靳子,则不甘于口;衣不由靳子,则不安于体;出号令不由靳子,则王心惘然,以为不足,臣窃惑焉。昔商王受之任蜚廉、恶来辈也,惟王之所欲而奉之,揣王之心,度王之意,多方以迎合,自以为大忠于王,而不知为王集天下之怒。牧野之聚,王亡而身与之俱,亦何益哉?今靳子不鉴往辙,而王蛊是裕。王忧有德令,则靳子收其恩,曰:'余实为之。'民弗堪命,则曰:'余将若王何!'利究于下,而怨归于上,臣恐楚国之非王国也。"襄王大怒,放屈子于湘江之源。

屈子去楚,楚乃大弱于秦。

[译文]

屈原对楚襄王说:"大王之所以宠爱靳尚,是认为他便于差遣吗?以国王的国家为国家,以国王的百姓为百姓,忠于国王。靳尚有事,不是大王发话就做不成,楚国人之所以听命于靳尚,是因为大王的缘故。既然这样,靳尚没有大王不可以,而大王又为什么依赖于靳尚呢?现在把国家托付给靳尚,食物不经由靳尚就不可口;衣服不经由靳尚就不合身;发布号令不由靳尚过目,就感到恍惚,认为有所不足,我个人感到疑惑。从前商纣王所信任的是蜚廉、恶来之辈，只要是君王想得到的他们就奉上给他，他们揣摩君王的心理，度量君王的意图，多方迎合他，自己认为自己忠诚于君王，却不知道给君王聚集了天下的怨怒。牧野之战，君王灭亡而他们自己也一起灭亡，又有什么好处呢？如今靳尚不借鉴过去的教训，而大王也宽容地对待这些诱惑。大王果真有恩德于民，而靳尚却窃取那恩德，说：'这实际是我做的。'百姓一旦不堪受命，他就说：'我能拿大王怎么办呢？'好处归于自己，怨恨却归于大王，我担心这样下去，楚国就不是大王的国家了。"楚襄王听了大怒，把屈原流放到湘江的源头。

屈原离开楚国，楚国就大大地弱于秦国了。

蛇蝎第十四

熊蛰父论乐

熊蛰父居楚，有见闻必言，不待王之问也。及其之宋，宋王虽问之，弗言。

或曰："宋王之待先生，不薄于楚王，而先生或言焉，或不言焉，无乃异乎？"熊蛰父曰："子亦尝学乐乎？鼓钟县矣，和之以琴瑟，间之以笙磬，合止柷敔，然后八音谐而《箫韶》成矣。今有陈筝、筑、笛、缶，间以铙钹，和以羯鼓，虽有鸣球、磬管，其可以杂奏乎？是故雷不鸣于启蛰而鸣于日至，则天道变；鸡不鸣于向晨而鸣于宵中，则人听惑。"

[译文]

熊蛰父居住在楚国时，有事不等待楚王问他，所见所闻必定说出来。等他到了宋国，宋王即使问他，他也不说。

有人问他说："宋王对待先生不比楚王对待先生情薄，而先生有的肯说，有的不肯说，恐怕前后做法不一致吧。"熊蛰父说："你也曾经学过音乐吧，鼓钟悬挂起来了，用琴瑟同它和声，夹杂以笙、磬之音，开始合奏音乐，然后八音和谐而箫韶雅乐成功。如果陈设筝、筑、笛、缶，用铙钹相间，用羯鼓伴和，即使有鸣球磬管，难道可以乱奏吗？所以惊雷如果在惊蛰时节不响，而在冬至时响，那天道就变了；雄鸡如果不在黎明报晓，而在半夜打鸣，那人们听到后就困惑了。"

招安说

郁离子曰：劝天下之作乱者，其招安之说乎？非士师而杀人谓之贼，非其财而取诸人谓之盗。盗贼之诛，于法无宥。秦以苛政罔民，汉王入关，尽除之，而约三章焉：杀人、伤人及盗而已。秦民果大悦，归汉，汉卒有天下。由是观之，岂非他禁可除，而惟此三者不可除乎？天生民，不能自治，于是乎立之君，付之以生杀之权，使之禁暴诛乱，抑顽恶而扶弱善也。暴不禁，乱不诛，顽恶者不抑，善者日弱以消，愚者化而从之，亦已甚矣；而又崇之以爵禄，华之以宠命，假之以大权，使无辜之民不可与共戴天者，释其仇而服事焉，是诚何道哉！遂使天下之义士丧气，勇士裂眦，贪夫悍客攘臂慕效以要利禄。故曰：劝天下之作乱者，招安之说。而世主弗寤也，悲夫！

或曰："然则舞干羽而苗格，非与？"曰："甚哉，俗儒之梏于文以误天下也！《舜典》曰：'窜三苗于三危。'又曰：'分北三苗。'夫窜与分北，皆非抚纳降附之词也，则岂因其来格而遂为之哉？非人情也，圣人岂为之？必也以兵临之，而后分北。其来格者安之，顽不悛者窜之耳。又况干羽非特文舞，则非曰诞敷文德，而遂弛其伐苗之谋明矣。皋陶曰：'苗顽弗即工。'；'帝念哉，念兹在兹。'则有虞之君臣不顷刻而忘苗，可想而见。岂若后世衰微偷惰之君臣，以姑息为幸，而以劝贤之爵禄劝天下之大憝哉！"

蛇蝎第十四

[译文]

郁离子说:"劝天下作乱的做法,就是招安的做法吧。不是执掌禁令刑狱的人杀了人,称他是贼寇;不是他的财物而抢劫别人的人,称他是强盗。盗贼应当杀死,按照法律不能宽恕。秦王用苛刻的统治来陷害人民,汉王入关后把它全部废除,并且向关中父老约法三章,内容不外乎杀人、伤人及做盗贼罢了。关中的百姓很高兴而归附汉王,汉王终于得到天下。由此看来,岂不是别的禁令可以废除,而唯独这约法三章不可废除吗?上天创造了百姓,百姓不能自我管理,于是就设立了君位,交付给他生杀予夺的权力,让他禁止暴行,诛杀叛乱,压制顽劣邪恶之徒,并扶持弱者善人。暴行不能禁止,叛乱不能诛杀,顽劣邪恶的人得不到抑制,善良的人逐日削弱以至于消失,愚蠢的人受感染而追随他们,这已经很过分了。如今以爵位和俸禄使这些人尊贵起来,以加恩特赐的任命使他们显贵起来,给予他们大权,使他们成了与无辜百姓不共戴天的人,百姓有仇不报,反而去服侍仇人,这算是什么方法呀!于是,天下的义士丧气,勇士极其愤怒,而那些贪夫悍客为了求取利禄都捋袖伸臂去效法。因此我们说,劝天下作乱的,是招安的主张。但君主却不领悟,可悲!"

有人会问:"既然如此,用文德教化使苗部落前来归顺,就不对了吗?"郁离子说:"迂腐的儒生拘泥于文章典籍,不能融会贯通而贻误天下,这实在太严重了。《舜典》里说:'把苗人驱逐到三危。'又说:'分离三苗,把为善者留用,把为恶者驱逐。'驱逐和分离,都不是安抚招纳、投降归附的话,怎么会因为他们的归顺就放逐和处理他们呢?不合乎人之常情啊,圣人怎么能那样做呢?必须先用兵迎接他们,然后再使他们分离。前来归顺的让他们安定下来，凶恶不悔改的就放逐。又何况干羽，并不只是文舞所用，那就不会因遍布礼乐教化而解除讨伐三苗的图谋，这是很明确的了。《皋陶》里说：'凶顽不化的三苗首领不就职事，念念不忘。'可想而知，虞国的君臣没有一刻忘了三苗，哪里像后世衰微苟且怠惰的君臣，以无原则地宽容作乱者为侥幸，而用劝贤的爵位俸禄，劝慰天下的大奸大淫之人！"

盗雠

盗雠以如芒之钩，系八尺之丝，钩牛舌而牵之，宵夜而牛随之行，莫之违也。故世之善盗牛者称雠焉。

郁离子曰："是所谓盗道也。中其肯，扼其害，操其机而运之，蔑不从矣！"石羊先生曰："此古人制盗之道也。今人弗能也，盗用之矣。"

[译文]

偷牛贼用像锋刃一般锐利的钩子，系八尺长的丝绳，钩住牛的舌头牵着它，夜晚，牛也跟随他行动，没有敢不顺从的。所以世上善于偷盗牛的人被称为雠。

郁离子说："这就是所谓偷盗的方法，击中要害，掐住要害，抓住牛的关键以牵引牛，不会有不服从的。"石羊先生说："这是古人制服盗贼的方法，现在的人不能这样了，这个方法反而被盗贼拿去用了。"

种谷

罔与勿析土而农耨,不胜其草。罔并薙以焚之,禾灭而草生如初;勿两存焉,粟则化而为稂,稻化为稗。胥顾以馁,乃俱诉于后稷曰:"谷之种非良。"

问而言其故。后稷曰:"是女罪也。夫谷由人而生成者也,不自植也。故水泉动而治其亩,灵雨降而播其种,蜩螗鸣而芸其草。粪壤以肥之,泉流以滋之;其耨也,删其非类,不使伤其根;其植也,相其土宜,不使失其性;潦疏暵溉,举不违时,然后可以望有秋。今女不师诸先民,而率由乃心以遏天生,乃弗惩尔躬,而归咎于种之非良,其庸有愈乎!"

[译文]

罔与勿在农田里翻土锄草,杂草太多难以根除。罔把杂草、禾苗一并割除焚烧,结果禾苗全被烧死,而杂草照常生长。勿的地里草苗并存,谷子就变成了形似粟苗的杂草,水稻就变成了稗草,罔与勿面面相觑,感到非常气馁,就一起向后稷诉苦说:"粮食种子不好。"

后稷询问他俩,他俩说明原委。后稷说:"这是你们的过错,那谷物是由人培育生成的,不是自己生长出来的。所以水泉流动就整治土地,春雨降落就播下种子,知了叫就锄掉杂草,用粪土使它肥沃,用泉水滋养它。除草的时候,除去那些不属于它的东西不让它们伤害禾苗的根;种植的时候,看土质是否适宜,不让它失掉自己的特性。水涝时及时疏通，干旱时及时灌溉，耕作不违背农时，然后庄稼才有希望丰收。现在你们不向老农学习，只凭你们个人轻率的想法，来违背事物发展的自然规律，不责备你们自己，反而归咎于种子不好，难道还有比你们更愚蠢的做法吗？"

汪罔与僬侥

汪罔之国人长，其胫骨过丈，捕兽以为食；兽伏，则不能俯而取，恒饥焉。僬侥之国人短，其足三寸，捕蜩以为食；蜩飞则不能仰而取，亦恒饥焉。皆诉于帝娲。

帝娲曰："吾之分大块以造女也，虽形有巨细，而耳、鼻、口、目、头、腹、手、足、心肝、腑肠、毛孔、骨节无彼此之多寡也。长则用其长，短则人用其短，不可损也，亦不可益也。若核之有仁，么乎其微，而根干枝叶，莫不具矣；若卵之有壳，块乎其冥，而羽毛觜抓，无不该矣。今女欲为核之仁乎？卵之壳乎？是在女矣，非吾所能与也。"

[译文]

汪罔国的人长得很高大，他们的小腿骨长过一丈，捕捉兽当作食物；野兽伏地而行，他们却不能俯身去捉取，时常感到很饥饿。僬侥国的人身材矮小，他们的脚只有三寸长，靠捕蝉当作食物；蝉飞了他们就不能仰头去捕捉，也常常挨饿。他们都去向帝娲诉苦。

帝娲说："当初我分别用黄土造就了你们，虽然形体有大小之分，但耳、鼻、口、目、头、腹、手、足、心、肝、腑、肠、毛孔、骨节，彼此没有数目多少的区别。高利用他高的长处，矮的就利用他矮的好处，既不可以减少，也不可以增多。这就好像果核里有仁一样，极为微小，但它的根、干、枝、叶无不具备；又像卵有外壳，安然无动，浑然一体，但羽毛、嘴爪却无不完备。现在你们是想做核中的仁儿呢，还是做卵外的壳呢，那就取决于你们自己了，不是我所能给予的啊。"

神仙第十五

清　任伯年　荷花鸳鸯（局部）

神仙

尫韦问于罗离子奇曰:"或称神仙,有诸?"曰:"有之。"曰:"何以知之?"曰:"以物。"请问之。曰:"狐,兽也;老枫,木也,而皆能怪变。人,物之灵,夫奚为不能怪变?故神仙,人之变怪者也。怪可有,不可常,是故天下希焉。"

曰:"神仙不死乎?"曰:"死。"曰:"何以知之?"曰:"天以其气分而为物,人其一物也。天下之物异形,则所受殊矣。修短厚薄,各从其形,生则定矣。惟神仙为能有其受,而焉能加之?故物之大者一天而无二。天者,众物之共父也。神仙,人也,亦子之一也。能超乎其群,而不能超乎其父也。夫如是,而后元气得以长为之主;不然,则非天矣。"

[译文]

尫韦向罗离子奇问道:"听说有的人被称为神仙,这世上有神仙吗?"罗离子奇回答说:"有神仙。"尫韦又问:"你怎么知道有神仙呢?"罗离子奇说:"根据我对物的认识。"尫韦请求他解释。罗离子奇说:"狐狸是野兽,老枫是树木,但都能变成怪物。人是万物中最有灵性的,那怎么不能变成怪物呢?本来神仙就是人变成的怪物。怪物可以有,但不可常有,所以天下间怪物就很稀少。"

尫韦又问:"神仙不会死吗?"罗离子奇说:"会死。"尫韦问道:"你怎么知道他会死呢?"罗离子奇说:"天把元气分开就变出万物，人是其中的一物。天下万物形状各不相同，就是所容纳的元气不同。长短厚薄，各自跟从它的形状，出生时就固定了，神仙能够接受元气，却不能增加自身的元气。因此世界上只有天最大，没有比天更大的事物。天是万物的共同之父。神仙是人，也就是天的儿子中的一个。他能超过万物，却不能超过他的生父。只有这样，元气才得以长久地做它的主宰，不这样也就不是天了。"

贪利贪德辨

郁离子曰：贪与廉相反，而贪为恶德，贪果可有乎？匹夫贪以亡其身，卿大夫贪以亡其家，邦君贪以亡其国与天下，是皆不知贪者也。知贪者，其惟圣人乎？圣人之于仁义道德，犹小人之于货财金玉也。小人之于货财金玉，无时而足，圣人之于仁义道德，亦无时而足。是故文王、周公、孔子，皆大圣人也。文王视民如伤，自朝至于日中昃，不遑暇食。周公思兼三王以施四事，以夜继日，坐而待旦。孔子曰："吾有知乎哉？无知也。"圣人之贪于仁义道德若是哉！故以其贪货财金玉之心，而贪仁义道德，则昏可明，狂可哲，而人弗能也。故于货财金玉则贪，而于仁义道德则廉，遂使天下之人，专名贪为恶德而恶之，则小人之罪也。

[译文]

郁离子说："贪婪和廉洁正相反，贪是恶德，人可以贪婪吗？匹夫贪婪就丧失了自身，卿大夫贪婪就使他家灭亡，诸侯国君主贪婪就使国家和天下百姓灭亡，这都是不知道贪的危害。知道贪婪危害的只有圣人了。圣人对于仁义道德，就像小人对于货财金玉一样。小人对于货财金玉没有一时能感到满足，圣人对仁义道德也是没有一时能感到满足。所以周文王、周公、孔子都是大圣人。周文王把百姓当作受伤的人一样小心呵护，非常顾恤民众疾苦，从早到晚，忙得都没有空闲时间吃饭；周公意欲兼有夏、商、周三代君王的美德，施行夏禹、成汤、周文王的德操，为此夜以继日，通宵达旦，不敢有丝毫懈怠；孔子说：'我有知识吗？没有啊。'圣人对于仁义道德的贪婪到了如此地步！因此如果用贪财物金玉的心去贪仁义道德，那么迷糊、狂乱的人可变得明智，然而一般的人却做不到啊。所以对于财物金玉就贪，而对仁义道德就廉，于是天下人们专把贪看成是恶德并憎恶它，这就是小人的罪过。"

论鬼

管豹问曰:"人死而为鬼,有诸?"

郁离子曰:"是不可以一定言之也。夫天地之生物也,有生则必有死。自天地开辟以至于今,几千万年,生生无穷,而六合不加广也。若使有生而无死,则尽天地之间不足以容人矣。故人不可以不死者,势也。既死矣,而又皆为鬼,则尽天地之间不足以容鬼矣。故曰:人死而皆为鬼者,罔也。然而二气之变不测,万一亦有魂离其魄而未遂散者,则亦暂焉,而不能久也。夫人之得气以生其身,犹火之着木然,魂其焰,体其炭也。人死之魂复归于气,犹火之灭也,其焰安往哉?故人之受气以为形,犹酌海于杯也,及其死而复于气也,犹倾其杯水而归诸海也,恶得而恒专之以为鬼哉?"

曰:"然则人子之祀其祖父也,虚乎?"

曰:"是则同气相感之妙也。是故方诸向月,可以得水;金燧向日,可以得火,此理之可见者也。虞琴弹而薰风生,夔乐奏而凤凰来,声气之应不虚也。故鬼可以有,可以无者也。子孝而致其诚,则其鬼由感而生,否则虚矣。故庙则人鬼享,孝诚之所致也。不然,先王继绝世以复明祀,岂其鬼长存而馁,乃至此而复食耶?"

[译文]

管豹问道:"人死后会变成鬼,有这回事吗?"

郁离子说:"这个不能确定,那天地间的生物,有生必定有死。自从盘古开天辟地到现在,几千万年,万物生长无穷,天地四方不会变得更加广阔。倘若只有生而没有死,那么整个天地间就不足够再容下更多人了,因此,人是不能不死的,这是趋势。已经死了又变成鬼,那么整个天地之间也不足够容下鬼了。所以说:人死了变成鬼的说法,是虚妄的啊。然而阴阳二气的变化难以预料,万中有一也可能有灵魂离开了那体魄但没有消散的,那也是暂时的,而不能长久。人得到元气就使他的身躯生存,就像火烧了木头一样,魂就是火焰,躯体是炭木。人死后,灵魂又回到元气中,就好像火熄灭了,那火焰去哪里了呢?因此人承受元气而成为形体,就像把海水倒进杯里,等到他死了就又化作元气了,就像把杯中的海水又倒回大海,怎么能够一直为鬼呢?"

管豹说:"既然这样,那么人的子孙来祭祀他们的祖先,不也成了虚假的吗?"

郁离子说:"这就是属性相同的事物之间的互相感应的奥妙啊。所以方诸向月可能得到水,金燧向日可以得到火,这个道理显而易见。弹起虞琴而生熏风,奏起夔乐而凤凰飞来,声和气相应合是不虚假的。因此鬼可以说是有的,也可以说是没有的。子孙孝敬祖先,表达他们的诚意,而鬼就由感而生,不这样就是虚假的了。因此庙祠就供人鬼享用,是孝敬的诚意所导致的。不这样的话,先王恢复已灭绝的宗祀,举行重大的祭礼,难道是那鬼长久存在而饥饿,到此时又要吃东西了吗?"

江淮之俗

江淮之俗,以斗指寅、申、亥为天、地、水三官按罪锡福之月,而致斋以邀祥焉。满三年计之,多不得祥而得祸。

人曰:"若是乎,鬼神之渺茫也。"郁离子曰:"果若是,则鬼神不渺茫矣。夫神,聪明而正直者也。惟其聪明也,故无蔽焉;惟其正直也,故无私焉。无蔽无私,不可欺也,则亦不可媚也。今择其按罪锡福之辰而致斋焉,是欺之也;焚香爇烛,朝夕稽叩拜跪,是媚之也。人之稍有知识者,不受欺与媚,而况于聪明正直之鬼神乎?今之致斋者非滥官污吏、奸胥悍卒,即市井豪侩及巨商大贾之为富而不仁者。使鬼神果有按罪锡福之典,则斯人也,降之祥乎?降之祸乎?故曰:若是,则鬼神不渺茫矣。"

[译文]

江淮地区的习俗,把北斗星指向寅、申、亥三个方位的时间,视为天、地、水三官消灾赐福的月份,并举行诵经拜忏等活动以祈求吉祥。满三年统计结果,多数祈求的人不得吉祥反而得灾祸。

人们说:"如果这样,那么鬼神就太虚妄无凭了啊。"郁离子说:"如果这样的话,那么鬼神就不虚妄了。神是聪明而正直的。由于它的聪明,所以没有人能蒙蔽它;由于它的正直,所以它没有私心,不受蒙蔽,没有私心就不可能被欺骗,也就不可能受蒙蔽。现在选择按罪赐福的时辰致斋戒,是骗人的啊,焚香燃烛,早晚叩头拜跪，这是对神的谄媚啊。稍有知识的人都不会被欺骗和谄媚，更何况是聪明正直的鬼神呢？现在那些致敬斋戒的人，不是滥官、污吏、奸胥、悍卒，就是强横的买卖中间人及巨商大贾等为富不仁的人们，假使鬼神果真有按罪赐福的制度，那么对这些人是降吉祥，还是降灾祸呢？因此，如果这样，鬼神就不是虚妄无凭的了。"

岳祠

郁离子观于岳祠,怅然叹曰:"悲哉!先王之道隐,而鬼神亦受人之诬也,而况于人乎!"管豹问曰:"何也?"郁离子曰:"若不闻圣人之言曰:'曾谓泰山不如林放乎?'言泰山不享非礼之祭也。今也,又从而为之祠,形其神而配以妃,不亦诬且亵乎!夫人之生死,有天命焉。福善祸淫,天之道也。使诚有鬼司之,犹当奉若帝命,其敢受非礼之祈,而淫纵其祸福于其所不当得者乎?而祠以私之,是以浊世之鄙夫待鬼神也,其不敬孰大焉!"

[译文]

郁离子看到东岳庙,怅然而叹息说:"可悲啊!先王的法度消失了,现在就连鬼神也遭人诬陷,更何况是人呢?"管豹问道:"为什么呢?"郁离子说:"你没听圣人的话说:'曾子评论泰山还不如林放吗?'是说泰山不享受非礼的祭祀,现在却又进一步为它修建了祠庙,给他雕塑神像匹配妃子,这不也是对神灵的欺骗和亵渎吗?人的生死是由天命决定的,让善良的人得福,淫邪的人遭祸是老天的规律。即使真的有鬼神主管它,那就应当像遵奉帝命一样,怎么敢接受非礼的祈祷,滥用祸福给那些不应当得到的人呢?而设祠祭祀而让鬼神偏私自己,这是浊世的浅薄之人对待鬼神的做法,是多么不尊敬啊!"

天下贵大同

海岛之夷人好腥,得虾、蟹、螺、蛤,皆生食之。以食客,不食则咻焉。裸壤之国不衣,见冠裳则骇,反而走以避。五溪之蛮,羞蜜唧而珍桂蠹,贡以为方物,不受则疑以逖。

郁离子曰:"世之抱一隅之闻见者,何莫非是哉?是故众醉恶醒,众贪恶廉,众淫恶贞,众污恶洁,众枉恶直,众惰恶勤,众佞恶忠,众私恶公,众嫚恶礼,犹鸱鸦之见人而吓也。故中国以夷狄为寇,而夷狄亦以中国之师为寇,必有能辨之者,是以天下贵大同也。"

[译文]

海岛的夷人喜好腥味,得到虾、蟹、螺、蛤都生着吃掉,并且把它给客人吃,客人如果不吃,他们就喧嚷。裸身之国不穿衣服,见了穿衣服的人就害怕,掉头逃跑并躲避起来。五溪一带的人以蜜唧、桂蠹为美味佳肴,作为土产进贡朝廷,如果对方不接受,他们就怀疑对方不信任他们,于是开始疏远对方。

郁离子说:"人世间抱着一隅之见的人,哪一个不是这样的呢?所以众人都醉的时候,厌恶清醒的人;众人都贪的时候,厌恶廉洁的人;众人都淫秽的时候,厌恶贞洁的人;众人都污垢的时候,厌恶洁净的人;众人都枉曲的时候,厌恶正直的人;众人都懒惰的时候,厌恶勤劳的人;众人都奸佞的时候,厌恶忠诚的人;众人都为私的时候,厌恶为公的人;众人都傲慢的时候,厌恶有礼的人，这就像鸱鸮见人总要大叫一样。因此中原人视夷狄为敌寇，而夷狄也把中原的军队视为敌寇，必定要有能辨别中原和夷狄关系的人，才能从中调解，所以天下之贵在于和平啊。"

麋虎第十六

清　朱耷　双鹿图（局部）

麋虎

虎逐麋，麋奔而阚于崖，跃焉。虎亦跃而从之，俱坠以死。

郁离子曰："麋之跃于崖也，不得已也。前有崖而后有虎，进退死也。故退而得虎，则有死而无生之冀；进而跃焉，虽必坠，万一有无望之生，亦愈于坐而食于虎者也。若虎，则进与退皆在我，无不得已也，而随以俱坠，何哉？麋虽死而与虎俱亡，使不跃于崖，则不能致虎之俱亡也。虽虎之冥，亦麋之计得哉。呜呼！若虎可以为贪而暴者之永鉴矣！"

[译文]

老虎追逐麋鹿，麋鹿逃跑到靠近悬崖的地方，跳了下去，老虎也跟着它跳了下去，它们都坠崖而死。

郁离子说："麋鹿跳下悬崖，是不得已而为之。前方有悬崖，后方有猛虎，前进后退都会死，因此，后退会为猛虎所食，只有死没有活的希望，前进跳崖，虽然一定坠落，但还是有活下去的希望，也比坐等被老虎吃掉好。至于老虎，进退都由自己，没有不得已的事，却跟着麋鹿一同坠崖，这是为什么呢？麋鹿虽然死了，老虎也死了，假使麋鹿不跳下悬崖，老虎就不会一起死掉了。虽然是老虎愚昧，但也是麋鹿的计谋得逞了啊。唉，那样的老虎可以作为贪婪而残暴的人永远的借鉴啊！"

躁人

昔郑之间有躁人焉,射不中则碎其鹄,奕不胜则啮其子。人曰:"是非鹄与子之罪也,盍亦反而思之乎?"弗喻。卒病躁而死。

郁离子曰:"是亦可以为鉴矣。夫民犹鹄也,射之者我也,射得其道则中矣;兵犹子也,行之者我也,行得其道则胜矣。致之无艺,用之无法,至于不若人而不胜其愤,恚非所当恚,乌得而不死?"

[译文]

晋国、郑国交界处有个性情急躁的人,射箭没有射中就捣碎箭靶子,输了棋就生气地咬棋子。人们说:"这不是箭靶和棋子的罪过,为什么不反思自己呢?"他不明白,最后因性情急躁而死去。

郁离子说:"这也可以作为借鉴了。百姓就好像箭靶,射箭的人是我,按照原理去射箭就会中;士兵就像棋子,行军的人是我,掌握行兵打仗的方法就会胜利。求之无方,用之无法,以至于不如别人就不能忍受进而怨恨,怨恨的又不是应该怨恨的地方,怎么可能不死掉呢?"

麋虎第十六

立教

郁离子曰：今有人焉，坐高堂之上，指使臧获，则不得其心者十恒七八。不得其心而怒叱，左右恭之；色与声并厉，左右承颜而接言，惧其怒之将已迁也，而亦以厉出之。受指使者，不知吾怒之所在，则仓惶而愈乱，愈不得于吾心，则吾之怒愈加，出愈厉；承颜而接言者，亦不知吾怒之所在，以意度意，愈恭而愈吾违。故小怒则小违，大怒则大违，虽以剑梃临之，不能使之得吾心也。

是故君子之使人也，量能以任之，揣力而劳之；用其长而避其缺，振其怠而提其蹶；教其所不知，而不以我之所知责之；引其所不能，而不以我之所能尤之；诲之循循，出之申申，不震不暴，匪怒伊教。夫如是，然后惩之而不敢怼，刑之而不敢怨。《诗》曰："岂弟君子，民之父母。"如是，斯可以为民之父母矣。

[译文]

郁离子说："如今有人坐在高堂之上，使唤奴婢，而让他不称心的十个人中有七八个，不得他满意，他就声色俱厉地训斥，主子身边的人都看着主子的脸色接话，害怕他将怒火迁怒于自己，就也用严厉的口气传达命令。仆人不知道主人为什么发怒，就仓皇失措而更加慌乱，因此越不得主人的心意，而主人的怒火也就越大，所说所做就更加严厉。我身边的人也不知道我为什么发怒，只是用自己的想法揣摩我的想法，越这样越违背我的心意。

所以我发小怒就闹小乱子，我发大怒就闹大乱子，即使亲自拿刀指挥，还是不能让他们合乎我的心意。

　　所以君子用人，要衡量他的才能任用他，根据他的能力役使他；利用他的长处避开他的短处，振奋他的精神站稳他的脚跟；教导他所不知道的，而不用我知道的去责备他；引导他所不能的而不用我能做到的去指责他。有步骤地教导别人学习，出言和缓耐心，不发怒不暴躁，耐心教导。这样之后还犯错的人再接受惩罚，这样做的话，惩罚他，他也不敢怨恨，刑罚他，他也不敢抱怨。《诗经》说：'平易的君子是人民的父母。'如果能做到这样，这就可以做百姓的父母了。"

应侯止秦伐周

秦起兵欲攻周,国人皆不与。

应侯谓秦昭王曰:"臣之里公孙弗忌弱其邻之老,而谋食饮之,哀其徒,谓之曰:'彼,予邻之叟也,富而啬,吾将与若往食饮之。'其徒曰:'彼虽富而甚啬,其奚以食饮之?'曰:'我且盗之。'其徒皆愀然。明日,又欲往,其徒曰:'子之谋鄙,盍更诸?'曰:'我将胁而取之。'其不从者半,弗果往。他日,又曰:'请以货先为之市,具礼召主人而酬酢之,多取物而日稽其直,且速其子弟以为常,不数岁,吾将竭其藏,何如?'其徒皆欣然从之。夫三言者,其以不道取诸人,均也,而有从、不从焉者,避其名也。今周,天下之共主也,无桀纣之恶,无辞而攻之,谁甘受其名?臣固知国人之不与也。"

[译文]

秦起兵想要攻打周,国人都不赞许。

应侯对秦昭王说:"我乡里叫公孙弗忌的人,认为邻居的老头软弱可欺,就打算去他家白吃白喝,召集同伙并对他们说:'那是我家邻居老头,富有但是吝啬,我将和你们一起去他家白吃白喝。'他的同伙说:'他虽然富有但很吝啬,用什么方法去白吃白喝呢?'公孙弗忌说:'我且去偷他的。'他的同伙都很为难。第二天又想去,他的同伙说:'你想的法子不太高明,何不换一种方法呢?'公孙弗忌说:'我去威胁他向他索取。'有一半人不同意这个方法，没有去成。第三天，公孙弗忌又说：'请他把货物交出来我先替他去卖，准备礼品招来主人并以酒招待他，多取些财物，每天跟他计算请客的花销，并且经常邀请他的子弟，不用几年，我们就会将他积蓄的财物用尽，这个办法怎么样？'他的同伴都很愉快地听从了他。那三个办法都是用不道德的手法索取别人的财物，因而有跟从有不跟从的，都是为了避开恶名。如今周天子是天下共主，但他没有桀、纣的邪恶，所以没有借口去攻打他，谁甘愿承受这样的恶名呢？我本来就知道国人是不会赞许的。"

树怨析

郁离子曰：树天下之怨者，惟其重己而轻人也。所重在此，所轻在彼，故常自处其利，而遗人以不利，高其智以下人之能，而不顾夫重己轻人，人情之所同也。我欲然，彼亦欲然，求其欲弗得，则争。故争之弗能，而甘心以让人者，势有所不至，力有所不足也，非夫人之本心也。势至力足，而有所不为，然后为盛德之人。虽不求重于人，而天下之人莫得而轻之，是谓不求而自至。今人有悻悻自任者，矜其能以骄，有不自己出，则不问是非，皆以为未当，发言盈庭，则畏之者唯唯，外之者默默焉，然后扬扬乎自以为得，而不知以其身为怨海，亦奚益哉！昔者智伯之亡也，惟其以五贤陵人也。人知笑智伯，而不知检其身，使亡国败家接踵相继，亦独何哉！

[译文]

郁离子说："在天下树敌的人，都因为他重视自己而轻视别人。他所看中的在这里，所轻视的在那里，因此经常将自己放在有利位置而给别人不利，把自己的智慧看得比别人高，把人家的才能看得很低下。而没有意识到看重自己、轻视别人是人们的共同之处。我想要这样，别人也想，寻求他们的欲望而不得则产生争夺。因此不能争到就心甘情愿地自居人下的人，是因为势力有达不到的地方，力量有不足之处，并不是他们的本心。势力可以达到，力量足够，却不与人争，这样才是有高尚品德的人。虽然不求被人看重，但天下人也没有轻视他的，这就叫作不求自来。如今有刚愎自用的人，自恃他的才能而骄傲自大，有想法不是自己发出的，就不问是非，都认为不当。发言充满朝廷，让害怕他的人恭敬应答，排斥他的人缄口不跟他理论，然后喜气满满自以为得意，而不知道他已经成为群众怨恨的对象，这有什么好处呢？从前智伯的灭亡，就是因为他自以为有五贤而凌驾于人，行不义之事。人们知道讥笑智伯却不知道检讨、约束自身，使得亡国败家的悲剧接踵而来，这和智伯有什么不一样呢？"

唐蒙与薜荔

唐蒙与薜荔俱生于松、朴之下，相与谋所丽。

唐蒙曰："朴，不材木也，荟而翳。松，根石髓而生茯苓，是惟百药之君，神农之雨师食之以仙；其膏入土，是为琥珀，爰与水玉、琅玕同为重宝。其干耸壑而干霄，其枝樛流，其叶扶疏，爰有百乐弦管之音。吾舍是无以丽矣。"

薜荔曰："信美，然由仆观之，不如朴矣。夫美之所在，则人之所趋也。故山有金则凿，石有玉则剐，泽有鱼则竭，薮有禽则薙。今以百尺梢云之木，不生于穷崖绝谷、人迹不到之地，而挺然于众观，而又曰有茯苓焉，有琥珀焉，吾知其戕不久矣。"乃褭而附于朴，钻蛴螬之穴，以入其条，缠其心而出焉，于是朴之叶不生，而柯枚条干，悉属于薜荔，中虚而外皮索，籜如也。

岁余，齐王使匠石取其松，以为雪宫之梁，唐蒙死，而薜荔与朴如故。

[译文]

唐蒙与薜荔都生长在松树、朴树下，相互谋求附着之处。

唐蒙说："朴树是成不了材的树木，枝叶繁多，一定会把我遮住。松树就不同，它的根扎在石头里并且生长茯苓，这是百药的君王，神农的雨师吃了它能成为神仙。松脂入土，就成为琥珀，琥珀跟水晶、琅玕同为至宝。它的树干耸立在山谷高入云霄，它的树枝弯曲，叶子繁茂，树叶摇动的声音有如各种各样乐器奏起的乐曲声。要是没了它，我就无所附着了。"

薜荔说："攀附松树确实很好，然而由我看来，松树不如朴树。这世上，美所在之处，就是人们所追寻的地方。因此山上有黄金则被开凿，石头中有玉则被砍开，湖水中有鱼则干涸，草野中有禽鸟则招致割除。如今高过百尺、稍入云霄的树木，不生长在穷崖绝谷、人迹不到的地方，反而挺立在人们看得到的地方，而且又说那里有茯苓，有琥珀，我知道它不久就要遭砍伐了。"说完缠绕附着于朴树之上，钻蛀虫的洞穴而插入枝条，缠绕树芯又钻出来。于是朴树的叶子不生长，而枝杈和树干全都被薜荔占有，树心中空树皮脱落，就像竹笋皮一样。

年底，齐王派遣木匠伐取松树做雪宫的大梁。唐蒙因失去附着而死，而薜荔与朴树照旧生长。

荆人畏鬼

荆人有畏鬼者，闻槁叶之落与蛇鼠之行，莫不以为鬼也。盗知之，于是宵窥其垣，作鬼音，惴弗敢睨也。若是者四五，然后入其室，空其藏焉。或俏之曰："鬼实取之也。"中心惑而阴然之。无何，其宅果有鬼，由是物出于盗所，终以为鬼窃而与之，弗信其人盗也。

郁离子曰："昔者，赵高之谮蒙将军也，因二世之畏而微动之，二世之心疑矣。乃遏其请以怒恬，又煽其愤以激帝；知李斯之有谏也，则揣其志而先宣之，反复无不中；于是君臣之猜不可解，虽谓之曰：'高实为之。'弗信也。故曰：'谗不自来，因疑而来；间不自入，乘隙而入。'由其明之先蔽也。"

[译文]

楚地有怕鬼的人，听见枯叶落地和蛇鼠行动，无不认为是鬼。盗贼知道了，于是在夜间躲在矮墙外窥视，发出鬼的叫声，那人害怕得不敢看，盗贼这样做了四五次，然后进入他的屋子，偷空室内所收藏的财物。有人欺诳他说："实际上是鬼取走的。"这正中他内心的疑惑，暗地里认为此人所说是对的。不久，他的住宅果真闹鬼了，自家的财物从小偷处回来了，但他始终认为是鬼偷了又还给了他，不相信是那个人偷的。

郁离子说："从前，赵高诬陷大将军蒙恬，利用秦二世对蒙恬的畏惧而暗暗地触动二世的心理，使其对蒙恬产生怀疑。阻止蒙恬的请示以激怒蒙恬，又煽动二世对蒙恬的怨恨，激发二世除掉蒙恬的决心。赵高知道李斯要入谏，就预先揣测入谏的内容而在二世面前说破，反复多次没有不说中的。于是君臣间的猜忌不可解除，即使对他说'这实际都是赵高做的'，二世也不信了。因此说：'谗言不会自来，是因为猜疑而来；隔阂不会自入，是趁着空隙而入。'总之，这些都是由于明察的心先被蒙蔽的缘故。"

赏爵

郁离子与艾大夫偕谋盗。士有俘盗以请赏者,予之金,不愿,而请爵。

大夫不可,郁离子请予之。大夫曰:"爵,王章也,弗可滥也。"

郁离子曰:"大夫之言是也。然吾尝观于圃人矣,果实之未摘,虽其家人不敢求尝焉。及其既摘而余,则蚊蚋皆聚而咂之矣。汉曲之处女,色若朝虹,观者慕之,不敢求也。一旦归于倡家,则儇子、佻夫、庸奴、贱皂之有金者,皆得而觊之。今朝廷之尊爵,大盗得之,士之有耻者弗欲仕矣,而犹有愿之者,未之思也,矧敢靳乎?北鄙之獠人,以肉豢狗,而怒其子窃食其胾,于是室家离心。子必悔之。"

[译文]

郁离子和艾大夫一起商量抓捕盗贼,刚好一位士人抓到盗贼并请求奖赏,艾大夫给他金银,他不愿意接受,而请求官位。

艾大夫不认可,郁离子却请求给予他。艾大夫说:"官位,是君王的典章制度,不可随便赏赐。"

郁离子说:"大夫的话是对的,然而我曾观察菜农,果实还未摘时,即使他的家人也不敢要求尝一尝,等到他们摘过之后剩下的,就是蚊虫之类全都聚集在果实上吮吸果汁。汉水之滨的姑娘,面色像朝霞,看到她们的男人都爱慕她们,却不敢有所求。

一旦这些姑娘归到娼妓之家,那些轻薄刁巧的男子、轻俏的人、庸奴、低贱之流,只要有点钱的,都可对沦为娼家的女子有所企图。如今朝廷的尊贵官位,让大盗得到了,士人中有羞耻之心的人就不愿意出仕了,而还有人愿意做官,那是因为他还没有想到这一点,朝廷怎么敢吝惜呢?北方边境的官宦人家,用肉喂养狗,却愤怒他的儿子偷吃肠脂,于是全家人离心离德。你这样吝惜官爵,一定会后悔的。"

井田可复

或问于郁离子曰:"井田可复乎?"郁离子曰:"可。"曰:"何如其可也?"曰:"以大德戡大乱,则可也。夫民情久佚则思乱,乱极而后愿定。欲谋治者,必因民之愿定而为之制。然后强无梗,猾无间,故令不疚而行。"

请问之。曰:"天下之宴安也,人不尝苦辛,不知乱之无所容其身,而易于怨上。故一拂其欲,则愤激而思变,有从而倡之,乱斯作矣。是故老成之人慎纷更焉,非为苟也,畏未得其利,而先睹其害也。故民犹马也,厩牧以安之,豆粟以饫之,旦而放之,莫不振鬣(liè)而奔风,牝鸣而牡应,嘶驰蹄突,惟意所如,不可逐而馽(zhí)也。及其负盐车,历羊肠,流汗跪足,饥不得秣,倦不得息,逾数百千里而归,望皂枥如弗及,见圉人而欤(xū)沫,则虽鞭之使逸,否矣。及此而调之,其有不服者乎?是故圣人与时偕行,时未至而为之,谓之躁;时至而不为之,谓之陋。今民风不淳,而古道之废兴,欲不欲者各半。故以大德戡大乱,则井田亦可复也。"

[译文]

有人向郁离子问道:"井田制可以恢复吗?"郁离子说:"可以。"那人又问:"你如何知道它可恢复呢?"郁离子说:"以大德平定大乱,就可以恢复。百姓的性情是长久安乐就想动乱,乱极了而后又愿意安定。想谋治的人,必须按照百姓希望安定的心愿设计典章制度，然后强横之人不敢作祸，奸诈之人无空可钻，因此政令就不会败坏而能顺利实施。"

那人又向他请教，请他讲得更详细些，郁离子说："天下安逸时，人没有亲自吃苦辛劳，所以不能体会到世乱使他无处容身，因此容易怨恨朝廷，一旦违背他的欲望，就激愤而思变，这时，如果有人追从并提倡的话，动乱就发生了。所以老成的人对纷乱变更持谨慎态度，决不苟同，因为他们害怕没得到好处而先见到其中的害处。因此百姓就像马一样，饲养和放牧使它安定，用豆粟使它饱食，一旦放开了它，无不扬起毛发，快速飞奔，雌马嘶鸣而雄马应和，嘶鸣着奔驰，横冲直撞，凭自己的心意而往，不可以驱赶束缚。等到它拉着盐车，穿过羊肠小道，流汗屈足，饥饿而不得草料，疲倦而不得休息，越过千百里而返回，希望见到马槽而得不到时，看到养马的人激动得忍不住用满是口沫的舌头去舔，这样即使用鞭子抽打它让它跑，它也不可能跑了。按这种方法治理百姓，哪有不服从的呢？所以圣人与时机共行，时机不到而去做，称之为急躁；时机已到而不做，称之为浅陋。现在民风不淳朴，而古代留下的典章制度的废兴，想的和不想的各占一半。所以以大德平定大乱，那么井田制也就可恢复了。"

中山之酒

客有好佛者,每与人论道理,必以其说驾之,欣欣然自以为有独得焉。

郁离子谓之曰:"昔者鲁人不能为酒,惟中山之人善酿千日之酒,鲁人求其方,弗得。有仕于中山者,主酒家,取其糟归,以鲁酒渍之,谓人曰:'中山之酒也。'鲁人饮之,皆以为中山之酒也。一日酒家之主者来,闻有酒,索而饮之,吐而笑曰:'是予之糟液也。'今子以佛夸予可也,吾恐真佛之笑子窃其糟也。"

[译文]

客人中有喜好佛教的人,每当和人们谈论道理,必定用他的观点凌驾于别人之上,欣欣然自以为有独到的见解心得了。

郁离子对他说:"从前鲁国人不会酿酒,只有中山人善于酿造千日好酒,鲁国人寻求酿酒的方法,没有得到。有个在中山国做官的人,主管酒肆,偷取了那里的酒渣回家,用鲁国的酒浸泡,对旁人说:'这是中山的酒。'鲁人喝了它,都认为是中山的酒。一天,酿酒作坊的主人到来,听闻有酒,便索要来喝,吐出来笑着说:'这是用我的酒糟泡过的酒啊!'如今你在我面前炫耀佛家道理或许可以,我恐怕真佛会笑话你窃取了他的酒糟。"

论物理

郁离子曰：天地之呼吸，吾于潮汐见之；祸福之素定，吾于梦寐之先兆见之；同声之相应，吾于琴之弦见之；同气之相求，吾于铁与磁石见之；鬼神之变化，吾于雷电见之；阴阳五行之消息，人命系其吉凶，吾于介鳞之于月见之；祭祀之非虚文，吾于貊獭见之；天枢之中，吾于子午之针见之；巫祝之理不无，吾于吹蛊见之；三辰六气之变，有占而必验，吾于人之脉色见之。观其著，以知微；察其显，而见隐。此格物致知之要道也。不研其情，不索其故，梏于耳目而止，非知天人者矣。

[译文]

郁离子说："天地的呼吸，我从潮汐中发现它；祸福的预先确定，我从梦寐的先兆中发现它；同声相应，我从琴弦上发现它；同气相求，我从铁和磁石中发现它；鬼神的变化，我从雷电中发现它；阴阳五行的变化，人命同吉凶的联系，我从月的盈虚对鱼鳖生长发育的影响中发现它；祭祀不是徒具形式的典章制度，我从貊祭和獭祭中发现它；天枢，我从子午的指针中发现它；巫祝说得不是没道理，我从毒虫中发现它；三辰六气的变化，有占卜就必有灵验，我从人的脉象中发现它。观察大的，而能知道微小的；查明显现的，而看见隐蔽的。这是研究事物原理而获得真理的主要途径。如果不钻研事物的情状，不求索它的根本，被耳目限制住而停止，就无法知道天与人的关系了。"

慎爵

　　郁离子谓执政者曰：物之所贵于天下者，以其少有而难得也。如使明珠如沙，黄金如土，则人皆得而有之，其何以能贵乎？故服有章，爵有等，使人不可以妄觊，然后王命尊而荣辱行，此鼓舞天下之奇货也。

　　昔者赵王得于阗之玉，以为爵。曰："以饮有功者。"邯郸之围解，王跪而执爵进酒，为魏公子寿，公子拜嘉焉。故鄗南之役，王无以为赏，乃以其爵饮将士，将士饮之皆喜。于是赵人之得爵饮，重于得十乘之禄。及其后王迁，以爵爵嬖人之舐痔者，于是秦伐赵，李牧击却之，王取爵以饮将士，将士皆不饮而怒。故同是爵也，施之一不当，则反好以为恶。不知宝其所贵而已矣。

[译文]

　　郁离子对执政的人说："天下人认为珍贵的东西，是因为它稀少并且难得。假使明珠像沙子一样多，黄金像泥土一样多，人们都能得到并且拥有它，那还凭什么珍贵呢？所以官服有不同绣纹，爵位有等级差异，使人不可有非分之想，然后王命受到尊崇而奖赏惩戒才行得通，这是鼓舞天下世人的奇货。

　　"从前赵王得到一块于阗产的玉石，把它当作酒器。说：'这爵专用于向有功的人赏赐酒食。'邯郸的围困被魏公子解除后，赵王跪拜而拿着爵给魏公子敬酒，为魏公子祝寿，公子拜谢赵王的嘉奖。后来鄗南之战后,赵王没有什么作为奖赏,就用那只爵向有功的将士敬酒,将士饮酒都感到很荣幸。于是赵国人认为能用此爵饮酒,比十乘的俸禄还要贵重。到之后赵王即位,竟用此爵向给他舐痔的小人敬酒,就在这时秦国攻打赵国,李牧把秦军击退,赵王又拿此爵来向有功的将士敬酒,将士都不肯饮,而且十分愤怒。因此,同是一只爵,用得一时不恰当,就会把好反变为坏了。这是赵王不知道宝物贵重之所在罢了。"

天裂地动

或曰:"传曰:天裂,阳不足;地动,阴有余。然乎?"

郁离子曰:"天道幽微,非可億也。然以吾观之,天裂,阳不足,是也;地动,阴有余,未必然也。夫天浑浑然气也,地包于其中,气行不息,地以之奠。今而动焉,岂地之自动乎?观乎地之动也,盖象夫震掉颤惕,而不为跳跃奋舞之状也。夫既不为跳跃奋舞,则岂地之自动乎?其必有以使之然矣。然则地之动也,非其自动也,由其所丽者有所不恒而使之然也。犹舟之在水,其动也,由乎水,非舟之自动也。吾固曰:天裂,阳不足,是也;地动,亦阳不足,而非阴有余也。"

[译文]

有人说:"《左传》说:'天裂,是阳气不足;地动,是阴气有余。'是这样吗?"

郁离子说:"天道深奥,不可揣度。然而据我观察,天裂是阳气不足,这是对的;地动是阴气有余,未必是这样。天体浑厚博大的是大气啊,大地被包围其中,大气运行不止,大地以此安稳,如今震动了,难道是大地自己动的吗?看大地震动的情况,这样的景象是震颤抖动的样子,而不是跳跃奋舞的样子。既然不是跳跃奋舞的样子,那怎么能是大地自己在动呢?那必定是有什么原因而使它这样。所以大地震动并不是它自己动,是由于地所依附的气不稳定而使地发生震动。就像船在水中,船动是由于水动,并不是船自己动。因此我说:天裂因阳气不足,这是对的;地动也是阳气不足,而并非阴气有余。"

近现代 齐白石 鱼虾

羔藿第十七

近现代 徐悲鸿 归去图（局部）

羹藿

郑子叔逃寇于野,野人羹藿以食之,甘。归而思焉、采而茹之,弗甘矣。

郁离子曰:"是岂藿之味异乎?人情而已。故有富而弃其妻,贵而遗其族者,由遇而殊之也。昔楚昭王出奔而亡其屦,使人求之以百金,曰:'吾不忘其相从于患难之中也'。故论功而来及者皆不怨,非术也,诚之感也。"

[译文]

郑子叔为躲避贼寇逃到野外,农夫给他粗糙的食物充饥,他觉得味道非常鲜美,回来后还思念那种味道,便采了豆叶做汤吃,却觉得味道并不甜美了。

郁离子说:"这难道是豆叶的味道不一样了吗?只不过是人的处境和心情不同了而已。所以有人因有了钱财而抛弃妻子,富贵之后留下族人,这是境遇变化而有所不同了。从前楚昭王逃亡时丢失了鞋子,后来便派人用百两黄金去寻找它,他说:'我不能忘了它在患难中与我相随。'所以论功时有论不到的也都不被怨恨,不是有什么权术,而是他的真诚感动了人。"

大智

郁离子曰:"人有智而能愚者,天下鲜哉。夫天下鲜不自智之人也,而不知我能,人亦能也。人用智而偶获,遂以为我独,于是乎无所不用,及其久也,虽实以诚行之,人亦以为用智也,能无穷乎?故智而能愚,则天下之智莫加焉。鬼神之所以神于人者,以其不常也。惟不常故不形,不形故不可测。人有作为不可测者,自以为不可测,而不知其为人所测。故智不自智,而后人莫与争智。辞其名,受其实,天下之大智哉。"

[译文]

郁离子说:"有智慧而能藏拙的人,天下少有。天下间少有不自以为聪明的人,却不能意识到自己能做的事,别人也能。有人利用智谋而偶然有所成就,就认为这智谋是自己独有的,于是无处不用。等到时间久了,即使确实以诚心去做事,人们也认为他是在用智谋了,这能没有穷尽的时候吗?因此有智慧而能藏拙,那么天下的智慧没有能超过你的了。鬼神之所以比人高明,就是因为它在不停变化。因为不停变化所以没有形状,没有形状所以不可预测。有人认为自己的行为不可预测,那是他自认为的,却不知道自己的行为已经被人预料到。所以有智慧而不以智者自居,而后人们就不和他争智。辞去虚名,接受实质,这才是天下的大智慧啊!"

安期生

安期生得道于之罘之山,持赤刀以役虎,左右指使,进退如役小儿。东海黄公见而慕之,谓其神灵在刀焉,窃而佩之。行,遇虎于路,出刀以格之,弗胜,为虎所食。

郁离子曰:"今之若是者众矣。蔡人渔于淮,得符文之玉,自以为天授之命,乃往入大泽,集众以图大事,事不成而赤其族,亦此类也。"

[译文]

安期生在之罘山修得了道术,拿着宝刀来役使老虎,指使老虎向左向右,前进后退,如同驱使小孩一样。东海黄公见了就很羡慕他,说他的神灵就在那把刀上了,于是偷了刀来佩戴在自己身上。有一天,他走在路上遇见老虎,便拔出刀同老虎打斗,没有胜利,反而被老虎吃掉了。

郁离子说:"如今像黄公这样的人很多。蔡国有人在淮河上捕鱼,得到了一块刻有符箓文字的玉石,自认为这是上天授予他的使命,就进入大泽,集聚众人而想图谋大事,结果大事不成反而被诛灭九族,他也是属于黄公这一类人啊。"

行币有道

或问于郁离子曰:"币之不行,而欲通之,有道乎?"

郁离子曰:"在治本。""何谓治本?"曰:"币非有用之物也,而能使之流行者,法也。行法有道,本之以德政,辅之以威刑,使天下信畏,然后无用之物可使之有用。今盗起而不讨,民不知畏信。法不行矣,有用之物且无用矣,而况于币乎?如之何其通之也!"

[译文]

有人向郁离子提问说:"货币不流通,要想它流通,有什么方法吗?"

郁离子说:"在于治理根本。""什么叫治理根本?"郁离子说:"货币不是有用的东西,而能使它流通的,是法令。施行法令,要以仁德的政治作为根本,用严厉的刑罚辅助,使天下人相信敬畏法令的威力,然后没有用的东西就可以使它有用。如今盗贼兴起而不征讨,百姓不知道法令的威力可信。法令不施行,有用的东西尚且无用了,更何况是货币呢?怎么能流通呢?"

重禁

郁离子曰:"天下之重禁,惟不在衣食之数者可也。故铸钱造币,虽民用之所切,而饥不可食,寒不可衣,必藉主权以行世,故其禁虽至死,而人弗怨,知其罪之在己也。若盐,则海水也。海水,天物也,煮之则可食,不必假主权以行世,而私之以为己,是与民争食也。故禁愈切而犯者愈盛,曲不在民矣。"

或曰:"若是,则数'罟不入洿池,斧斤以时入山林',先王之禁亦过与?"曰:"先王之禁,非奄利而私之也,将育而蕃之,以足民用也,其情异矣。矧百亩之田,无家不受,而不饥不寒乎!"

[译文]

郁离子说:"天下严厉的禁令,只要不在穿衣吃饭的范围内就可以了。因此铸钱造币,即使是百姓急切需要的,但饥饿时不能当食吃,寒冷时不能当衣穿,一定要凭借国家的权力才能使之流通于世。所以犯了私铸钱币的禁令,即使处以死刑,人们也不抱怨,因为知道罪过在于自己。就像是盐从海水中获取,海水是大自然的产物,煮干它就可以食用,不必凭借国家的权力就可以流通于世,而如果把它占据为朝廷私有,这是同百姓争食啊。因此禁止得越急切,犯罪的人就越多,因为这理亏的不是百姓了。"

有人说:"如果这样,那么细密的渔网不拿到池沼中去捕鱼,砍伐树木要按照一定的时令,先王的禁令也过分了吗?"郁离子说:"先王的禁令并不是把全部好处都据为己有,而是规定是要培育它使它增多,来满足百姓的需要啊。那种情况和把海水当作私有不同。况且先王之时,哪家没有分得百亩田地,怎么还担心挨饿受冻呢?"

七出

或问于郁离子曰:"在律,妇有七出,圣人之言与?"

曰:"是后世薄夫之所云,非圣人意也。夫妇人,从夫者也。淫也,妒也,不孝也,多言也,盗也,五者天下之恶德也,妇而有焉,出之宜也。恶疾之与无子,岂人之所欲哉?非所欲而得之,其不幸也大矣,而出之,忍矣哉。夫妇,人伦之一也。妇以夫为天,不矜其不幸而遂弃之,岂天理哉?而以是为典训,是教不仁以贼人道也。仲尼没而邪辞作,惧人之不信而驾圣人以逞其说。呜呼!圣人之不幸而受诬也,久矣哉!"

[译文]

有人问郁离子说:"按法律规定,妇人有七种被休弃的理由,这是圣人说的吗?"

郁离子说:"这是后世浅薄的人的说法,并不是圣人的意思。妇人是服从丈夫的,淫荡、嫉妒、不孝、多言、盗窃,这五种行为是天下的恶德啊,妇女有这样的行为,休弃她是应当的。身患难以医治的疾病和没有子女,这两样难道是女人想要的吗?不想要的却有了,她已经很不幸了,而再休弃她,太过残忍了!夫妇是封建礼教规定的人与人关系的一种,妇女把丈夫看作天,丈夫不怜悯她的不幸,反而抛弃她,难道是天理吗?还把这种做法作为准则性的训示,这是教育人们不行仁义,败坏为人之道。孔子去世后各种不合正道的邪说都出来了,怕人们不相信,就依托圣人之名来使邪说得逞。唉,圣人不幸被诬陷很久了。"

近现代　齐白石　鱼虾

九难第十八

近现代 徐悲鸿 猫踞图（局部）

郁离子冥迹山林，友木石而侣猿猱，茅径不开，草屋肃然。随阳公子过焉，坐定，公子作而言曰："仆不佞，窃闻先生久矣，今幸得觏玉色，趋下风。仆闻有道之士，不遗刍荛之言，愿有陈焉，先生肯听之乎？"郁离子曰："唯唯，愿奉教。"

[译文]

郁离子隐居山林，以树木和山石为朋友，以猿猴为伴侣，茅草间没有小路，屋子一片萧条的景象。随阳公子前去拜访，坐下后，公子又站起身说："我没有才智，私下听闻先生的美名很久了，如今有幸一睹尊容，我着实应处于下位。我听闻有道之士都不舍弃浅陋的见解，希望有机会陈述。先生愿意听一听吗？"郁离子说："好的！愿意接受教导。"

难一

公子曰："夏屋耽耽，缭以周坦；广庭砥平，翼以飞楼。突室留春，清馆含秋。高楣楬辚以翚骞，曾甍駚沓以云浮。虹芳檀以承衡，兽苍珉以负楹；浮柱错落以星罗，碧瓦流离而水波。天华卉旰而冬敷，秀木修森以夏凉。流景入而成霞，潜籁动以生风，晃兮如闻阊之开，忽兮若管弦之音。于是乎曼目蛾眉，窈窕成行。曳结烟之翠绡，鸣锵泉之玉珰。众乐张，华筵启；肆金尊，澄芳醴。炮羔击牛，烹麑燀鹿；腾玉珧，脟比目。脍跃湍之鲂，炙拂云之鹄；羹月窟之兔肺，胹雾谷之豹胎。和以麟髓之酥，芼以赪桂之黄。果则碧华之莲，紫英之梨；霜柑盎蜜，丹荔凝脂；曼倩之桃若壶，安期之枣如瓜。膻肥既饫，清臛乃荐。践笙箫，行组练，迅翔鹇，矫轻燕。熺金釭与绮烛，激妆艳以过电。良宵欲终，娱乐未足。鸡胶愫以叫晨，留嘉宾以终曲。吾愿与先生同之。"

郁离子曰："《夏书》曰：'酣酒、嗜音、峻宇、雕墙，有一于此，未或不亡。'仆不愿也。"

[译文]

公子说："高大深邃的房子里，四面环绕着围墙。宽阔的厅堂很平坦，高楼整齐地排列。耸立的房子好似有春天的气息，寂静小馆中含带秋色。高耸的屋檐像长着翅膀的鸟儿将要起飞，屋脊层层叠叠好似漂浮空中的云彩。用芳香的檀木刻成的虫形圆柱支

九难第十八

撑横梁,用苍青色玉石雕琢的野兽形状的垫柱石顶着厅堂前的柱子。梁上柱错落有致仿佛星罗,青绿色的琉璃瓦如水波般光彩。冬日里飞雪覆盖大地,一片白茫茫的景象,夏日间秀丽的树木繁茂有序,带来清凉。屋宇光彩耀眼与晚霞连成一片,从孔穴中发出的隐隐之音随风飘动,明晃晃的好像打开了天门,隐隐约约有优美的音乐传出。貌美的女子成行成列,拖着柔软的绿色轻纱飘带,佩戴的玉饰耳环相互碰撞,发出泉水般叮当的声响。多样的音乐奏响,丰盛的宴席开始,摆上精美的酒杯,过滤出清香的美酒。烹羊宰牛,烹煮鹿肉。把海蚌做成少汁的羹,把比目鱼做成肉羹,烧制曾在湍急水流中跳跃的鲂鱼的鱼肉,烧烤曾高飞云端的天鹅,以月亮上玉兔的肺作肉羹,煮熟豹子的胎肉。掺和麒麟的骨髓制成奶酪,用红桂的嫩芽拌和。果实好似碧华之莲,紫英之梨,霜柑甘甜如蜜,荔枝肉仿佛雪白的肌肤,东方朔所吃之桃大如壶,安期生所吃之枣大如瓜,肥美的肉食已经吃饱,爽口的蔬菜又进献上来,踩着音乐的节拍,跳起欢快的舞蹈,舞蹈动作之迅捷有如飞翔的鸟,矫健得好似轻灵的燕子,金灯和花烛放出光芒,艳丽的妆容好似闪电让人眼前一亮。美好的夜晚终将结束,欢愉快乐还未满足,鸡鸣声声点亮清晨,留给嘉宾最后的乐曲。我愿意和先生同去。"

郁离子说:"《夏书》中说道:'酗酒享乐,豪华奢靡,沉溺其中之一,没有不灭亡的。'因此我不愿参加。"

难二

公子曰:"百顷之园,树以美木繁华,环以曲沼清池。黑石白沙,黝黝冥冥,岩岩亭亭,密密堂堂,畜阴泄阳。木则女贞石楠,合欢棕榈,桐柏枫栌,椒桂杉榆;叶如车轮,实若垂珠;春禽嘤鸣而相求,夏虫鼓腋以呼秋;朝阳发旭以摅虹,夕岚凝晖而欲流。草则鼠姑玫瑰,芎兰茝衡,茭蒋蒲菰,苹萍浮生;丹苕抱木以垂翘,薜荔缘崖以舒荣;蔚披离以棽缡,激迅飚以扬馨。鸟则白鹇黄莺,翠鹬锦鸡。敷羽翰,摘文章,铧铧煌煌,若彤霞之间荞云。鱼则赤鲤白鲦,鳜鲫鲦鲨;斑鳞紫鳍,吹澜生华。于是乎翠盖飘摇,文鹢委蛇,嘉朋远至,冠佩追随:憩芳亭,酌琼卮;携佳人,泛涟漪,扰凫鹭,发棹讴;钓游鲭,弋潜龟;奏艳歌,赋新诗;邀姮娥于洞房,累日夕而忘归。吾愿与先生共之。"

郁离子曰:"仲尼曰:'乐佚游,乐燕乐,损矣。'仆不愿也。"

[译文]

公子说:"数百顷的园地,高大的树木、茂盛的鲜花遍布,曲折清澈的池水环绕,黑色的石块,白色的细沙,黝黑昏暗,高俊挺拔,繁茂密集,将暑气挡在外面,非常凉爽,树木种类繁多,有女贞、石楠、合欢、棕榈、桐、柏、枫、栌、椒、桂、杉、榆,叶子犹如车轮,果实就像垂珠。春日家禽鸣叫相求,夏日虫子振翅呼唤秋天,早晨的阳光幻化成彩虹,傍晚山林中的雾气凝结犹如流淌的霞光。花草有牡丹、玫瑰、川芎、兰草、茝衡、茭

九难第十八

白以及漂在水上的浮萍。绚丽的凌霄花攀附着树木高高垂下,木莲依附在山崖上开出花朵,草木繁茂纷乱,狂风吹起,带来阵阵芳香。鸟有白鹇、黄莺、翠鹬、锦鸡,张开翅膀展现绚丽的色彩,明亮夺目,好像是红霞间的彩云。鱼有赤鲤、白鲦、鳜鱼、鲫鱼、吹沙鱼,鱼鳞色彩斑驳,鱼鳍呈紫色,鱼儿在水中随波荡漾,就像鲜花绽放。华丽的马车摇晃,画船曲折前行,欢乐的时光就要过去,峨冠博带的嘉宾前往追随。在有着浓郁花香的亭子里休息,喝着美酒,带着美丽的女子,泛舟湖上,惊扰水鸟,划动船桨唱着歌,钓青鱼,用鱼线钓龟,演奏美妙的音乐,吟诵诗词歌赋,和美女共享洞房之乐,每日早出晚归。我愿意和先生共享这样的日子。"

郁离子说:"孔子说:'以游荡忘返为快乐,以饮食荒淫为快乐,是对身体有害的。'所以我不愿意去。"

难三

公子曰:"五都之市,列肆千区;三川之衢,大车千辆;二江之津,舳舻千艘。家僮万人,分方逐利。西极岷陇河源,康居大宛,出马渥洼,流玉昆仑;东穷日本扶桑,玄菟乐浪,海岱青徐,三韩扶余;南尽百粤七闽,蒙诏傜氓,穿胸交趾,鲛室蜃市;北陟无闾代恒,阴山北庭,卑耳孤竹,万里沙漠,掇天琛,拾坤珍。山藏谷韫之英,蛮潜动植之精,莫不悉致而毕陈。爰有吉量骍骥,苍兕文犀,足蹑电而追风,角纳象以成形。火齐玫瑰,琼瑶璆琳,琪树琅玕,王母所栽。备五色,含八音,璀璨珑璁,映闪虎睛。獞狖旄牛,师类之毛,鬖髿披襄,以纛以缨。珊瑚海柏,若木非木,若玉非玉,萧森橏索,苞桠篝落,其采有艳。沉檀罗縠,脑麝之香,郁烈芬芳,苾芾馧馧,螺甲龙涎,腥极返馨。钟乳丹沙,金芽石英,炼而服之,变为神仙。水晶玻璃,辟暑清尘;琉璃木难,的烁晖光,豆蔻胡椒,荜拨丁香,杀恶诛腺,易牙所珍。甘蕉木绵,香葛兜罗,柔暖轻凉,寒暑攸宜。翡翠鵰鹅,彩羽乡翰,玳瑁之龟,蜡质漆章。鼠毛之布,焚之炎炎,振之如霜。丹虾之须,劲若抽虹,焕烂晶荧,望之欲流,抚之不濡。玄象之牙,厥大盈舟。狼虎熊黑,青貂白狐,文狖青狸,赤豹之皮,狮猁蜼貄,修毛髦氁,嫦姍蒙茸,泂美且温。驰毳羔绒,细若游丝,软若春绵。丹参紫芝,地胆天麻,灵药千名,神农所尝,起死回生,旋阴斡阳。蜀锦戎毡,越纸齐纨,跨海逾山,转致流通。自北自东,自西自南,所至

九难第十八

成市,所止成廛。于是乎镜山出金,煮海收盐;千锸穿崖,声翻九幽;万灶歊烟,结为苍云。蜑艇蛮舠,出没风涛。罔鲡鳙,曳鲤鲢,举赤鱬,络氏人,钩亀鼋,缯鳙虾,止水母,凿蛎蚝,擒化鲲,縈翔鳐;籓鲔麗鲡,牵鲖罾鲈,系鲟引鳇,掣鳄连鲛。枕丁胶乙,兼取并积:镞骨皮箙,磨鳞刮甲;齿牙锋锷,以函以戟;瓮鲊乘鱐,其利什百。其重宝则有径寸之珠,方尺之璧:腾光吐璟,闪日烁月,匣不能闷,土不能蚀;可以易祸回祥,倾城夺国。吾愿与先生致之。"

郁离子曰:"传曰:'象有齿以焚其身,贿也。'仆不愿也。"

[译文]

公子说:"大规模的都市,上千座城区罗列店铺,三川流域的道路上,有上千辆华美的车架;二江的渡口,上千艘船只首尾相连,家家户户的人都分头出去经商赚钱。向西可以到达岷山陇山、黄河源头,甚至可以到康居和大宛,盛产神马的渥洼,盛产美玉的昆仑。向东可以到达日本扶桑、玄菟、乐浪、渤海、泰山、青州、徐州一带,甚至可以到朝鲜南部和扶余国;向南可以到百粤、七闽之地、南方少数民族聚居之地、穿胸族所居之处和五岭以南,甚至可以到达深海仙境;北边跋涉到辽东、代北、恒山一带、阴山、塞北、卑耳、孤竹,甚至是黄沙万里的沙漠地带。拾取天然的珍宝和大地给予的瑞福,山川峡谷中蕴藏的英灵,一切生物蕴含的精气,没有任何缺失,都陈列其间。还有名为吉量、骃骤的骏马,苍兕和文犀,马蹄下仿佛蹑电而行,快似可以追风,兽角很名贵,就像吸纳日月星辰之精华而成形。玫瑰珠石、琼瑶、璆琳、琪树、琅琳皆为西王母所栽,色彩缤纷,声音多样,明洁闪亮,像虎眼般闪烁,光芒万丈。猕胭和旄牛,有狮子一样的鬃毛,毛发下垂如同着蓑衣一般,帝王车架把它们的毛发当作饰物。珊瑚、海柏,像树木而又不是树木,像玉石而又不是玉石,像凋落的树木那样没有叶子,如剥竹笋壳般花瓣掉落,没有花朵,它的颜色有火红色,用沉香、檀木薰成的轻软绪纱,龙脑香与麝香,香气四溢,芬芳浓郁。螺的甲壳、龙的唾液,腥到极致反而出现香气。钟乳石和朱砂,金芽和石英,采集炼丹服下,变成神仙。水晶玻璃,晶莹剔透,琉璃和木难,明亮发光。豆蔻和胡椒,荜拨和丁香,去病去躁,是易牙所珍爱的。甘蕉和木绵,香葛和兜罗绵,柔软温暖,轻便凉爽,无论冬天夏天都适宜。翡翠和鹅鹑,有着华丽而长硬的羽毛。形似乌龟的玳瑁,有着淡黄色的底和黑色的花纹。传说中用火清洗的火浣布,用烈火焚烧后再抖动,布洁白如霜。丹虾的长须,强劲有力,晶莹灿烂,看起来好像将要流动,抚摸起来却不湿润。黑象的牙齿弯弯大大,好似需要整艘大船来盛放,虎狼和棕熊,青貂和白狐,有花纹的金丝猴和青狸,赤色豹子,各类猿猴,毛发或竖或卷,或细长或杂乱,实在是美丽温顺。细小的绒毛,纤细如游丝,柔软得像春日棉花,丹参和紫芝,地胆和天麻,千古留名的灵药,神农都很珍惜。有起死回生之效,调和阴阳。蜀地出产的丝织品,西戎出产的毡子,越地产的纸,齐地产的白色丝绢,跨过大海翻越山脉,辗转得来,流通于市。自北自东,自西自南,所到的地方都成为集市,所停留的地方都形成商贸。用锐利的器物挖山掘出金子,煮沸海水回收成盐,上千把铁锹穿过山崖,声音穿过地下震翻九幽,上万个灶台通起炊烟,向上结为云层。海上贸易的船只,在狂风波涛中出没,张网捕捉怪鱼,抓鲤鱼、鲢鱼,捕获赤鱬。用网抓住人鱼,钩住大龟,网住大海虾,捕获水母,凿开牡蛎的壳,抓住化为鹏的鲲,拴缚飞翔的文鳐鱼,用叉

九难第十八

刺取鲔鱼,用小渔网网住鳡鱼,用鱼线捕获鲷鱼和鲈鱼,牵引着捕获鲟鱼和鳇鱼,拽住鳄鱼同时抓获鲨鱼,把鱼身上所有的东西都获取积累起来。用鱼骨做箭镞,用鱼皮制箭袋,打磨鱼鳞刮去鱼甲,鱼的牙齿就好像剑锋和刀刃,以此当作铠甲和兵器,用水缸装腌制的鱼,用马车拉晒制的鱼干,这样的盈利有几十倍甚至上百倍。这样的珍贵宝物好像数寸的珠玉,几尺的璧石,光芒四射,使太阳和月亮的光芒闪烁晃动,盒子不能遮蔽,泥土也无法侵蚀,这些宝物能够把灾祸变为吉祥,也能换取别的城市,夺走别的国家。我愿意用尽一切办法帮助先生得到它们。"

郁离子说:"《左传》中说:'象因为有珍贵的象牙而招致捕杀,这是贪图财物。'这话没错,所以我不愿意这样。"

难四

公子曰:"九成之堂,十亩之庭,俯阛阓以当中,岌重门之峥嵘。甃以砻石,植以梧柏,牖以鱼鳞,洞朗八棂。左右蜂房,奕奕翼翼,冬暄夏清。舆马达于陛除,鸣驺导以升阶。高坐华茵,尊严若神。卒列貔貅,吏排雁行。肃肃跄跄,秩秩如也。听咳传声,神扔鬼诃。发号施令,理诉决讼。出言而侍者辟易,指顾而瞻者局蹐。千人离立,跂望颜色。其喜也,温若春日之熙;其怒也,凛若秋霜之飞。雷霆起于颊舌,而死生判于笔下。吾愿与先生谋之。"

郁离子曰:"孔子曰:'富与贵是人之所欲也,不以其道得之,不处也。'仆不愿也。"

[译文]

公子说:"高大宏伟的楼宇厅堂,宽阔的庭院,位于都市中心,可以俯瞰繁华街道,重重大门耸立,用磨石砌成地面,梧树柏树遍布,窗户依次连接,四面的窗户通彻明亮,左右两边房屋密集,高大整齐,十分美观,冬日喧闹夏日清幽。马车可以直接到达台阶前,随从呼唤着上前,可以高高地坐在精美的坐垫上,尊贵严肃的容貌就像神明,士兵像猛兽一样排列,皂吏如有序的大雁成行,从堂下走过时恭恭敬敬,步履整齐,秩序井然于心。听到主人咳嗽的声音,就好像听到神鬼的呵斥,发号施令,处理申诉,判决官司,说出的话都让侍者拜服,指点顾盼都让观者畏

九难第十八

惧不安。数千人恭敬并立，看着主人的脸色。主人高兴时，温和得仿佛春光照耀，主人发怒时，寒冷得好像秋日飞霜。言语间就可以决定人的生死，随意几笔就可以判下人的命运，我愿意给先生谋这样的职位，不知先生意下如何。"

郁离子说："孔子说：'金钱和地位是每个人都想要的，但是以不正当的手段得到它们，君子不享受。'因此，我不愿意谋这个职位。"

难五

公子曰:"款段之马,黑貂之裘,囊无百钱,橐无赢金,慷慨辞家,踊跃远游。曳裾而入公门,掉舌以动王侯。一语之合,不觉前席,更仆秉烛,熏心酣骨。执鞭为之骇汁,虎士为之吐舌。于是出辞成法,建画为律;条九章以富国,发六奇以制敌。阳谋阴间,神授鬼伏。指挥而白虹贯日,顾盼而长庚入月。盖樗里不能测其机,孟贲不能当其决也。是以一言贵于千金,一诺重于千钧。吹则猛虎竖毛,嘘则寒谷生春。謦咳折五兵,谈笑却三军。气使燕赵之豪,威詟齐楚之君。吾愿与先生论之。"

郁离子曰:"孔子曰:暴虎冯河,河死而无悔者,吾不与也。仆不愿也。"

[译文]

公子说:"缓慢行动的马,黑貂皮制的衣服,囊中羞涩,没有多余的钱,情绪激动地辞别家乡,外出远游。游走在权贵之家,游说鼓动王侯,言语间说动了王侯,他们不自觉地向前移坐,直到夜幕降临燃起烛火,话语深深打动了君王,车夫因为游说者为君王所贵而惊恐流汗,勇士为之惊奇。在那之后你所说的话成为法规,所出的主意成为律例,分条列举了使国家富强的治理天下的九类大法,阐发了战胜敌军的六条奇计,明里暗里,所出的计谋和让他们离间的方法,有如神人传授一般,鬼都表示叹服。一举一动都会惊动上天,连樗里子都无法弄清其中玄机,连勇士孟贲都不能抵挡其勇决。因此，这人的一句话价值超过千金，一句承诺重于千钧，吹一口气就能让猛虎竖起毛发，呵一口气能让冰冷的山谷温暖得如同春天，咳嗽谈笑之间就能战胜敌军，不费吹灰之力，气势可以震慑各国兵马。我愿意和先生谈论这方面的事。"

郁离子说："孔子说：'赤手空拳和老虎搏斗，徒步涉水过河，明知会死却不会后悔的人，我不赞成。'我不会讨论这方面的事。"

难六

公子曰:"戎卒十万,虎贲三千。犀革之车,驾以驶骎,服以駉骆,造父御戎,乌获为右。士如熊罴,马如腾龙。豁阚焱炋,殷谷訇丘。挂以重铠,被以鲛函。炫耀冬冰,烨煜晨星。纯钩太阿,缦理龟鳞。雄戟扬虹,厹矛挈蛇。舒光发辉,上缠斗枓。乃有角端之弓,鱼牙之矢,控弦而满月在手,覆骍而蹲甲吞羽。黄间溪子时力距黍,九牛引挽,发若雷吼。于是乎白书如荼,赤羽如茝;大旆鏓旗,植以玄戈。建九斿之霓旗,蔚云旋而猋回。山陵为之低昂,太阳为之寝光。乃布天衡,乃列地冲。风云鸟蛇,龙虎翕张。屹兮如山,俨兮若城。浑浑沌沌,莫窥其形。吾愿与先生将之。"

郁离子曰:"孔子曰:'俎豆之事,则尝闻之;军旅之事,未之学也。'仆不愿也。"

[译文]

公子说:"数十万兵车,几千名勇士。犀牛皮做的兵车,用骏马駉骆驾车,造父驾驭战车,力士乌获作为护卫,士兵强壮如猛兽,骏马如同飞腾的祥龙,骏马的嘶鸣好似虎的吼叫,巨大的声音在山谷丘陵中回荡,身挂厚重的铠甲,肩披鲛鱼皮做的铠甲,闪耀得好似冬天的冰雪,熠熠生辉如同星辰,纯钩和太阿,剑把呈龟背之状,没有文饰,剑鞘雕刻以鱼鳞之状,雄戟从空中划过,好像扬起一道彩虹,长矛飞舞就像疾飞的蛇,散发着光芒，缠绕着北斗柄。用角端牛之角制成的弓，用鱼的牙齿做箭头的箭，把控着剑弦有如满月在手，倾弓而出穿透重叠的皮甲，箭羽尽没其中，黄间、溪子、时力、距黍，拉弓时都需要极大的力气，把箭射出去的声音就好像阵阵雷声。白色的军旗如同白色的茶花，红色的军旗如同荏草，各色旗帜都用玄戈挑着高高立着，有九条丝织垂饰的彩色旗帜高高飘动，有如云朵在空中回旋。山陵都为之变低，太阳也为之将阳光隐没，布下天衡阵，列出地冲阵，布满了风云、鸟蛇、龙虎，一张一合，杀机四伏，所布下的阵法像高山、城墙般屹立严密，变幻莫测，看不到它的形态。我愿意和先生共同率领这样的军队。"

郁离子说："孔子说：'祭祀礼仪方面的事我听说过，用兵打仗的事我没有学过。'因此，我不愿意统领这军队。"

难七

公子曰："西方之域，有真人焉，广大神通，浩浩无涯。其力可以斡造化，回天地；其功可以拯垫溺，拔罪苦。起死扶生，剖顽烛冥。窈窈愔愔，荡扫六淫；寂寂默默，涤除百惑。如翦草莱，不遗一荄；如龙用壮，莫我能当。不震不摇，障翳自消；不悚不难，百怪自散。如镜去尘，其光粲新；如莲出水，净无泥滓。以能不灭不生，长存至精；不形不体，无往不在。放之无外，收之无内。幽静恬漠，永享至乐。吾愿与先生求之。"

郁离子曰："孔子曰：'攻乎异端，斯害也已。'仆不愿也。"

[译文]

公子说："西方地域有修真成仙的人，神通广大，没有办不到的事情。他的力气可以扭转天地，他的能力可以拯救一切灾难，消除罪恶苦难，起死回生，剖析顽劣，洞察愚昧。他幽静深远，安静和悦，消除扫荡因阴、阳、风、雨、晦、明六气太过而生成的疾病。清静无声就消除一切疑惑，好像去除杂草，不剩下一点点草根。他就像飞龙一样矫健勇武，没有谁可以阻挡他。不震动不摇晃，一切有害的东西就自然消除，没有恐惧和劫难，一切鬼怪就自然离散。好像镜子除去灰尘，光彩鲜明，好像出水的莲花，清净无泥。得到真人脱胎换骨，不生不灭，精气长存，无须形体，无处不在。消除了自身和外物的区别，达到了无我的境界，幽静淡然，长久地享受极致快乐。我愿意和先生共同拜访他,先生觉得如何。"

郁离子说:"孔子说:'批评那些不正确的言论,这样祸害就可以停止了。'所以,我不愿意这样。"

近现代 齐白石 鱼虾

难八

公子曰:"太极浑浑,分为乾坤。乾坤翕辟,结为日月。日月代明,播为五精。二五媾真,形而为人,玄黄两间,独为物灵,得天全也。是故轩辕黄帝访于广成子而受诀焉,其诀曰:'穆清瀏兮泃杳冥,洞晃朗兮观吾庭。扫氛埃兮驱虫蛇,部署众神兮集予家。时风雨兮若晦冥,疏不壅兮待其生。调其行兮和厥止,保其受兮为孝子。收六区兮归一握,仁灵芽兮苴乃核,乘应龙兮人寥郭。'吾愿与先生追之。"

郁离子曰:"《语》曰:'死生有命。'仆不愿也。"

[译文]

公子说:"太极混沌,分为阴阳二气,阴阳开合形成太阳和月亮,太阳和月亮交替照耀大地,散发精气。阴阳五行交合,外形变为人形,天地之间,只有万物之灵,得到上天的成全。轩辕黄帝拜访仙人广成子得到训话,广成子说:'清澈明朗的天幽深高远,天虽然深远莫测,但已洞悉其中奥秘,心中了然明亮。清扫污浊之气,驱除虫蛇,安排众神集合。风雨交加时昏暗阴沉,疏通不堵塞的时候等待发生。调整自己的行为止于恰到好处的地方,承袭仙人德业加以保持,做一个孝子。天下都在掌控之中,保持神明本性守住最核心的东西,抱元守一,骑上应龙前往辽阔高远的地方。'我愿意和先生共同追逐这样的境界。"

郁离子说:"《论语》中说:'人的生死自由天命。'我不愿意逆转。"

难九

公子曰:"愿闻先生之志。"

郁离子愀然曰:"公子,三王既没,孔子道塞,九流杨墨,百家并出。淫辞横说,从横反复,惨害阴毒,恫疑恐惑,变幻白黑,如猋之发,可使晦日;如水之激,可使漂石。萦纡回遹,以蛊以贼。此其章章者也。其矫者则谓天地为蘧庐,黔首为虫蛆,文章礼乐,皆不足为。以耀以夸,使人染之如膏,吞之如钩,虚浮谲诡,诳生罔死,舍形索影,慢弃伦理。此皆迷生之曲蹊,蠹世之巨蝎也。方今成弧绝弦,枉矢交流,旬始搀抢,降魄流精,为豻为豺,为蛟为蛇,犬失其主,化为封狼,奋爪张牙,饮血茹肉。淫淫溜溜,沉膏腻穷渊,积骸连太陵,无人以救之,天道几乎熄矣。而欲以富贵为乐,嬉游为适,不亦悲乎?仆愿与公子讲尧禹之道,论汤武之事。宪伊吕,师周召,稽考先王之典,商度救时之政,明法度,肄礼乐,以待王者之兴。若夫旁途捷歧,狙诈诡随,鸣贪鼓愚,侥幸一时者,旨不愿也。"

于是公子赧然,颐颊发赤,目眙舌强,再拜受教曰:"鄙人不学,乃今日始闻先生之言,如垢得涤。愿为弟子,幸甚至哉!服膺无斁。"

[译文]

公子说:"我希望听一听先生的志愿。"

郁离子容色改变,说道:"公子!夏商周三代君主已经亡故,孔子的主张是行不通的，杨子、墨子各种学术流派，各派共同问世，各处言辞浮夸失实，信口强辩，纵横之说反复无常。遍地都是阴毒有害言论，恐吓陷于困惑中的人，混淆黑白。就像发起狂风，能够遮蔽太阳；就像阻遏流水，使其飞溅，能够使石头漂浮。言辞曲折邪僻，是对国家有危害的人，以此昭著。那些想要匡正世道的人把天地视作驿站，把百姓看作虫蛆，礼乐法度都不足够，还大肆夸耀自己的主张，让人沉迷其中难以自拔，如鱼吞钩般上当受骗，这些言辞虚假飘渺、变化多端，欺骗迷惑生者和死者，本末倒置，轻视遗弃伦理道德。这都是迷惑世人的歪路，蛀蚀损害世道的恶毒蝎子。如今弧星断弦，枉矢经过，旬始星和搀抢星的妖孽之气从天而降，妖星之气化为毒蛇猛兽，犬失去它的主人变为大狼，大大地张开狼爪和利齿，饮血吃肉，接连不止，尸气所化的浑浊之气长久积聚不散，堆积的尸骸与泰陵相连，没有人来拯救这一切，天道都几乎没有了。这时候还想要将富裕显贵作为乐趣，游玩嬉戏作为娱乐，不让人悲痛吗？我愿意和公子讲求尧禹的治国之道，讨论成汤武王的事迹，效法伊尹、吕尚，学习周公、召公，考察先代君主的典章制度，商讨拯救时事的政策，明确法令制度，学习礼节和音乐，来等待王朝兴盛。至于歪门邪道，暗中窥探，大耍欺诈，为了满足贪婪之心、愚妄之念而鸣鼓，一时间侥幸，这些都是我不愿意的事。"

公子羞愧，腮颊发红，眼睛失神，舌头僵硬，两次下拜接受教诲，说："我是鄙俗之人，方才听闻先生的言论，如同污垢得以洗刷。希望可以成为您的弟子，听您的教诲，那我将十分荣幸，我将永远铭记在心，衷心信奉您！"

附录一

卖柑者言

杭有卖果者,善藏柑,涉寒暑不溃,出之烨然,玉质而金色,置于市,贾十倍,人争鬻之。予贸得其一,剖之,如有烟扑口鼻,视其中,则干若败絮。

予怪而问之曰:"若所市于人者,将以实笾豆、奉祭祀、供宾客乎?将衒外以惑愚瞽也?甚矣哉为欺也!"卖者笑曰:"吾业是有年矣,吾赖是以食吾躯。吾售之,人取之,未尝有言,而独不足子所乎?世之为欺者不寡矣,而独我也乎?吾子未之思也。今夫佩虎符、坐皋比者,洸洸乎干城之具也,果能授孙、吴之略耶?峨大冠、拖长绅者,昂昂乎庙堂之器也,果能建伊皋之业耶?盗起而不知御,民困而不知救,吏奸而不知禁,法斁而不知理,坐糜廪粟而不知耻。观其坐高堂、骑大马、醉醇醴而饫肥鲜者,孰不巍巍乎可畏、赫赫乎可象也?又何往而不金玉其外、败絮其中也哉!今子是之不察,而以察吾柑!"

予默然无以应,退而思其言,类东方生滑稽之流。岂其愤世疾邪者耶?而托于柑以讽耶?

[译文]

杭州有一个卖水果的人,很会贮藏柑子,经过一冬一夏柑子仍然不会溃烂,拿出来还是色泽鲜艳,质地像玉一样,呈现出金灿灿的颜色。放在市场中,售价是其他的十倍,人们都争着购买。我偶然有幸交换得到一个,剖开来,就好像有烟扑入口鼻之中，看柑子的中间，则干枯得像破棉败絮。我很奇怪，就问他："你卖柑子给别人，是想让人家放在笾豆中供祭祀使用，还是拿去给嘉宾享用呢？或者只是用漂亮的外观去迷惑笨拙的人上当呢？你这样是欺骗，太过分了！"

卖柑子的人笑着说："我卖柑子已经有很多年头了，我靠着这份生意生活。我卖它，人们买它，从不曾有人计较，而只有您不满意！世上欺骗人的事不少，难道只有我一个吗？我的先生，您没有想想看。如今佩戴虎符，坐在虎皮交椅上的人，十分威严像是在保卫家国，他们真的能传授孙武、吴起那样的韬略吗？峨冠博带的文臣，气宇轩昂的治国栋梁之材，真的能像伊尹、皋陶那样建功立业吗？盗贼四起不懂怎样抵御，百姓困苦不知怎样解救，官吏奸佞不知怎样禁止，法纪败坏不知怎样治理，白白拿俸禄而不知羞耻。看他们坐高堂、骑骏马、喝醉于醇酿、饱食着鱼肉，哪个不是威风八面、令人生畏，气势显赫、不可一世！他们又何尝不是外表如金似玉，内里却好像破棉败絮啊！如今您对于这些视而不见，却专门来监察我的柑子！"

我沉默而无以回答。回来后思考他的话，觉得他很像东方朔一类诙谐滑稽的人物。莫非他是个愤世嫉俗的人？借柑子来讽刺这世道吗？

附录二

二鬼

忆昔盘古初开天地时，以土为肉石为骨，水为血脉天为皮。昆仑为头颅，江海为胃肠，嵩岳为背膂，其外四岳为四肢。四肢百体咸定位，乃以日月为两眼，循环照烛三百六十骨节，八万四千毛窍，勿使淫邪发泄生疮痍，两眼相逐走不歇。天帝愍其劳逸不调生病患，申命守以两鬼，名曰结璘与鬱仪。鬱仪手捉三足老鸦脚，脚踏火轮蟠九螭，咀嚼五色若木英，身上五色光陆离。朝发旸谷暮金枢，清晨还上扶桑枝；扬鞭驱龙扶海若，蒸霞沸浪煎鱼龟。辉煌焜耀启幽暗，燠煦草木生芳蕤。结璘坐在广寒桂树根，漱咽桂露芬香菲。啖服白兔所捣之灵药，跳上蟾蜍背脊骑；描光弄影荡云汉，闪奎烁璧葩花摘；手摘桂树子，撒入大海中，散舆蚌蛤为珠玑；或落岩谷间，化作珣玗琪。人拾得吃者，胸臆生明犀。内外星官各职职，惟有两鬼两眼昼夜长相追。有物来掩犯，两鬼随即挥刀铍。禁制虾蟆与老鸦，低头屏气服役使，不敢起意为奸欺。天帝怜两鬼，暂放两鬼人间娭。一鬼乘白狗，走向织女黄姑矶。槌河鼓，褰两旗，跳下皇初平牧羊群，烹羊食肉口吻流膏脂。却入天台山，呼龙唤虎听指麾。东岩凿石取金卵，西岩掘土求琼葳。岩崥洞耆石梁折，惊起五百罗汉半夜拨剌冲天飞。一鬼乘白豕，从以青羊青兔赤鼠儿，便从阁道出西清，入少微，浴咸池，身骑青田鹤，去采青田芝。仙都赤城三十六洞主，骑鸾翳凤来陪随，神憩清唱毛女和，长烟袅袅飘熊旗。萐廉吹笙虎击筑，罔象出舞奔冯夷。两鬼自从天上别，别后道路阻隔不得相闻知。忽闻韩山子,徃来说因依。两鬼各借问,始知相去近不远,何得不一相见叙情词?情词不得叙,焉得不相思。相思人间五十年,未抵天上五十炊。忽然宇宙变差异,六月落雪冰天逵。鼍鼍上山作窟穴,蛇头生角角有歧。鳄鱼掉尾斫折巨鳌脚,蓬莱宫倒水没楣。挼枪枉矢争出逞妖怪,或大如瓮盘,或长如蝘蛇,光烁烁、形躩躩,叫鹿豕、呼熊罴,煽吴回,翔魍魉。天帝左右无扶持,蚊虻蚤虱蝇蚋蜞嘈肤啒血图饱肥。扰扰不可挥,筋节解折两眼瞚,不辨妍与媸。两鬼大惕伤,身如受榜笞,便欲相约讨药与天帝医,先生两眼翳,使识青黄红白黑,便下天潢天一水,洗涤盘古肠胃心肾肝肺脾。却取女娲所搏黄土块,改换耳目口鼻牙舌眉。然后请轩辕,邀伏羲,风后力牧老龙告泰山稽,命鲁般,诏工倕,使丰隆,役黔嬴,砺斧凿,具炉锤,取金蓐收,伐材尾箕,修理南极北极枢,斡运太阴太阳机。檄召皇地示,部署岳渎神,受约天皇墀。生鸟必凤凰,勿生枭与鸱。生兽必麒麟,勿生犲与狸。生鳞必龙鲤,勿生蛇与虺。生甲必龟贝,勿生蝓与蜞。生木必松楠,生草必荠葵,勿生钩吻含毒断人肠,勿生枳棘罩利伤人肌。螟蝗害禾稼,必绝其蠓蚍。虎狼妨畜牧,必遏其孕孳。启迪天下蠢蠢氓,悉蹈礼义尊父师。奉事周文公、鲁仲尼、曾子舆、孔子思,敬习《书》《易》《礼》《乐》《春秋》《诗》,履正直,屏邪欹,引顽嚚,入规矩。雍雍熙熙,不冻不饥,避刑远罪趋祥祺。谋之不能行,不意天帝错怪恚,谓此是我所当为,眇眇末两鬼,何敢越分生思惟,呶呶向喑肓,泄漏造化微?急诏飞天神王与我捉此两鬼拘囚之,勿使在人寰做出妖怪奇。飞天神王得天帝诏,立召五百夜叉,带金绳,将铁网,寻踪逐迹,莫放两鬼走逸入崄巇。五百夜叉个个口吐火,搜天刮地走不疲。吹风放火烈山谷,不问杉柏椁栎兰艾蒿芷蘅茅茨,燔焱熨灼无余遗,搜

附录二

到九万九千九百九十九仞幽谷底,捉住两鬼、眼睛光活如琉璃。养在银丝铁栅内,衣以文采食以麋。莫教突出笼络外,踏折地轴倾天维。两鬼亦自相顾笑,但得不寒不馁长乐无忧悲,自可等待天帝息怒解猜惑,依旧天上作伴同游戏。

[译文]

  回忆往昔盘古刚刚开天辟地时,以土作为肉,石头作为骨头,水当作血脉,天当作皮,昆仑为头颅,江海为胃肠,嵩岳为背脊,另外的四岳为四肢。四肢和身体都定下了位置,以太阳月亮作为两眼,循环照耀着三百六十个骨节,八万四千个毛孔,不让淫乱邪僻发泄,不让疮痍生出,两眼相互追逐运动不歇。天帝怜悯他的劳逸不调,辛苦生病,下令派两鬼守护,名字叫结璘和鬱仪。鬱仪手捉三足老鸦的脚,脚上踏着火轮蟠九螭,咀嚼着五色的若木英,身上五光十色斑驳陆离,早上从太阳所出之处出发,日暮时分就到了月亮没入之处,清晨还上扶桑枝,扬鞭驱龙把持着海神,热气奔腾,海浪奔涌控制着鱼龟,辉煌明照,点亮幽暗之处,温暖和煦的草木盛开出花朵。结璘坐在广寒宫桂树根旁,喝着散发着芳香的桂花佳酿,服下玉兔所捣的灵药,跳上蟾蜍的背脊骑驾,浮光弄影荡漾银河,星宿闪烁摘下奇花,亲手摘下桂树子,撒入大海中,分散蚌蛤作为珠玉,有的落在岩谷之间,化作珣玗琪这类美玉,人们拾到吃下去,心生五彩羽毛的雏。内外星官各司其职,只有两鬼两眼终日相追,有异物来进攻侵犯,两鬼立刻挥刀战斗,控制虾鱼、老鸦,使它们低头屏气服从役使,不敢起意做奸佞之事。天帝刚得知两鬼,暂时放两鬼前往人间,一鬼乘着白狗,走向织女黄姑旁的矶石,敲打河鼓,揭起两旗,跳下仙人皇初平的牧羊群中,烹羊吃肉口中流满膏脂,后又入天台山，呼龙唤虎气势万千，在东岩凿石求取金卯，在西岩掘土求取美好的草木，岩洞的石梁折断声响巨大，惊起五百罗汉半夜里拔剑死守。一鬼乘着白豕，跟着青羊青兔赤鼠儿，有利于迁移阁道离开西清，进入少微，沐浴咸池，身骑青田鹤，去采摘青田芝，仙都赤城有三十六洞主，乘着鸾车前来陪随，神魃清唱毛女相应和，长烟袅袅飘起熊旗，蜚廉神兽吹笙老虎擎筑，罔象跳舞水神冯夷奔腾。两鬼自从离开天上，分别之后道路阻隔，不得知晓对方情况。忽然听闻韩山子，来回说原委，两鬼各自借问，才知道两人相距很近并不远，怎么就不得相见讲述心里话，心中想法不得交谈，怎么能不相思，相思的时间经过人间五十年，还抵不上天上五十顿饭的时间。忽然宇宙改变，六月落雪冰冻天路，鼋鼍上山挖窟穴，蛇的头部生出角而角有叉，鳄鱼掉下尾，石斧砍折巨鳌的脚，蓬莱宫海水倒灌，淹没屋楣，妖怪肆虐纷纷出动，有的大得像瓮盎，有的长得像螏蛇，光影闪烁、形状多变，呼叫鹿豕熊罴，翱翔吴回魍魉。天帝身边没有扶持，蚊虫苍蝇各类虫出动，贴上皮肤饮血想要喝饱，纷纷扰扰不能挥开，筋骨关节解折两眼出现，不能分辨美貌和丑陋。两鬼很担心受伤，身体如同受到捶打，就想要相约向天帝的医生讨药。先生将两眼遮盖，使得认识青黄红白黑各种颜色，就下了天潢水，想要洗涤盘古的肠胃心肾肝肺脾，却取了女娲所抓的黄土块，改换了耳目口鼻牙舌眉，然后邀请轩辕伏羲，风神龙王都告老，回归泰山，命令鲁般，征用工倕，驱使雷神丰隆，役使神仙黔赢，磨斧头，置办炉锤，取金将草垫子收起来，砍伐木材尾箕，修理南极北极枢纽，旋转运行月亮太阳机。用檄文召皇地示，部署五岳四渎神，受约天皇殿堂涂饰后的地面。生鸟必定是凤凰，不要生枭和鸥；生兽必定是麒麟，不要生豺狼和野猫；生鱼类必定是龙鲤，

附录二

不要生蛇；生甲壳类必定是龟贝之类，不要生蝓虫和蜞虫；生树木必定是松木楠木，生草必定是荠葵之类，不要生带钩含毒断人肠之类的恶物，不要生带棘锋利伤人的恶物；螟虫蝗虫祸害禾苗庄稼，一定要断绝它的虫卵；虎狼妨碍畜牧，一定要遏制它的繁衍；启迪天下蠢笨愚昧的人遵循礼法，尊重太师，做事按周文公、孔子、曾子和子思的思想，认真学习《书》《易》《礼》《乐》《春秋》《诗》等，行正直之事、摒弃邪欲之事、牵引顽嚣进入有规矩的状态，和谐热闹，没有寒冷没有饥饿。远远地躲避刑罚罪恶，趋向安详幸福，谋划它却不能施行，不怀疑天帝错怪愤恨，说这是我应当做的。渺小的两鬼，怎么敢僭越分离生出其他想法，喧哗叫嚷转向口哑眼盲，暴露造化微妙；急忙下诏飞天神王，命捉住这两鬼拘留囚禁他们，不要使他们在人间做出妖邪奇怪的事。飞天神王得到天帝的诏令，立刻召集五百夜叉，带着金绳，拿着铁网，寻找追逐二鬼的踪迹，不放两鬼逃走进入深山险要之地。五百夜叉个个都嘴巴吐火，在天地间搜索寻找不疲倦，吹狂风放大火焚烧山谷，不管是杉、柏、樗、栎、兰、艾、蒿、芷、蘅、茅、茨，任何物种，都灼烧完没有剩余遗留下的，直至搜到九万九千九百九十九仞的幽谷深底，捉住了两鬼，它们眼睛发光，好像琉璃一样，养在银丝做的铁栅里，穿着华美的衣服吃着鲜美的食物，不让他们挣脱到笼子外，踩踏地轴使天维倾斜。两鬼也相互关心，不寒冷不饥饿但始终快乐没有忧愁悲伤，就自然等着天帝息怒消解猜疑困惑，依旧能回到天上相互做伴，共同游戏。

附录三

明史刘基传

　　刘基，字伯温，青田人。曾祖濠，仕宋为翰林掌书。宋亡，邑子林融倡义旅。事败，元遣使簿录其党，多连染。使道宿濠家，濠醉使者而焚其庐，籍悉毁。使者计无所出，乃为更其籍，连染者皆得免。基幼颖异，其师郑复初谓其父龠曰："君祖德厚，此子必大君之门矣。"元至顺间，举进士，除高安丞，有廉直声。行省辟之，谢去。起为江浙儒学副提举，论御史失职，为台臣所阻，再投劾归。基博通经史，于书无不窥，尤精象纬之学。西蜀赵天泽论江左人物，首称基，以为诸葛孔明俦也。

　　方国珍起海上，掠郡县，有司不能制。行省复辟基为元帅府都事。基议筑庆元诸城以逼贼，国珍气沮。及左丞帖里帖木儿招谕国珍，基言方氏兄弟首乱，不诛无以惩后。国珍惧，厚赂基。基不受。国珍乃使人浮海至京，贿用事者。遂诏抚国珍，授以官，而责基擅威福，羁管绍兴，方氏遂愈横。亡何，山寇蜂起，行省复辟基剿捕，与行院判石抹宜孙守处州。经略使李国凤上其功，执政以方氏故抑之，授总管府判，不与兵事，基遂弃官还青田，著《郁离子》以见志。时避方氏者争依基，基稍为部署，寇不敢犯。

　　及太祖下金华，定括苍，闻基及宋濂等名，以币聘。基未应，总制孙炎再致书固邀之，基始出。既至，陈时务十八策。太祖大喜，筑礼贤馆以处基等，宠礼甚至。初，太祖以韩林儿称宋后，遥奉之。岁首，中书省设御座行礼，基独不拜，曰："牧竖耳，奉之何为！"因见太祖，陈天命所在。太祖问征取计，基曰："士诚自守虏，不足虑。友谅劫主胁下，名号不正，地据上流，其心无日忘我，宜先图之。陈氏灭，张氏势孤，一举可定。然后北向中原，王业可成也。"太祖大悦曰："先生有至计，勿惜尽言。"会陈友谅陷太平，谋东下，势张甚，诸将或议降，或议奔据钟山，基张目不言。太祖召入内，基奋曰："主降及奔者，可斩也。"太祖曰："先生计安出？"基曰："贼骄矣，待其深入，伏兵邀取之，易耳。天道后举者胜，取威制敌以成王业，在此举矣。"太祖用其策，诱友谅至，大破之，以克敌赏赏基。基辞。友谅兵复陷安庆，太祖欲自将讨之，以问基。基力赞，遂出师攻安庆。自旦及暮不下，基请迳趋江州，捣友谅巢穴，遂悉军西上。友谅出不意，帅妻子奔武昌，江州降。其龙兴守将胡美遣子通款，请勿散其部曲。太祖有难色。基从后蹴胡床。太祖悟，许之。美降，江西诸郡皆下。

　　基丧母，值兵事未敢言，至是请还葬。会苗军反，杀金、处守将胡大海、耿再成等，浙东摇动。基至衢，为守将夏毅谕安诸属邑，复与平章邵荣等谋复处州，乱遂定。国珍素畏基，致书喑。基答书，宣示太祖威德，国珍遂入贡。太祖数以书即家访军国事，基条答悉中机宜。寻赴京，太祖方亲援安丰。基曰："汉、吴伺隙，未可动也。"不听。友谅闻之，乘间围洪都。太祖曰："不听君言，几失计。"遂自将救洪都，与友谅大战鄱阳湖，一日数十接。太祖坐胡床督战，基侍侧，忽跃起大呼，趣太祖更舟。太祖仓卒徙别舸，坐未定，飞礮击旧所御舟立碎。友谅乘高见之，大喜。而太祖舟更进，汉军皆失色。时湖中相持，三日未决，基请移军湖口扼之，以金木相犯日决胜，友谅走死。其后太祖取士诚，北伐中原，遂成帝业，略如基谋。

吴元年以基为太史令,上《戊申大统历》。荧惑守心,请下诏罪己。大旱,请决滞狱。既命基平反,雨随注。因请立法定制,以止滥杀。太祖方欲刑人,基请其故,太祖语之以梦。基曰:"此得土得众之象,宜停刑以待。"后三日,海宁降。太祖喜,悉以囚付基纵之。寻拜御史中丞兼太史令。

太祖即皇帝位,基奏立军卫法,初定处州税粮,视宋制亩加五合,惟青田命毋加,曰:"令伯温乡里世世为美谈也。"帝幸汴梁,基与左丞相善长居守。基谓宋、元宽纵失天下,今宜肃纪纲。令御史纠劾无所避,宿卫宦侍有过者,皆启皇太子置之法,人惮其严。中书省都事李彬坐贪纵抵罪,善长素匿之,请缓其狱。基不听,驰奏。报可。方祈雨,即斩之。由是与善长忤。帝归,诉基僇人坛壝下,不敬。诸怨基者亦交谮之。会以旱求言,基奏:"士卒物故者,其妻悉处别营,凡数万人,阴气郁结。工匠死,胔骸暴露,吴将吏降者皆编军户,足干和气。"帝纳其言,旬日仍不雨,帝怒。会基有妻丧,遂请告归。时帝方营中都,又锐意灭扩廓。基濒行,奏曰:"凤阳虽帝乡,非建都地。王保保未可轻也。"已而定西失利,扩廓竟走沙漠,迄为边患。其冬,帝手诏叙基勋伐,召赴京,赐赉甚厚,追赠基祖、父皆永嘉郡公。累欲进基爵,基固辞不受。

初,太祖以事责丞相李善长,基言:"善长勋旧,能调和诸将。"太祖曰:"是数欲害君,君乃为之地耶?吾行相君矣。"基顿首曰:"是如易柱,须得大木。若束小木为之,且立覆。"及善长罢,帝欲相杨宪。宪素善基,基力言不可,曰:"宪有相才无相器。夫宰相者,持心如水,以义礼为权衡,而己无与者也,宪则不然。"帝问汪广洋,曰:"此褊浅殆甚于宪。"又问胡惟庸,曰:"譬之驾,惧其偾辕也。"帝曰:"吾之相,诚无逾先生。"基曰:

"臣疾恶太甚，又不耐繁剧，为之且孤上恩。天下何患无才，惟明主悉心求之，目前诸人诚未见其可也。"后宪、广洋、惟庸皆败。三年授弘文馆学士。十一月大封功臣，授基开国翊运守正文臣、资善大夫、上护军，封诚意伯，禄二百四十石。明年赐归老于乡。

帝尝手书问天象。基条答甚悉而焚其草。大要言霜雪之后，必有阳春，今国威已立，宜少济以宽大。基佐定天下，料事如神。性刚嫉恶，与物多忤。至是还隐山中，惟饮酒弈棋，口不言功。邑令求见不得，微服为野人谒基。基方濯足，令从子引入茆舍，炊黍饭令。令告曰："某青田知县也。"基惊起称民，谢去，终不复见。其韬迹如此，然究为惟庸所中。

初，基言瓯、括间有隙地曰谈洋，南抵闽界，为盐盗薮，方氏所由乱，请设巡检司守之。奸民弗便也。会茗洋逃军反，吏匿不以闻。基令长子琏奏其事，不先白中书省。胡惟庸方以左丞掌省事，挟前憾，使吏讦基，谓谈洋地有王气，基图为墓，民弗与，则请立巡检逐民。帝虽不罪基，然颇为所动，遂夺基禄。基惧入谢，乃留京，不敢归。未几，惟庸相，基大戚曰："使吾言不验，苍生福也。"忧愤疾作。八年三月，帝亲制文赐之，遣使护归。抵家，疾笃，以《天文书》授子琏曰："亟上之，毋令后人习也。"又谓次子璟曰："夫为政，宽猛如循环。当今之务在修德省刑，祈天永命。诸形胜要害之地，宜与京师声势连络。我欲为遗表，惟庸在，无益也。惟庸败后，上必思我，有所问，以是密奏之。"居一月而卒，年六十五。基在京病时，惟庸以医来，饮其药，有物积腹中如拳石。其后中丞涂节首惟庸逆谋，并谓其毒基致死云。

基虬髯，貌修伟，慷慨有大节，论天下安危，义形于色。帝察其至诚，任以心膂。每召基，辄屏人密语移时。基亦自谓不世遇，知无不言。遇急难，勇气奋发，计画立定，人莫能测。暇则敷陈王道。帝每恭己以听，常呼为老先生而不名，曰："吾子房也。"又曰："数以孔子之言导予。"顾帷幄语秘莫能详，而世所传为神奇，多阴阳风角之说，非其至也。所为文章，气昌而奇，与宋濂并为一代之宗。所著有《覆瓿集》《犁眉公集》传于世。子琏、璟。

[译文]

刘基，字伯温，青田人。曾祖父是刘濠，在宋朝担任翰林掌书。宋灭亡后，同县的林融准备复兴宋王朝。事情败露后，元朝派遣专登记他同党的名录，牵连了很多人无辜的人。使者在路上夜宿在刘濠家，刘濠灌醉使者然后焚烧了房子，名册全都被烧毁。使者想不出计策，刘濠就替无辜的人更改名册后交给使者，很多被牵连的人都得以幸免。刘基幼儿时期聪颖异常，他的老师郑复初对刘基的父亲刘爚说："您的祖上德行深厚，这个孩子必定会光大您家的门庭啊。"元至顺四年，刘基中选为进士，被授职任命为高安县丞，有廉洁正直的好名声。后来行省大臣征辟他，刘基辞官离去。起用作为江浙儒学副提举，因言论监察御史失职之事，被台臣所阻拦，两次递上辞官文书后归隐。刘基博览贯通经史，对于书籍没有不认真研读的，尤其精通星象经纬的学问。西蜀的赵天泽谈论江左的杰出人物，首先称赞刘基，认为刘基是与诸葛亮一类的人物。

方国珍在海上起乱事，掠夺海边郡县，官府不能制服他。行省又恢复任命刘基为元帅府都事。刘基提议修筑庆元等城墙来阻、强盗，方国珍气势被阻止。等到左丞相帖里帖木儿招降方国珍，刘基进言说方氏兄弟带头作乱，不诛杀不足以惩戒后人。方国珍十分恐惧，以厚礼贿赂刘基，刘基不接受。方国珍就派人乘船到京城，贿赂朝廷行事的人。于是朝廷下诏安抚方国珍，授予他官职，反而责备刘基擅自作威作福，将他羁押看管在绍兴，方国珍一伙人就更加蛮横猖獗。没过多久，山寇盗贼蜂拥而起，行省又起用刘基去围剿抓捕，和行院判石抹宜孙镇守处州。经略使李国上报刘基的功劳，执政的官员因为方国珍的原因故意抑制他，只授予他总管府判的职位，不给他兵权，于是刘基弃官回归青田，创作《郁离子》来表达心志。当时为了躲避方氏作乱的人们争相依附刘基，他稍做部署，盗寇就不敢进犯。

待到明太祖朱元璋攻下金华，平定括苍，听闻刘基和宋濂等人的名声，就派人以钱财礼物聘请他们。刘基没有答应，总制孙炎又写信坚持邀请刘基，他才出山。刘基刚一到，就向朱元璋陈述"时务十八策"。太祖听后非常高兴，命人建造礼贤馆来作为刘基等人的住处，恩宠礼数很是周到。起初，太祖以韩林儿作为宋室后人，尊奉他为小明王。年初，中书省设御座向小明王行礼，唯独刘基不参拜，并说："韩林儿只是牧童罢了，奉承他做什么！"因此拜见太祖，上陈天命所在。太祖询问征讨之计，刘基说："张士诚怯懦自守，不足以忧虑。陈友谅劫持主上威胁属下，名号不正，但他地处上游，心中没有一天忘记我们，应该先图谋他。陈友谅一旦灭亡，张士诚势力孤单，一举可以平定。这之后向中原北上，王业就可以成功了。"太祖十分高兴说："先生有好计策，请勿吝惜，全都说出来。"恰逢陈友谅攻陷太平，计划东下，气势非常嚣张，诸位将领有的建议投降，有的建议逃跑据守钟山，刘基睁着眼睛不说话。太祖召刘基入内室，刘基气愤地说："主张投降及逃跑的人，应当斩首。"太祖说："先生的计策是怎么样？"刘基说："贼寇骄傲，等到他们深入，埋设伏兵拿下他们，就容易了。上天的法则是后发起进攻的获得胜利，夺取军威制胜敌人以成就王业，就在这次行动了。"太祖用他的计策，引诱陈友谅军队到来，完全战胜了他，用攻克敌军的奖赏赏赐刘基，刘基推辞了。陈友谅的军队又攻陷安庆，太祖想要亲自带军征讨他，向刘基询问，刘基极力赞成，于是太祖出兵攻打安庆。从早晨打到黄昏一直攻克不下，刘基请太祖直接攻向江州，捣毁陈友谅的巢穴，于是全军西上。陈友谅大惊，带着妻子儿女奔逃武昌，之后江州投降。驻守龙兴的大将胡美派他的儿子表达归顺的意愿，请求不要遣散他的部属，太祖面露难色。刘基从后面踢太祖的床榻，太祖才明白过来，答应了他。胡美投降后，江西诸郡县都随之投降。

　　刘基的母亲过世，正值兵事没敢说，这时才向太祖请求回家葬母。恰逢苗军反叛，杀死金华和处州的守将胡大海、耿再成等，浙东局势摇动。刘基到了衢州，为守将夏毅晓谕安抚各下属县邑，又和平章邵荣等人谋划收复处州，乱局最终平定下来。方国珍一向畏惧刘基，写信吊唁。刘基回复信件，宣示太祖的威望恩德，于是方国珍备礼入贡。太祖多次写信咨询军国之事，刘基逐条回答全都言中机要之处。不久刘基奔赴京城，太祖准备亲自援兵安丰。刘基说："陈友谅、张士诚窥伺我方间隙，不可以轻举妄动。"太祖不听。陈友谅听到这个消息，趁着间隙围攻洪都。太祖对刘基说："不听你的进言，几乎大败。"于是亲自带兵救援洪都，和陈友谅在鄱阳湖大战，一天里打了数十仗。太祖坐大船督战，刘基在边侧侍奉，突然跳起来大声呼喊，催促太祖更换船只。太祖仓促地迁移到别的船只，还没有坐稳，飞炮击中太祖原先坐的船，大船立即被炸碎。陈友谅站在高处看见船被炸，非常高兴。但是太祖的船只继续进攻，汉军都大惊失色。适时两军在湖中相持，三日都没有决出胜负，刘基请太祖转移军队到湖口去扼制他，等到"金木相犯"的日子再一决胜负，最后陈友谅在逃亡中战死。在那之后太祖攻取张士诚，北伐中原，最终完成帝王大业，大略都像刘基谋略的那样。

吴元年任命刘基为太史令，刘基上呈《戊申大统历》。火星荧惑停守在心宿的位置，刘基请太祖下诏书罪己。天大旱，请太祖判决滞留案件，太祖就命令刘基为民平反，大雨随即有如水注。于是刘基请求太祖立法定制，以制止官府滥杀无辜。太祖刚想要行刑杀人，刘基请求了解原因，太祖告诉他自己做了个梦。刘基说："这是得土得众的征象，应该停止行刑来等待。"三天之后，海宁投降。太祖很高兴，于是把囚犯交付给刘基，然后放了他们。不久，太祖拜授刘基为御史中丞兼太史令。

太祖登上皇位，刘基上奏拟立军卫法，起初制定处州税粮数目，参照宋制每亩再加五合，只有青田县下令不用增加，皇帝说："要使这成为伯温家乡世世代代的美谈。"皇帝巡幸汴梁，刘基和左丞相李善长留居驻守。刘基说，宋、元因为宽纵而失去天下，现在应该整肃纲纪。皇帝命御史纠察弹劾，不要有所避忌，宿卫宦官有过错的，都请奏皇太子依法处置，人们都忌惮刘基的严厉。中书省都事李彬犯了贪赃放纵的罪行，左丞相李善长和他素来密切，要求暂缓处理他的案件。刘基不听他的，快马驰奏皇帝，皇帝回复可以行刑。刚好遇上大旱求雨，刘基立即处斩了李彬。由此刘基和李善长结怨。皇帝回来后，李善长告发刘基在祭祀的坛墠下行刑，是对上天的不敬。许多怨恨刘基的人也交相谮毁刘基。恰逢旱灾皇帝向大臣请教计策，刘基上奏说："士卒中有过世的，他们的妻子全都处于别的营地，但凡数目万人，阴气郁结。工匠死亡，尸体暴露在外，张士诚的降将、官吏都编入军队，足以干扰国家和气。"皇帝采纳了刘基的谏言，之后十几天仍然没下雨，皇帝很生气。恰逢刘基的妻子去世，刘基就告请回家。那时皇帝刚刚在营建中都，又专心想要消灭扩廓部。刘基濒临前行，上奏说："凤阳虽然是皇帝的家乡，但不是建都的地方。王保的军力不可轻视。"不久皇帝的定西计划失利，扩廓部逃到沙漠，最终成为边患。那年冬天，皇帝手诏叙述刘基的功勋，召唤刘基赶赴京都，赏赐非常丰厚，追赠刘基的祖父、父亲为永嘉郡公。接连几次想要提高刘基的爵位，刘基坚决推辞不接受。

当初，太祖因为事情责备丞相李善长，刘基进言："李善长是有功勋的旧臣，能调和众将。"太祖说："他多次想要害您，您竟为他所处着想？我要让你为丞相。"刘基叩首说："这就像换栋梁柱，必须要有大木，如果将小木绑起来代替它，那么房子将立刻倾覆。"等到李善长被罢免，皇帝想让杨宪做丞相。杨宪一向和刘基交好，刘基却极力谏言反对，说："杨宪有丞相的才能但没有丞相的器量。做宰相的人，要保持心如止水，要以道义礼仪为权衡的标准，而自己不能主观判断，杨宪就不是这样。"皇帝问汪广洋怎么样，刘基说"他的器量比杨宪还小。"皇帝又问胡惟庸怎么样，刘基说："譬如驾车，我担心他把车辕都毁掉。"皇帝说："我的宰相，实在没有超过先生你的了。"刘基说："臣太过憎恶坏人坏事，又不能忍耐繁琐的工作，做了宰相会辜负皇上的恩德。天下之大何必担心没有人才，只要明主全心寻求他，目前这几个实在没有看出可以胜任的。"后来杨宪、汪广洋、胡惟庸做丞相都失败了。洪武三年，授职刘基任弘文馆学士。十一月，皇帝大封功臣，授刘基为开国翊运守正文臣、资善大夫、上护军、封诚意伯之职，官禄二百四十石。第二年皇帝恩赐刘基告老还乡。

皇帝曾经亲手写信向刘基询问天象。刘基逐条回答十分透彻，之后就把草稿焚烧了。大概的意思是说，霜雪天之后，一定有阳春，如今国威已经树立，应该少接济而施行宽大的政策。刘基辅佐太祖平定天下，料事如神，性情刚毅嫉恶如仇，和很多人都有矛盾不和。到此回家归隐山中，只是喝酒下棋，不谈论自己的功绩。县令求见没成功，就化装为乡间农夫拜谒刘基。刘基正好在洗脚，让他的侄子带入茅舍，烧饭招待县令。县令告诉刘基："我是青田知县。"刘基惊起自称草民，辞谢离开，最终不再相见。刘基像这样隐藏踪迹，然而终究被胡惟庸所陷害。

当初，刘基说瓯、越之间有块空地叫谈洋，向南抵达福建，是盐盗聚集的地方，方国珍与盗勾结作乱，请求设置巡检司驻守这里。使奸民不得方便行事。恰好遇上茗洋逃军造反，官吏隐匿不得听闻。刘基让长子刘琏上奏此事，没有事先告诉中书省。胡惟庸当时刚好当左丞相执掌省事，挟着之前论相的怨恨，阴使官吏攻讦刘基，说谈洋之地有王气，刘基企图在那里建造墓穴，百姓不同意，就请求设立巡检司驱逐百姓。皇帝虽然没降罪刘基，却被官吏的说辞动摇，最终剥夺了刘基的爵禄。刘基恐慌上朝谢罪，就留在了京城，不敢回来。不久，胡惟庸称相，刘基非常忧伤地说："假使我的话没有应验，那就是苍生的福气啊。"忧虑愤恨下身体疾病发作。洪武八年三月，皇帝亲自写了文书赐给他，派遣使者护送他回乡。刘基回到家后，病情更加严重，把《天文书》授予长子刘琏说："你赶快呈上它，不要让后人学它。"又对次子刘璟说："为政，宽仁威猛好似循环往复。如今的要务在于修养道德审理刑案，祈求国运昌盛长久。各个地理要害之处都应当和京师的声势互相联络。我想写遗表，胡惟庸当权时，没有益处。等到胡惟庸败后，皇上必定思念我，如果他问什么，就秘密地把这遗表奏上。"刘基住了一个月就病逝了,享年六十五岁。刘基在京师生病的时候,胡惟庸曾派医生来,刘基吃了他的药,感觉有拳头大小的石块积聚在腹中。后来中丞涂节首先告发胡惟庸谋逆,并曾说过他毒害刘基致死等话。

  刘基的胡须卷曲,相貌修长伟岸,为人慷慨,有高尚的节操,每当谈论天下安危,正义的神情就流露出来。皇帝考察知道他为人至诚,任用他为心腹股肱。每次召见刘基,就让屏退旁人密谈多时。刘基也自称遇到世上难遇的君主,只要是知道的没有不尽言的。一旦皇帝遇上危急艰难,刘基都勇敢奋发,计策谋划立刻拟定,人们都不能猜测到。闲暇时就向皇帝铺叙陈述儒家王道,皇帝每次都谦恭地听讲,常常称刘基为"老先生"而不是他的名字,皇帝说:"刘基是我的'子房'。"又说:"刘基数次用孔子的话来教导我。"只是帷幕中的谈话隐秘而不能知道详情,但世间所传的却很神奇,多都是阴阳风角的言论,并不是实质内容。刘基所做的文章,气势恢宏而且奇崛不俗,和宋濂并列为一代文宗。所创作的著作有《覆瓿集》《犁眉公集》流传于世。儿子有刘琏、刘璟。

附录四

吴从善《郁离子》原序

　　古之君子，学足以开物成务，道足以经纶大经，必思任天下之重而不私以善其身。故其得君措于用也，秩之为礼，宣之为乐，布之为纪纲法度，施之为政刑文明之治，洽乎四海，流泽被于无穷，此奚特假言以自见哉？及其后也，虽孔子之圣，可大有为，而犹不免述作以传道，况其下乎！然则必假夫文以自见者，盖君子不得已焉耳矣。君子以为学既不获措诸设施，道不行于天下，其所抱负经画，可以文明治世者，独得笔之方册，垂示千百载之下。知而好者，或推以行，是亦吾泽所及，其志岂不为可尚矣夫？然自秦汉而降，能言之士何限？非不欲如前所云也，率多淫于异端，失于伪巧，诡而不正，驳而不纯，弗畔夫道固鲜。人苟用之，以求致治，殆犹适燕而南其辕乎！阐天地之隐，发物理之微，究人事之变，喻焉而当，辩焉而彰，简而严，博而切，反覆以尽乎古今，恳到以中乎要会，不袭履陈腐，而于圣贤之道，若合符节，无一不可宜于行，近世以来，未有如《郁离子》之善者也。

　　夫郁郁文也；明两离也；郁离者，文明之谓也，非所以自号。其意谓天下后世若用斯言，必可底文明之治耳。呜呼！此宁虚语哉？从善少尝受读，叹其义趣幽赜，岐绪浩穰，或引而不发，或指近而归还，憪乎莫测其所以然。逮阅之之久，触类而求，然后稍得窥夫涯涘。窃譬诸医师之笼，一药必治一病，玉石草木禽兽之属，皆可以已疾延年，无长物也。此其为书，所以深得古君子立言之旨,使其得君而措于用,其文明之治,益天下后世为不薄,讵止度越诸子而已耶!

是书为诚意伯刘先生所著。先生尝自任以天下之重,于经纶之道、开物成务之学,素所蓄有。曾以其概,翊当今之运,辅大明之业,昭昭矣存诸方册者。故御史中丞龙泉章公虽已刊置乡塾,然未盛行于世。先生之子仲璟与其兄之子荐谋重刻以传。嗟呼!兹岂一家得而私之者哉?僭为叙其大略,俾贻方来云尔。

翰林国史院编修官诸生吴从善序。

[译文]

古代的君子,学识足够通晓事物的道理,按这道理行事就可获得成功,道义足够筹划国家大事,通晓天命,必定想要承担天下间的重担而不想着独善其身。因此君子得以被君王任用,按照礼乐之序给俸禄、受召见,按照纪纲法度分予,按照行政刑法施行,文明之治遍及四海,恩泽无穷无尽。这怎么是特地说义旨深远的话来显露自己呢!虽然孔子的圣德大有可为,但仍然不能免去以叙述来传播道义,况且是之下呢。然而非要假借义旨深远的话来显露自己的人,大概是君子不得已吧!君子认为学到之后不能得以施行举措,道理不能施行于天下,他们的想法抱负经营筹划可以文明治世的,专门能够被记录成册,给后世千百年警示。了解并且认为有益的,很多被推荐施行,这也是我的恩泽遍及之处,这个志向不也还不错吗?然而自从秦汉之后,能够进言的人才受到限制,都不想要像之前所说的那样,大概都在异端之处淫乱,在虚伪凑巧之处迷失,诡诈而不正直,斑驳多样而不纯洁,不背叛固有道义。人们姑且用这个方法来追求致治,大概到燕地而南辕北辙吧。阐明天地间的隐情,发现万物间的微妙,探究人

附录四

事的变化，告知它而得当，辨别它而揭露，简洁而严谨，博大而贴切，反转倾覆不停改变来穷尽古今，恳切地求中机要之处，不承袭陈旧之处，而以圣贤的道理使之契合礼节，没有一个不适应于施行，近世以来没有像《郁离子》一样好的作品。郁郁，是有文采的样子；太阳如火，是离；郁离是文明的意思。不是用来称呼自己，意思是告诉天下后世用这样的言论必定可以实现文明之治啊！这难道是假话吗？我曾经读到这本书，感叹它的意义深远、趣味丰富、内涵深刻、内容多样，有的善于启发引导，有的指向很近而意图深远，隐晦玄妙而不能揣测所说的内容，得到书籍后，便阅读很久，接触一类而求取相似，然后就稍稍得以窥见其中深意。私下以诸多医师的药箱作比喻，一种药材必定治疗一种病症，玉石、草木、禽兽之类的都可以抑制疾病延长寿命，没有特别的。这就是书深得古代君子立言主旨的原因，使它思想深刻而可用于举措，它所宣扬的文明之治有益于天下而对后世也是不薄之恩，怎么能停止越过诸子而已呢？这本书是诚意伯刘基先生所写，先生曾经承担天下重任。对于经纶之道，可行成功之事的道理，一向都有所积蓄，曾经用他的才学改变时事运势，辅佐光大明朝的大业，在书册中昭如日星。御史中丞龙泉章公虽然已经刊印放置在乡塾中，却仍旧没有盛行于世。刘基先生的儿子仲璟和他兄长的儿子荐计划重新撰写以流传。啊，这怎么是一家得到而私自占有的东西呢！现在我简要地叙述其大概内容，以待后人增补。

翰林国史院编修官诸生吴从善序。

附录五

徐一夔《郁离子》原序

　　《郁离子》者，诚意伯刘公在元季时所著之书也。公学足以探三才之奥，识足以达万物之情，气足以夺三军之帅，以是自许，卓然立于天地之间，不知自视与古之豪杰何如也。年二十，已登进士第，有志于尊主庇民。当是时，其君不以天下系念虑，官不择人，例以常格处之，噤不能有为。已而南北绎骚，公慨然有澄清之志。藩阃方务治兵，辟公参赞，而公锐欲以功业自见，累建大议，皆匡时之长策。而当国者乐因循而悦苟且，抑而不行，公遂弃官去，屏居青田山中，发愤著书，此《郁离子》之所以作也。

　　郁离者何？离为火，文明之象，用之其文郁郁然，为盛世文明之治，故曰《郁离子》。其书总为十卷，分为十八章，散为一百九十五条，多或千言，少或百字，其言详于正己、慎微、修纪、远利、尚诚、量敌、审势、用贤、治民，本乎仁义道德之懿，明乎吉凶祸福之几，审乎古今成败得失之迹，大概矫元室之弊，有激而言也。牢笼万汇，洞释群疑，辨博奇诡，巧于比喻而不失乎正。骤而读之，其锋凛然，若太阿出匣，若不可玩；徐而思之，其言确然，凿凿乎如药石之必治病，断断乎如五谷之必疗饥，而不可无者也。岂若管、商之功利，申、韩之刑名，仪、秦之捭阖，孙、吴之阴谋，其说诡于圣人，务以智数相高，而不自以为非者哉！见是书者皆以公不大用为憾，讵知天意有在，挈而畀之维新之朝乎。皇上龙兴，卒以宏谟伟略，辅翼兴运，及定功行赏,疏土分封,遂膺五等之爵,与元勋大臣,丹书铁券,联休共美于无穷,不其盛哉!《传》有之曰:"楚虽有材,晋实用之。"公之谓也。初公著书本有望于天下后世,讵意身亲用之?虽然,公之事业具于书,此元之所以亡也;公之书见于事业,此皇明之所以兴也。呜呼!一人之用舍,有关于天下国家之故,则是书也,岂区区一家言哉?

一夔早尝受教于公,后谒公金陵官寺,出是书以见教,一夔骇所未见,愧未能悉其要领。今公已薨,其子仲璟惧其散轶,以一夔于公有相从之好,俾为之序。顾一夔何敢序公之书,然得系名于简编之末,亦为荣幸,因不让而序之。

公讳基,字伯温,栝苍人。若其言行之详,官勋之次,则具在国史,兹不著。

洪武十九年冬十有一月,门生杭州府儒学教授、天台徐一夔谨序。

[译文]

《郁离子》是诚意伯刘基在元末所写的书。刘公的学问足以探究天、地、人的奥秘,见识足以通达万物的情状,气势足以夺取三军的统帅,以此自我评价,在天地之间卓然而立,不知道自认为和古代的豪杰相比怎么样。二十岁的年纪已经进士及第,有志向于推崇君主庇护百姓。在那个时候,国君不顾念天下,任用官员也不挑选人才,事情按惯例处理,仁人志士闭着嘴不能有所作为。不久,南方北方相继骚乱,刘公愤慨有平定天下的志向。藩卫国土的封疆大吏正忙于出兵作战,授予他参赞的职务,而刘公急着想要建立功业来显露自己,多次提出建议,都是挽救时局的长远计策。但当时的执政者因循守旧并乐于苟且偷安,抑制不实行，刘公就弃官离去，隐居在青田山中，发愤著书，这就是《郁离子》写作的原因。

　　郁离是什么？离是火，有文采的样子，使用它文章就文采斐然，国家就会实现太平盛世，所以称为《郁离子》。这本书共十卷，分为十八章，散列为一百九十五条，多的有上千字，少的有几百字，书中详细谈论了端正自己的言行、谨慎处理微小事物、修缮法纪、远离贪利、崇尚诚实、估量敌情、审时度势、任用贤能、治理百姓，以仁义道德的风范为根本，明了吉凶祸福的苗头，通晓古今事业成败得失的事迹，对矫正元朝的弊病有深切感慨，有激愤而发出言论。文章包罗万象，洞察消解各种疑惑，辩论的文辞奇异诡辩，比喻十分精巧而不背离正道。快速阅读这本书，书中的锋芒令人凛然，就像太阿剑离开剑匣，不可把玩；慢慢思考，书中言之凿凿就好像治病的药物，决定决断就好像充饥的不可缺少的五谷，哪里像管仲、商鞅言论的功利，申不害和韩非的刑名，张仪、苏秦的游说，孙武、吴起的用兵谋略，他们的学说都违背圣人，忙于追求高超的谋智，却不认为自己不正确！看这本书的人都把刘公不被重用视为遗憾，怎知天意在此，要将天命授予新朝呢。皇帝兴起，刘公最终完成宏伟大业的谋略，辅佐皇帝兴隆运势，等到定功行赏，裂地分封的时候，最终接受五等爵位，和元勋大臣一样，享受丹书铁券的待遇，永享美好，不是很荣耀吗！《传》上说："楚国虽然有有才能的人却不用，而晋国确实任用了。"这就说的是刘公吧。最初刘公写这本书期望于后世使用它，怎么想到会亲身实践它？虽然这样，刘公的功业都在这本书中，这是元朝失败的原因；刘公的书被运用于事业中，这是我朝兴盛的原因。哎，一个人是被任用还是被舍弃关系到天下国家的兴衰，那么这本书难道只是微不足道的一家之言吗？我早年曾经接受刘公的教诲，后来在金陵官寺拜谒他，他拿出这本书来教导我，我吃惊于这里面的内容是我从未见过的，惭愧不能完全掌握其中要领。如今刘公已经死去，他的儿子仲璟担心这本书散失，因为我曾经跟从刘公学习，就让我为这本书作序。我怎么敢为刘公的书写序，只能把自己的名字编在书的末尾，也是荣幸之事，所以就不推让而为之写下序言。刘公讳基，字伯温，栝苍人。像他详细的言行、官职功勋等，都在国史里，这里就不详细记录了。

洪武十九年冬十一月，弟子杭州府儒学教授天台徐一夔谨序。